乡村振兴看山东系列

数字化赋能
乡村振兴

山东省乡村振兴研究会　编

山东教育出版社
·济南·

图书在版编目（CIP）数据

数字化赋能乡村振兴 / 山东省乡村振兴研究会编.
济南：山东教育出版社，2024．9．-- ISBN 978-7-5701-3345-1

Ⅰ．F320.3
中国国家版本馆 CIP 数据核字第 2024RZ4359 号

责任编辑：周红心
责任校对：任军芳
封面设计：颜　彤　吴江楠

SHUZIHUA FUNENG XIANGCUN ZHENXING

数字化赋能乡村振兴　　　　　　　　　山东省乡村振兴研究会　编

主管单位：山东出版传媒股份有限公司
出版发行：山东教育出版社
　　　　　地址：济南市市中区二环南路 2066 号 4 区 1 号　　邮编：250003
　　　　　电话：（0531）82092660　　网址：www.sjs.com.cn
印　　刷：济南鲁艺彩印有限公司
版　　次：2024 年 9 月第 1 版
印　　次：2024 年 9 月第 1 次印刷
开　　本：710 毫米 ×1000 毫米　1/16
印　　张：22.5
字　　数：360 千
定　　价：68.00 元

（如印装质量有问题，请与印刷厂联系调换）印厂电话：0531-88665353

本书编委会

主　任　郝宪印

副主任　乔卫东　张清津　彭金棣　刘　涛　颜景焱
　　　　宋执旺　王志梅　林海波　丁　毅

委　员　(按姓氏笔画排列)
　　　　王新志　刘爱梅　许英梅　孙学涛　李　岩
　　　　李　静　李善峰　吴炜峰　赵　宇　郭延景
　　　　陶金钰　雷　刚　樊祥成

前　言

　　数字经济已成为驱动全球经济社会发展的主导力量，也是衡量产业、区域和国家竞争力的核心指标。山东省将数字技术作为打造乡村振兴齐鲁样板的重要引擎，积极推动数字技术与乡村振兴深度融合，以数字技术赋能农业产业全链条、农村治理全领域、农民生活全方位转型重塑，加快形成农业领域新质生产力发展路径，数字农业新场景、新业态加快涌现并迅速发展。山东省已经创建智慧农业应用基地 730 多家，建设了 4 个国家级数字乡村试点县、3 个省级智慧农业试验区和 57 个省级数字乡村试点县，形成了"淄博数字农业农村中心城市""青岛青农云脑""寿光数字＋设施农业"等一批可复制、可推广的具有山东特色的典型模式和样板案例，实现了数字技术与乡村振兴同频共振、互融互促。

　　为总结推广各地经验，讲好山东"三农"故事，高质量推进乡村全面振兴，2023 年 9 月，山东省第二批"乡村振兴优秀案例"评选活动正式启动。该活动由山东省农业农村厅（山东省乡村振兴局）、山东社会科学院指导，山东省乡村振兴研究会主办，全面展示山东省各单位在"产业振兴、人才振兴、文化振兴、生态振兴、组织振兴"方面的积极探索及最新成果，已经成为山东省农业农村系统知晓度高、辐射带动好、基层参与广的重要活动。经过社会报名和会员推荐、研究会初审、专家评审等环节，从报名的 1000 多个案例中遴选出 40 个具有创新性、代表性和推广性的标杆案例。其中，《盘活农村沉睡资源，助力乡村振兴》等 10 个案例获评"2023 年度山东省乡村振兴十大优秀案例"奖，《用数字视频打造盐碱地"大粮仓"》等 10 个案例获评"2023 年度山东省数字化赋能乡村振兴优秀案例"奖,《打造沿黄"水美乡村"风光园》等 10 个案例获评"2023 年度山东省乡村振兴'和美乡村'典型案例"奖,中国人民财产保险公司山东省分公司等获评"2023 年度山东省乡村振兴特别奉献单位"奖。这 40 个典型案例内容有高度、有深度、有创新,可学习、可借鉴、可复制,是我们选取的第二批优秀案例,也是山东省深入学习贯彻习近平总书记关于"三农"工作重要论述及历次来山东考察重要讲话重要指示精神的生动实践。为进一步发挥这些乡村振兴典型案例的示范带动作用,不断丰富乡村振兴齐鲁样板案例库,山东省乡村振兴研究会组织高水平的专家团队对 40 个典型案例进行了修改完善、凝练提升和精准点评,汇编成"乡村振兴看山东系列"之《数字化赋能乡村振兴》一书,供广大读者参阅。

组织这次评选活动和编写本书的山东省乡村振兴研究会,于 2021 年 5 月 31 日在济南成立,是具有法人资格的省级社会服务组织。研究会由山东社会科学院、山东省农业科学院、中国农业发展银行山东分行、山东电视台农科频道、山东鲁商(文旅)集团、山东省土地发展集团、山东水发集团、山东九安保险经纪公司等发起成立。研究会汇集科研机构、高校、金融部门、涉农企业等多方力量,以立足山东、面向全国,服务"三农"、振兴乡村为宗旨,充分发挥自身政策资源、专家资源、项目资源、媒体资源等多重优势,致力打造理论研究高地、人才集聚高地和宣传交流高地,为山东全面推进乡村振兴提供更有效、针对性更强的平台服务,助力乡村振兴齐鲁样板建设再上新台阶。

这次案例评选和本书编写过程中,得到了众多单位以及合作方领导、专家的大力支持,特别是山东省农业农村厅、山东社会科学院、山东教育出版社等单位的负责同志给予具体指导,山东电视台农科频道、齐鲁晚报·齐鲁壹点全程给予媒体支持,在此一并表示感谢!

编者

2024 年 7 月于济南

目 录

01 综合篇 ZONGHE PIAN

04 特别奉献单位篇 TEBIE FENGXIAN DANWEI PIAN

以数字技术赋能山东农业强省建设

人类正从工业文明走向数字文明，数字经济也逐渐替代工业经济成为主流经济形态。数字化程度每提高 10%，人均 GDP 能够增长 0.5%～0.62%。①数字经济已成为驱动全球经济社会发展和技术变革的主导力量，也是衡量国家竞争力的核心指标。党的二十大报告强调，要"坚持农业农村优先发展"，加快建设网络强国、数字强国、农业强国。数字农业是数字经济的重要组成部分，也是数字经济最为薄弱和亟待突破的环节。作为全国首个农业 GDP 破万亿元的农业大省，山东省历来是我国现代农业发展的"排头兵"和农业农村改革的"试验田"，在数字经济时代有义务而且完全有能力继续走在全国前列，率先建成数字乡村示范区，打造乡村振兴齐鲁样板，加快推进农业强省建设，成为引领全国数字农业发展的探索者、创新者和先行者。通过在淄博、济南、青岛、潍坊、威海等地调研也发现，利用数字技术打造数字农业和数字乡村，已经成为推动农业农村转型和加快农业强省建设的有效手段。

一、数字技术在山东农业农村发展中的应用

近年来，山东省在农业农村数字化建设中取得了显著成效，农业数字基础设施建设加快推进，全省农村家庭百兆宽带接入率达 96%，第五代移动通信技术（简称 5G）网络通达率超过 70%，建成开通 5G 基站 20 多万个，汇聚 3.3 亿条数据信息的省级农业农村大数据平台初步建立，数字技术加速向农业渗透融合，数字农业新场景、新业态加快涌现、快速发展。全省创建智

---

① 刘淑春：《中国数字经济高质量发展的靶向路径与政策供给》，载《经济学家》2019 年第 6 期。

慧农业应用基地 730 多家，成为打造乡村振兴齐鲁样板的"数字引擎"。

1. 智慧农业。主要是利用物联网、人工智能、大数据等现代数字技术与农业进行深度融合，实现农业生产全过程的信息感知、精准管理和智能控制。主要表现是通过智能监控土壤墒情、空气湿度、病虫害等，精准且适时地灌溉、施肥、杀虫。智慧农业目前仅限于部分规模化经营的高端新型农业经营主体，特别是采用大棚等设施经营的主体，主要以蔬菜为主，另有少量的果树和菌类养殖。一些地方开始应用于大田粮食种植，如山东科大集团的数字大田实现了精准灌溉、施肥和杀虫。智慧农业在农户层面的应用近年来也有了突破。如，山东思远农业开发有限公司和山东丰信农业服务连锁有限公司通过开发农作物种植应用软件，可以精准指导小农户的种植，从而实现了分散经营的小农户的标准化生产，这是一个飞跃性的发展。数字农业的发展必将使乡村振兴的齐鲁样板提升到一个新高度。

2. 智慧畜牧。主要是综合运用物联网、人工智能、软件运营服务（SaaS）等多种信息科技手段，实时监控牧群运动、健康、疾病、环境状况等，保证饲料营养供给，降低死亡率，实现畜牧业的数字化改造。智慧畜牧主要体现在四个方面：自动调节畜舍的温湿度和通风，自动配料和控制投喂，适时监控及时防疫，自动化处理粪污。智慧畜牧在很多大型养殖场已经普遍推广采用，规模较小的养殖场因为成本过高大多尚未采用。如高青县紧紧围绕纽澜地等农业龙头企业，搭建黑牛全产业链数字化综合性服务平台，开发"黑牛管家"App 等终端应用程序，为每头高青黑牛佩戴电子耳标、定位项圈等物联网设备，形成覆盖高青黑牛采精、养殖、屠宰、加工、销售、社会服务的信息化服务平台，动态采集高青黑牛全生命周期、全环节信息，打造上游园区养殖自动化、中游屠宰冷链物流智慧化、下游营销全媒体信息化的发展模式，为养殖场户提供繁育改良信息存档、养殖场信息化运营、补贴网上申领、养殖利润核算、出栏信息发布等数字化服务。

3. 智慧农机。主要是利用物联网、卫星定位、射频技术（RFID）、空间图像遥感测控技术、机具状态监测传感技术等，实现农机管理的信息化、数据化、智能化和可视化，用于调节农机作业，实现对作业面积和深度的精准监测。一是实现了农机的精准化作业，如耕地深度、播种精度、灌溉精度等都通过数字技术进行精准设置和调节，从而实现作业标准化；二是实现对农机作业地点、过程、面积、数量等数据的精准检测和全程监控，实时向服务器回传农机作业信息数据，通过手机 App 就能掌握车辆作业位置、作业完成及剩余情况，做到随时调动，实现高效化管理与效益最大化。目前智慧农机已经非常普及，将数字化 App 连接到农机简便易行。淄博禾丰无人农场是国内首个"生态无人农场"，面积约 500 亩，其基本特征是全天候、全过程、全空间的无人化作业：操作人员可依靠云平台监控系统，监控农场内作物生长环境、土壤状态以及所有农机具的作业状态，并进行智能实时调控；可以在办公室里对农机进行精准操控，真正实现农机的无人应用。农业生产全程智能化，可使劳动用工费用减少 25%，灌溉用水节约 20%，农药投入减少 30%，显著改善了农田面源污染，并创造了亩产 856.9 千克的全国冬小麦高产纪录。

4. 智慧渔业。集互联网、云计算和物联网等新兴技术于一体，依托部署在渔业生产现场的各种传感节点和无线通信网络，实现渔业生产环境的智能感知、智能预警、智能决策、智能分析、专家在线指导等功能。青岛建成全球首艘 10 万吨级智慧养殖工船"国信 1 号"，配备 196 个摄像头、2108 个传感器，部署鱼苗入舱、自动投饲、成鱼起捕、成鱼加工等 8 套养殖自动化系统，1 套养殖集控系统及船舶管理系统，综合运用人工智能、物联网等技术，搭建形成深远海智慧渔业养殖体系，实现船岸数据的互联互通、养殖数据的智能研判、养殖管理和船务管理的协同联动及统筹管控，在世界首创了"游弋式封闭船载舱养"模式，突破了"船载舱养、水体交换、减摇制荡、减震降噪、清污防腐、智能集控"六大关键技术，年产高品质鱼 3700 吨。自 2022 年 5 月 20 日交付运营以来，"国信 1 号"累计航程 9000 余海里，完成 640 余万尾鱼苗入舱作业，产出高品质鱼 1500 余吨。大黄鱼平均月增重 50 克，是传统养殖的 1.8 倍，养殖周期缩短 1/3，实现了全年持续产出。

5. 智慧治理。主要是打造农业农村大数据平台，构建农业农村数据资源体系，融合土地流转管理、宅基地审批、智慧种植与养殖、渔政执法等大监管业务应用，实现一站式数据采集、治理、挖掘分析、可视化综合应用，发挥农业农村数据潜在价值，支撑政府决策。如潍坊市寒亭区招标引进第三方专业技术公司，以村为单位，明确"一村一图、一户一表"工作标准，采集宅基地及地上房屋的"人、地、房"信息，形成镇（街）、村级表格台账，建立农村宅基地数据库，编制宅基地数据台账和利用现状图件，建设农村宅基地管理信息系统，实现对宅基地申请、审批、信息公示、建房监管、竣工验收、确权颁证等信息化管理。聊城市茌平区耿店新村积极打造数字乡村建设项目，实现党建引领、数据汇集、积分治理、村民自治，汇集耿店新村各类信息数据，打造村居、党建、产业、网格"一图览全村"模式，助力党建引领，强化村民自治能力。

二、数字技术驱动山东省农业农村深刻转型

新发展阶段，以互联网、物联网、大数据、区块链等为代表的数字技术，推动山东省农业农村一系列根本性、结构性、趋势性深刻变革，使乡村功能、产业形态、人口结构、村庄布局等产生颠覆性调整；以数字化转型整体驱动生产方式、生活方式和治理方式变革，成为打造乡村振兴齐鲁样板的重要驱动因素。

（一）标准化生产提高农作物种植和动物养殖技术水平

农作物种植中施肥、浇水、打药等环节，动物养殖中的温湿度控制、饲料调配和投喂、防疫、粪污处理等环节，人工是不可能做到精准作业的。但数字技术通过精确的数据采集和分析，能够实现精准作业和标准化生产，从而提高生产效益。据山东科大集团在淄博的实践，普通大田的小麦亩产为425千克，而无人农场通过标准化生产，小麦亩产达到600千克。淄博市中以果业果园通过采用数字化精准生产，苹果园亩产量4000千克以上，优质果率90%以上，亩均收入达35000元，比传统农业整体提高40%以上。山东七河生物科技股份有限公司是一家集食用菌研发、生产、销售、出口、推广等业务于一体的高新技术企业、农业产业化省级重点龙头企业，年产菌棒1.5亿棒，菌棒出口份额占全国的50%以上。该公司运用数字孪生、云计算、5G、物联网等主流信息化科技手段建成了国内领先的香菇菌棒智能控制生产

线，通过数字赋能提升菌棒生产标准化水平和产品品质，使生产效率提高 4 倍，生产、销售、财务等部门工作效率提高 50％以上。

（二）有效降低农业生产投入，提高农业生产效率

首先，数字技术大大减少了农业的人工投入。据山东科大集团测算，无人农场每亩地可节约人工费 5 元，节约管理费 10 元，每亩地的作业天数也由 4～5 天缩短到 3 天。平阴县润沃农机专业合作社在 7 台拖拉机上加装北斗/GNSS 自动导航及辅助驾驶系统，日作业能力 1000 余亩。据淄博中以果业有限公司测算，用传统方法种植苹果每亩地仅灌溉和施肥就需要 30 个人工，但采用数字化技术后仅需要 1 个人工。其次，物质投入大为减少。据山东科大集团测算，通过数字化管理，每亩地可减少物化投入 30 元。据淄博中以果业有限公司测算，用传统方法种植苹果每年需要浇水 6 次，每亩地耗水 360 立方米，采用数字技术后每年自动滴管 30 次，耗水 54 立方米。

（三）保障农产品质量安全并改善农业生态

农业化肥过量施用、饲料调配不当以及过度投喂，已经成为影响农产品安全的重要诱因，且严重污染环境。采用数字技术根据农作物需求精准施药施肥，以及根据动物生长需求精准通风、投喂、防疫等，可以有效地降低污染，解决农药、化肥、兽药等过量施用的问题，不仅提升了农产品质量，而且有利于改善农业生态。如，淄博中以果业有限公司通过采用数字技术精准施肥，每亩地施肥由原来的 50 千克至 100 千克减少到 10 千克至 15 千克，用水用肥减少 80％。

（四）助力构建乡村现代治理体系

数字技术在乡村治理方面也得到了广泛的应用，有效地提升了乡村治理水平。淄博市通过建设跨部门、跨区域、跨行业的数字农业农村大数据应用平台，将产业发展、乡村治理、乡村文化、环境整治等各个方面的数据整合在一起，推动实现"三资"（农村集体的资金、资产、资源）管理、便民服务、生态环保等领域的智慧化，改变了各个部门各自为政的局面，既方便了群众，也降低了行政成本。青岛胶州市九龙街道开发了"码上办智慧平台"App，整合了 12345 热线、365 热线、政民互动、群众信访等模块的民情信息。当地居民只要扫码进入 App，即可及时反映自己的需求；政府部门通过

阳光议事会、律师团队法律咨询调解、巡回法庭案前调解等多种资源，来帮助居民解决问题、调解纠纷，极大地提高了社会治理效率和效果。临沂费县搭建了"村情通"监管服务平台，探索建立以群众用章"一次办好"、村务审批"一网通办"、村务村情"一码通晓"为主要内容的"数字村务"乡村治理体系，将村级涉农政策、党员管理、"四议两公开"审批、"三务"公开、智能公章、资金审批、便民服务、在线监督等内容全部纳入平台管理，实现"数据多跑路、群众少跑腿、服务零距离、管理无盲区"，累计为群众提供"一次办好"用章服务 26.3 万件次，直接节约交通、误工等费用 1400 余万元，办理线上审批事项 13.7 万件次，审批时限大幅缩短，村级非生产性开支压缩了 20.7%。

三、数字技术赋能山东农业强省建设的典型模式

山东省委、省政府高度重视农业数字化转型发展工作，出台了《山东省数字乡村发展战略实施意见》《山东省数字乡村发展行动计划（2022—2025 年）》《山东省数字农业突破行动实施方案（2023—2025）》等一系列政策文件，为全省数字农业发展提供了有效政策供给。山东省农业农村厅、省网信办、省大数据局等多部门齐抓共管、协调联动，建设了 4 个国家级数字乡村试点县、3 个省级智慧农业试验区和 57 个省级数字乡村试点县，形成"淄博数字农业农村中心城市""青岛青农云脑""寿光数字＋设施农业"等一批可复制、可推广的具有山东特色的典型模式和样板案例，为打造乡村振兴齐鲁样板提供了有力支撑。

（一）淄博数字乡村建设的主要做法

2020 年，淄博市以获批数字农业农村国家农村改革试验区为契机，坚持数字赋能、换道超车，致力于成为引领全国数字乡村建设的探索者、创新者和先行者，以数字化改革赋能农业产业全链条、农村治理全领域、农民生活全方位，一批数字农业农村改革成果走在全省全国前列。

1. 聚焦"三个率先"创新体制机制，拓展数字乡村发展新路径。淄博市在全国地级市中率先打造数字农业农村中心城市，率先创建国家数字农业农

村改革试验区，率先与中国农科院共建数字农业农村研究院，强力推动体制机制创新，开启淄博农业农村数字化发展新实践。一是创新组织推动机制，成立了工作专班和14个专项工作组。二是创新规划引领机制，出台打造数字乡村5年行动方案，实施"5112"工程，即打造数字农业先行城市、特色农产品"线上＋线下"双节点城市建设等5项重点任务，实施数字农业生产加工融合、数字农业龙头企业引培等10项工程，推出财政专项资金、场景应用拓展等10大支持政策，推进20个数字农业农村重大项目。三是创新平台服务机制，实施"云大脑""云产业""云市场""云金融""云乡村"五朵云工程，构建"1＋N"平台支撑服务体系，形成了数字农业农村改革制度框架和政策体系。

2. 以数字赋能农业产业全链条，开辟农业高质高效新通道。淄博市以数字技术打通农业生产决策、田间管理、加工分选、精准营销、仓储物流等全产业链条，建成88家规模大、层次高、全产业链条的数字种业、数字田园、数字果园、数字牧场、智慧冷链物流等旗舰型应用场景，促进农业产业链价值链的全面优化管理，提高整个农业产业链条的运作效率，培育更具韧性的农业全产业链竞争新优势。如，山东纽澜地何牛食品有限公司对肉牛繁育、养殖、屠宰、加工、销售等整个流程进行数字化升级，实现上游养殖自动化、中游屠宰冷链物流智慧化、下游营销信息化的全程数字化发展模式，年销售额6亿多元，成为盒马鲜生鲜品肉类国内第一品牌。

3. 以数字赋能农村治理全领域，打造乡村宜业宜居新范式。淄博市大力推行"党建引领、一网三联、全员共治"乡村数字治理新模式，搭建"一网三联"数字化平台模块，建立企业信用数据库、个人信用数据库、政务信用数据库，利用数字化治理手段将村级党组织体系与网格治理体系深度融合，实行村干部联村组、党员联农户、积分联奖惩的"一网三联"新机制。"党建引领、一网三联、全员共治"治理模式覆盖率超过90%，实现党建引领数字乡村治理在线化、精准化、实时化，构建村级党组织为核心、党小组为主体、党员为支撑的精细数字化网格治理体系，让农民从被动到主动，从上级要求到个人自觉，逐步成为乡村治理的"主角"，将党的政治优势、组织优势、密切联系群众的优势转化为提升基层治理的效能。

4. 以数字赋能农民生活全方位，绘就农民富裕富足新画卷。淄博市大力推行"互联网＋服务"，打造全生命周期的高品质农村公共服务供给体系，促进广大农民生活品质从"将就"到"讲究"的转变。淄博市沂源县积极探索"党建共同体＋民生综合体＋数字化"新模式，以数字化技术为依托，坚持党建引领、区域融合、产业融合、抱团发展，以6～8个村为单位成立党建共同体，全面整合共同体内的土地、资金、人才等资源，将单个村"点状"发展变为联合体"块状"发展；然后依托党建共同体，整合区域内警务、法律、医疗、教育等资源，建设集长者食堂、卫生室、便民超市、休闲娱乐于一体的"沂源红"幸福家园民生综合体300处，为农民提供智慧教育、智慧医疗、智慧养老、智慧警务、智慧社区、智慧法庭等服务，促进民生服务与基层数字治理的融合，创造性地探索出"农村民生之治"的全新样本。

（二）青岛打造"青农云脑"的主要做法

青岛市把"数智兴农"作为现代农业高质量发展的崭新赛道、关键增量和战略支撑，围绕"生产智能化、监管精准化、服务高效化"的目标，以打造全国农业农村系统首个集大数据平台、乡村振兴可视化等功能于一体的综合性"青农云脑"大数据中心系统为重点，加快推进现代农业数字化转型。

1. 大力推进生产智能化，打造数字农业新场景。青岛市聚焦大田种植、设施农业、畜禽养殖等优势产业，积极开展生产领域"机器换人"行动，用机械解放人力，用"数智"赋能增效。推广应用智慧农机，全市配备北斗自动驾驶系统800多套，作业效率提高20％以上。安装智能监测仪2000多套，在全省率先实现了深松信息化全覆盖。农用无人机达到1600多台套，每年完成航空植保2000多万亩次，作业效率是人工的30倍。加快现代设施农业数字化，在莱西市建成亚洲单体规模最大的智慧日光温室凯盛浩丰，番茄亩产量达到50吨，亩产量提高3～4倍，生产成本降低30％，已在全国17个省市复制推广33个项目。推广"物联网＋楼舍"等数字化养殖新模式，首创6列12层"立体养鸡"的田瑞牧业实现了"单人管理10万只鸡"，建设6层房养猪的牧原集团年出栏生猪10万头，可节约土地60％以上。

2. 大力推进监管精准化，解码智慧监管新路径。围绕"一图速览、一屏统管、一键直达"的目标，投资1000万元建成青岛市农业农村大数据中心

"青农云脑",建筑面积 1000 平方米,涵盖 27 个数字农业应用场景、11 个智慧监管服务系统。依托青岛市"政务云"的基础设施和云计算能力,对全市涉农数据进行采集、治理、管理、分析、共享,数据有 171 类,总量达 4568 万条,占用空间 660.23TB(太字节)。聚焦"服务、保障、决策、管理、调度、指挥"六个功能,重点打造数字农经、智慧畜牧、质量安全等 15 个数字化应用场景,在全市设置 1300 余个监控点,在全国率先实现覆盖大田农情、农药监管、畜禽养殖、无害化处理、屠宰加工、防控物资储备、运输车辆等"种养加"和运输领域等重点环节的实时在线、远程监控。

3. 大力推进服务高效化,催生乡村产业新业态。锚定服务高效化方向,发展农业全产业链数字新业态,持续增创乡村产业振兴新的增长点。"十四五"期间安排财政资金 1 亿元,支持数字农业发展。创建两个国家级数字农业创新应用基地,建成市级数字农业示范园 5 个、智慧农业应用基地 108 个。大力培育"本地直采+集采""生鲜电商+冷链宅配""中央厨房+食材冷链配送"等新模式,支持沃隆、响石等 44 个农业电商龙头延伸供应链,做大价值链。组织开展农民电商直播带货技能竞赛、"青岛农品"直播带货活动等 100 场以上,全市农产品年网络销售额达到 95.9 亿元。争取中央财政资金 5020 多万元,支持建设 225 个农产品产地冷藏保鲜设施,配足信息自动采集监测传输设备,每年增收 1 亿多元,降低果蔬损耗 20% 以上。

(三)寿光实施"数字+设施农业"的主要做法

寿光市把数字农业建设作为加快推进现代设施农业建设的有效抓手,积极推进物联网、大数据、区块链、人工智能等现代信息技术与设施农业生产、经营、管理、服务融合,加快打造"数字+设施农业"发展新高地。

1. 全力实施"数字+科技创新"。寿光市整合现有涉农数字平台,搭建蔬菜供应链综合管理服务平台,与中国农大、北京农林科学院等 40 多家科研院所开展深度合作,研制推广 30 多种立体栽培、无土栽培等新模式和 300 多项大棚滴灌、臭氧抑菌等国内外新技术,建成投用 18 个标准化、自动化管理的现代农业高新技术试验示范基地等智能化园区,农业科技进步贡献率达到 70%,高出全国 10 个百分点,实现了一个大棚就是一个"智慧车间"、一个园区就是一个"绿色工厂"。目前,该平台带动 5 万多个大棚应用物联网装备，农民在家用手机就可以远程操控。特别是应用最广的水肥一体化设备，在节约劳动力的同时，能够实现亩均节水节肥30％～50％。

2. 全力实施"数字＋标准制定"。依托部省共建的全国蔬菜质量标准中心，创新开发全国蔬菜质量标准中心信息服务平台，利用数字化手段助力基地管理、标准制定、产销对接。先后启动126项标准研制工作，已有7项行业标准获农业农村部发布实施，助力"潍坊标准""山东标准"上升为"全国标准"。同时，在数字技术应用的带动下，加快由输出产品、人才、技术向输出标准、机制、体系转变，实现了由"卖蔬菜产品"向"卖技术服务"的深刻变革，常年有8000多名农民技术员帮助各地发展蔬菜产业。至此，全国认证了59个寿光蔬菜标准示范基地，全国新建蔬菜大棚中一半以上有"寿光元素"。

3. 全力实施"数字＋种业研发"。全面整合国家蔬菜工程技术研究中心寿光试验站等12家国字号平台研发优势，成立寿光蔬菜种业集团，种业企业由10年前的3家增长到现在的60家。其中，有国家级"育繁推"一体化蔬菜种业企业两家（全国共13家），掌握蔬菜种业话语权的30多家国外种子公司均在寿光设立分支机构。寿光成为世界优质良种的"试验田"，国产蔬菜种子市场占有率由10年前的50％左右提高到现在的70％以上。建设投用全省最大的蔬菜种质资源库，收集种质资源2.5万份，自主研发并获得植物新品种权保护的蔬菜品种达到178个，占全省1/2左右；种苗年繁育能力达18亿株，占全省1/4左右。如寿光自主研发的粉果番茄"宝禄先锋"达到国际领先水平，年销售12.3万袋，每袋售价150元，比国外品种便宜230元，1年就为种植户节省成本2800多万元。

4. 全力实施"数字＋产销衔接"。坚持用数字改造提升流通体系，投用全国规模最大的农村淘宝县级运营服务中心，实现了5000多种蔬菜、种苗以及200多种农特产网上销售。在蔬菜合作社、批发市场、商超等建立30多个蔬菜价格监测点，发布"中国·寿光蔬菜价格指数"，成为全国蔬菜价格和交易趋势的"风向标"。寿光入选商务部全国供应链创新与应用试点城市。寿光鲜馥农业借助天猫、京东等电商平台，通过网络直播，打造了贝贝南瓜、羊角蜜甜瓜等10多个网红爆品。

5. 全力实施"数字＋质量监管"。探索建立从田园到餐桌的智慧监管、智慧服务、智慧评价三大数字体系，将每个蔬菜大棚、每个批发市场、每家农资门店都纳入监管，实现了生产有记录、信息可查询、流向有跟踪、责任可追究的全程智慧追溯，做到上市蔬菜检测全覆盖，部省抽检蔬菜合格率均为100％。寿光近10年没有出现一例蔬菜安全质量问题，被评为国家农产品质量安全县。

四、山东省数字乡村高质量发展面临的制约因素

据农业农村部《2021 全国县域农业农村信息化发展水平评价报告》，2020 年山东省数字乡村建设县均财政投入不到 1100 万元，而浙江省县均财政投入 1.29 亿元；山东省数字乡村建设县均社会资本投入不到 3000 万元，而浙江省县均社会资本投入达 3.16 亿元。据 2023 年 2 月农业农村部信息中心编制的《中国数字乡村发展报告（2022 年）》，全国农业生产信息化率为25.4％，安徽省、上海市、湖北省、江苏省、浙江省分列前五位，分别为52.1％、49.6％、48.5％、48.2％、45.3％，山东省低于全国平均水平，这与山东省农业大省地位严重不匹配。因此，从总体上看，山东省数字乡村建设尚处于起步阶段，与数字经济先行地区还存在较大的差距。

（一）农业数据的价值没有充分挖掘

数据是数字农业的核心生产要素和原材料，具有开放共享、低边际成本、超融合性、累积溢出效应等特征[①]，是催生数字农业新产业、新业态、新模式发展的基础。农业数据的积累、保存、传输和计算要以物联网、人工智能、"3S"等技术为支撑，在基础设施、管理平台等软硬件方面需要有较高的资本、技术、人力等投入，但是由于数字农业投资大且见效慢，农户及小规模企业投资意愿不强，目前山东省数字农业发展面临数据获取成本较高、数字资源没有充分挖掘等困境。同时，近年来山东省先后组建了山东省农业云平台、农业农村遥感中心、农机信息化服务平台、智慧畜牧大数据平台、渔船

---

① 韩晶、孙雅雯、陈曦：《后疫情时代中国数字经济发展的路径解析》，载《经济社会体制比较》2020 年第 5 期。

智能监管平台、"齐鲁农超"山东农副产品展示交易平台等一系列省级农业农村数字化平台，汇聚数据3.3亿条；市县两级也同步建设了大量的农业农村信息化平台，汇聚了海量的农业农村基础数据。但由于各平台数据标准不统一、数据接口不开放、数据共享机制不健全等，一些有价值的农业数据资源分散于涉农部门和涉农企业中；市场化的数据确权、定价、交易机制尚未形成，数据参与收益分配、股权投资的相应制度尚待建立，激励制度和保障措施缺失，使得大量数据还没有投入企业运营和产业发展中；同时，数据信息资源共享公开机制不健全，大量"沉睡"的农业数据的价值和潜力尚未得到充分释放。

（二）数字农业标准化程度亟待提高

从数据形成生产力的机制来看，数据无法独立创造价值，必须与数字技术结合才能实现"数据—信息—知识"的有效转化，进而促进数字产业化和产业数字化，推动农业经济的效率变革、动力变革和质量变革。数据标准化是数字经济发展的基石。缺乏标准化的数据支持，数字经济的成本将会极其高昂。尽管山东省2021年在全国首先发布了《关于促进标准化大数据发展的指导意见》《关于推动数字经济标准化建设的指导意见》，但是从山东省数字农业发展的实践看，其农业数据标准化程度仍然偏低，标准化建设仍道阻且长，包括农业数据的技术标准、质量标准、应用标准、平台标准、管理标准、安全标准等完整标准体系亟待构建，因为不同涉农部门、不同农作物使用不同标准的数据资源，严重制约山东省数字农业高质量发展。

（三）推动农业数字化转型的制度设计尚不到位

对标江浙等先进省份，山东省各地农业数字化在整体规划、组织机构、工作机制、财政投入、人才队伍建设等方面还存在较大差距，缺乏落实落地的配套措施和长效考核机制，大部分市县还没有制定个性化、契合地方发展规律的政策实施方案。从调研看，数字农业转型发展分属各级党委网信办、政府大数据局、农业农村局等多部门管理，一定程度上存在分工不够明确、工作职责重叠、部门各自为战、多头重复建设等问题，还没有形成推动农业数字化发展的强劲合力。数字农业是一项集农业科学、地球科学、信息科学、计算机科学、空间对地观测、数字通信、环境科学等众多学科理论与技术于一体的现代科学体系，是一个由理论、技术和工程构成的三位一体的庞大系统工程。一个系统就需要一个核心领域的专家和对应领域的人才、团队。目前看，山东省在政府管理、企业技术开发、农业经营主体应用等各个层面都非常缺乏这类人才，这极大程度上限制了数字农业的推广与发展。

（四）推动农业数字化转型的科技创新能力不够

近年来，山东省在农业数字化科技研发方面虽取得了一定成效，但还存在生产体系和管理体系创新脱节、零散式碎片化创新较为普遍、协同式融合化创新力度不够等问题。在生产体系方面，缺少典型生产场景整体解决方案研发和特色产业全链条科技创新，在种业数字化、生物全生命周期生长发育模型算法等创新领域还存在较为明显的短板。在管理体系方面，省市县三级农业大数据平台系统的功能模块开发不够到位，可供决策参考的高效实用数据运算模型的研发力度不够。在设备研发方面，关键核心技术创新不足，具备自主知识产权的农业专用传感器缺乏，硬件设备国产化率、精确度、集成度都不高。在寿光调研中发现，受大棚内高温、高湿等因素的影响，传感器一般使用 3 至 6 个月左右就会出现数据偏差。在应用场景方面，山东省农业数字化还不够丰富，整体呈现出点状分布状态，缺乏围绕区域特色产业全链条数字化贯通的典型试点模式，全产业链数字化转型升级效果不够明显。其中很重要的原因是数字农业产业化门槛较高。数字农业系统的搭建由水肥自动化控制设备、通信设备、电脑端系统、移动端 App、电子测量设备等组成，需要长时间的积累才能获取稳定、准确的数据并应用于模型搭建，具有一次性投入大、回报周期长的特点。如在一个 100 米长大棚内安装水肥一体机、放风机、视频监控、喷淋设施、环境参数传感器等全套智能设施，需要 5 万至 7 万元，在农业生产效益整体较低的情况下，一般农户或农民合作社无力发展大规模数字农业。青岛市为了吸引市场主体投资建设智慧农业，对园区建设新增投资不低于 1 亿元且数字化设施投入不低于 2000 万元的项目主体，单个项目最高补贴 1000 万元。但在实际推行过程中，仅有国有资本或具备雄厚资金实力的民营企业敢于投资建设，而无法吸引规模小、数量多的普通农业生产主体进行数字化转型。

（五）数字农业全产业链条水平不高

现代产业竞争已由产品竞争逐步转化为产业链条之间的竞争。利用数字技术打通生产决策、田间管理、加工分选、精准营销等全产业链条，促进农业产业链价值链的全面优化管理，提高整个农业产业链条的运作效率，培育更具韧性的农业全产业链的竞争新优势，是推动农业高质量发展的重要途径。从农业产业链条看，农产品销售是山东省数字农业最活跃、最集中的新业态。据 2022 年 4 月发布的阿里农产品电商报告，山东省有 17 个县市入围全国农产品数字化百强县，位居全国第 1 位[①]；但是数字技术在农产品生产、加工、社会化服务等领域的应用较为薄弱，亟待有更大的变革与突破。

（六）数字化农业龙头企业多而不强

发展数字农业，需要有效市场与有为政府相结合。政府的职能是促进数字市场更好发挥作用，农业企业才是数字市场体系生成和扩展的核心。近些年来，山东省涌现出一批像思远农业、丰信农业等具备较强科技实力的数字农业企业。它们加速推进数字经济与现代农业深度融合，赋能农业新产业、新业态、新商业模式发展，成为当前农业经济先进生产力的代表。但是相比较而言，山东省数字农业企业普遍规模比较小，经济实力较弱，关键核心技术创新不足，缺乏具有全国竞争力和影响力的头部数字农业企业。数字农业代表着现代农业的发展方向，未来 10 年国内数字农业市场必然会经历一场激烈的竞争，山东省应该未雨绸缪加大扶持力度，培育一批有国内竞争力的头部数字农业企业。

五、以数字技术赋能山东省农业强省建设的建议

数字技术在数字农业领域的应用大多局限于规模化的高端农产品生产经营主体，因为数字技术应用需要较大的投资，只有规模化的经营主体才有投资能力，而且只有盈利率比较高的高端农产品才能够覆盖投资成本。但数字技术在农业生产领域的应用已经成熟，随着农业规模化经营程度的不断提高，

---

①农业农村部管理干部学院、阿里研究院：《"数商兴农"：从阿里平台看农产品电商高质量发展》，2022 年 4 月。

其应用范围会越来越广，必将成为打造乡村振兴齐鲁样板和加快农业强省建设的重要手段。

（一）将数字化作为打造乡村振兴齐鲁样板的动力源，强化数字乡村转型的顶层设计

要将数字乡村建设作为现代化农业强省建设的头号工程，打造农业农村领域数字化、智能化的"山东乡村大脑"，力争成为全国数字乡村体制机制改革先导区。成立省级数字农业建设工作专班，建立跨部门协同的工作推进机制，有计划、有步骤、有重点地统筹推进全省农业数字化转型，鼓励县级政府制定数字农业发展规划，探索差异化的农业数字化转型路径。加大对数字乡村建设的财政投入，加强对乡村基础设施、产业链条、乡村治理等的数字化改造①，构建以数字经济为核心的现代乡村产业体系。引进一批国内知名科研院校和头部企业共建数字农业农村重大项目，打造一批省级数字农业农村典型应用场景，形成一批数字乡村建设的标志性成果。完善数字乡村建设工作体系、政策体系、评价考核体系，定期发布全省数字农业发展综合评价报告和县域数字农业发展影响力指数，健全月度监测、季度运行分析、年度综合评价、督查激励制度，形成全省协同推进数字乡村建设的局面。整合全省科研院所力量，构建农业数字化转型研究智库，加强对国内外农业数字化转型调查研究，为数字农业高质量发展提供智力支持。按照农业类型分别建立不同情景下的标准体系，制定数据确权、采集共享、交易流通等关键共性标准，引导资源型数字经济及技术型数字经济等领域基础共性标准、关键技术标准的研制及推广，积极推动山东省数字农业标准体系转化为国家标准体系。加快数字农业技术创造性发展和创新性转化，降低数字农业设备和硬件成本，加速建设一批数字农业示范县。

（二）加快推进数字平台体系、应用场景建设，夯实山东省乡村数字化转型基石

1. 完善平台体系，统一建设标准。发展以农业数据中心为代表的数字农业"新基建"，以建设全省数字农业综合服务平台（"鲁农码＋数字乡村"）

---

①钟文晶、罗必良、谢琳：《数字农业发展的国际经验及其启示》，载《改革》2021 年第 5 期。

为契机，积极引入省内数字领域头部企业，联合各级政府、涉农高校院所、农业龙头企业等，组建全省数字农业农村创新和应用联合体，牵头建设和规范完善基于数据安全的省市县三级农业农村大数据平台体系。统一统计口径，统一监测范围，统一数据标准，并通过长期适时跟踪和持续优化升级，实现全省农业农村大数据平台的系统兼容、纵横互联、上下互通和数据共享，构建集"一张图、一个码、一条链、一本账、一张网"和集数字化生产、跟踪、监测、监管、治理、服务等功能于一体的全省农业农村工作综合平台体系，从根本上解决山东省农业农村数字化生产和管理碎片化的问题以及长期存在的数据孤岛顽疾。

2. 创新试点方式，丰富应用场景。将以省级智慧农业试验区、数字乡村试点县为载体的农业农村数字化单项试验试点方式，改为横向上以试验区和试点县为载体、纵向上以区域特色产业链为载体的全省农业农村数字化双向试验试点，集中打造一批纵横交错的农业农村数字化转型集中度较高的典型区域和"链通数融"的特色产业链条，进一步增强以点带面的效果，全面推动全省农业农村数字化转型升级。

3. 设立专项资金，实现精准扶持。充分借鉴广东、江苏、浙江、河南等兄弟省份的经验做法，设立农业农村数字化转型发展专项资金，集中用于省市县三级农业农村大数据平台体系的整合与完善，区域特色产业全链条数字化转型，农业农村数字化试验区、试点县奖补，以有效克服资金投入碎片化的问题。加大对智能装备购置的投入力度，探索将智能装备，特别是将监测光照、水肥、温度等农作物生长要素的传感器等硬件装备，纳入农机购置补贴范畴。健全智慧农业项目补助政策，根据投资额度分段设置补助比例，确保不同投资额度的项目都能获得资金扶持。

（三）将数字技术与农业特色优势领域深度融合，作为推进山东省数字乡村建设的突破口

推动数字经济与现代农业深度融合是一项长期而复杂的系统工程，需要坚持不懈的努力。既要充分利用数字技术对山东省农业农村各领域各环节进行全方位、全角度、全链条的数字化改造，赋能农业农村经济高质量发展，也要实施非均衡发展战略，促进数字经济与山东省农业农村发展优势领域、

重点环节深度融合，加快推进农业强省建设。

1. 打造全国农业数字服务新高地。以农业生产托管为代表的农业生产性服务业正在成为农业生产的主角和决定性力量，也是新时代山东省农业经营模式的重大创新。在这一方面，山东省持续走在全国前列，金丰公社、丰信农业、思远农业等一批农业生产性服务企业在全国都具有较强的影响力。同时，2023年我国农业、工业和服务业数字经济渗透率分别为10.5％、24％和44.7％。这些数据不仅说明数字农业存在着较大的发展空间和潜力，也说明数字经济更容易与服务业融合发展。因此，山东省应以数字技术改造农业生产性服务体系，将数字技术深度融入农业服务全过程，提高农业服务业智能化水平，培育一批农业生产性服务业数字化头部企业。

2. 打造高质量数字农业产业集群。当前山东省涌现出蔬菜产业集群、水果产业集群、大蒜产业集群等79个具备较大规模经济优势、交易成本优势、区域品牌优势、技术创新优势的特色农业产业集群，已经形成具有国际影响力的农业"块状经济"，也是山东省农业产业核心竞争力的集中体现。然而，山东省农业产业集群整体上仍处于初级阶段，全产业链融合度不高，在产业价值链条中处于中低端环节，缺乏一批具有较强精深加工能力和辐射带动能力的农业龙头企业。以数字化赋能农业产业集群发展，要积极探索农业全产业链大数据建设的路径、模式和可持续发展机制，建成一批技术创新型、数字赋能型、平台服务型、场景应用型等农业数字标杆企业，打造一批适合全产业链发展的数字农业产业联合体，促进人才链、创新链、产业链、资金链、服务链在更大范围内互补衔接，构建具有国际竞争力的数字农业产业集群。

（四）以数字化推进乡村生产、生态、生活全面转型，打造全域数字化转型齐鲁样板

要充分发挥山东省农业在全国所具有的绝对优势，全链条数字化赋能农业转型升级，以省级以上现代农业示范园、农业优势特色产业集群、农业产业强镇和农业产业化联合体作为抓手，利用数字技术对农业产业链各领域各环节进行全方位、全角度、全链条的数字化改造，促进农产品生产标准化、经营流通数据化、质量监管精准化、全程管理数字化，形成以数字化、自动化、精准化和智能化为基本特征的现代农业全产业链发展新形态。全域推进数字化乡村治理，构建全方位、可视化基层治理智能管理系统，实现由村两委单一治理模式走向数字技术赋能下的村民全员参与治理模式。全方位推进数字化民生共同体建设，利用数字技术有效整合乡村教育、养老、文化、健康、便民等资源，支持乡村智慧养老、智慧医疗、智慧文化、智慧旅游、智慧体育等新产业新业态发展，实现全域民生服务综合集成、优质共享。

1. 用数字技术推进农业现代化。目前来看，数字技术在农业产后环节和农村发展领域的应用仍相对薄弱。对于大多数农业经营主体来说，产品销售仍然是最没有确定性的环节。蔬菜和果品价格的大起大落，依然是影响农业发展的重要因素。其原因是大量的小生产者对价格反应过度，农产品供给忽高忽低。平抑农产品价格需要农产品生产和消费的密切联结。数字技术对此有很大帮助。鉴于山东蔬菜、果品种植面积大且相对比较集中的特点，建议从如下两个方面入手，从宏观上借助数字技术平抑农产品价格波动。

一方面，在特色农业专业化种植区域采用数字技术建立特色产业模块。山东省大蒜、生姜、大葱种植区域非常集中，很适合采用数字技术将生产和市场联结起来。具体做法是，开发作物种植手机 App 并推广给农户，将农户的种植计划收集起来，进行大数据处理，然后引导农户生产。由于大蒜、生姜、大葱等农产品消费弹性不高，市场需求量比较稳定，其供求平衡所需产量和相应的种植面积很容易估算。如果发现计划种植面积大大高于或者低于均衡水平，及时反馈给农户和其他农业经营主体，可以起到调节作用。特别是规模化的农业经营主体，会对此类信息有更加敏锐的反应。

另一方面，用数字技术将寿光、兰陵和莘县等蔬菜种植相对集中的县市联结起来，综合三地信息集群建立数字化蔬菜基地模块。2023 年山东省蔬菜及瓜果类产量为 9544 万吨，寿光、兰陵、莘县三地合计产量为 1097 万吨，占全省产量的 1/9，三地的蔬菜生产对蔬菜市场有很大影响。所以将三地的信息集群进行大数据分析对于研判蔬菜市场变化有很大帮助。具体做法是开发通用的蔬菜种植计划 App，分别在寿光、兰陵和莘县推广，提前收集三地的蔬菜种植信息，进行大数据处理。根据信息处理结果，对三地蔬菜种植进行指导和调节。在寿光、兰陵和莘县试点成功后，依次推广到青州、安丘、阳谷等其他蔬菜种植大县，可以提高全省的蔬菜产量。

2. 用数字技术推进农村现代化。随着农村经济的发展，农村原有的发展格局已经被打破，农村的产业结构、社会治理方式和文化发展路径都需要重新规划和探索。在此过程中，数字技术的应用对农村现代化进程会有很大帮助，淄博、青岛、威海等多地已经做出了有益的尝试。首先，用数字技术建立农村资源库。农村耕地、宅基地、人口等资源都分散分布于广阔的区域，不利于市场化利用。如果用数字技术将农村资源纳入资源库，有利于摸清家底，为以后的市场化利用提供数据支撑。其次，建立数字化乡村治理网络。将农村公共服务纳入网络，为农村居民提供便利。在农村人口流动性日益增强的情况下，数字化网络可以建立起适合新时代的社会联结。此外，微信、抖音等新媒介对于发展农村新文化也有很大帮助。

3. 提升数字产业化的水平。目前做数字农业的公司不少，但大部分规模偏小，分布也不集中。例如，好多公司都在做大数据，但大部分的大数据业务都不规范，覆盖范围偏小，目的性不强。很多小规模公司积累的大数据可能因为信息量受限而应用价值不高，但如果把这些公司的大数据集合成一个大数据库，其应用价值可能会有大幅度的提升。可以从以下三个方面来提高大数据质量：一是鼓励这些规模偏小的数字农业公司迅速扩张，提升实力。最快的方法是鼓励众多小公司通过联合、兼并形成规模较大的公司。二是可以通过建立行业协会来协调数字农业公司的业务，并把这些公司的数据集合起来形成大数据模块，扩大数据的应用价值。数字农业代表着农业未来的发展方向，山东省应该着眼未来看待数字农业的发展，培育一批有国内竞争力的数字农业公司，并对这些公司给予适度的财政支持，提高它们的市场竞争力。三是建议在适当的时候组建山东省数字农业集团公司，做好农业农村大数据的整合，提升山东农业强省建设水平。

综合篇
ZONGHE PIAN

山乡集团济南雪野项目：
盘活农村沉睡资源，助力乡村振兴

随着城镇化进程及经济社会发展转型加快，农村出现了一定程度的资源闲置现象，盘活农村闲置资源将有力支撑乡村产业发展，提升乡村生态宜居成色，促进农民增收，进而助力乡村振兴，实现共同富裕，成为全面推进乡村振兴的重要突破口和有力工作抓手。山乡集团济南雪野乡村度假区（以下简称项目、雪野项目）聚焦济南省会都市圈休闲度假需求，整合山、水、林、田、村资源环境和山东文旅集团产业优势，以农旅、文旅、康旅融合发展的理念，构建"一廊、一心、三区"的空间发展格局，打造集乡村文旅、现代农业、康养度假等功能于一体的一站式全龄化乡村微度假目的地，建设乡村振兴齐鲁样板新标杆，探索城乡融合发展新路径，让乡村既有"风景"又有"钱景"。

雪野项目山乡牧野营地全景

一、路径探索缘起

雪野项目位于济南市莱芜区，紧邻雪野湖省级旅游度假区，自然景观丰富，距济南市中心约 1 小时车程，面积 25 平方千米，具有良好的生姜、花椒等产业基础。项目所处的王老村位于鲁中山区深处，三面环山，一面临水，深藏一幅山美水美的好图景。王老村历史悠久，底蕴深厚，村北侧不远处就是齐长城遗迹。全村 217 户、577 人，党员 31 名，耕地面积 426 亩，山场面积 4000 余亩，村内基础设施建设较为完善。同时，王老村也是远近闻名的"状元村"，近年来走出了 11 个博士生、17 个硕士生、60 多个本科生。王老村先后荣获"中国乡村旅游模范村""全国生态文化村""全国文明村""国家级森林乡村"等荣誉称号。

但是，当地文旅产品业态较为单一，服务水平和质量不高，一二三产联动发展效应不明显，闲置资产有效利用不足，这些成为制约当地乡村振兴齐鲁样板建设的难点和热点问题。山乡集团充分发挥在乡村振兴领域的产业、品牌和平台优势，通过因地制宜打造高端旅居产品，有效利用闲置资产和沉睡资源，带动群众实现共同富裕。

二、主要做法举措

（一）创新利用"四荒地"模式，盘活闲置资产和沉睡资源

项目所在的王老村共有集中连片的"四荒地"400 余亩，属于闲置土地资源。山乡集团进驻后，有效挖掘利用"四荒地"，策划打造了总面积近 10,000 平方米的山乡牧野营地。营地划分为帐篷住宿区、天幕区、活动区及自搭区四个区域，可同时容纳 260 人活动及就餐。2022 年 7 月，营地一期投入运营，11 月 16 日闭营，共计运营 122 天，实现营业总收入 831,400 元，举办各类活动 86 场次，抖音曝光量达 507 万次，小红书曝光量 80 万次，一跃成为济南市周边最火的露营地。项目有效利用当地闲置院落，引进高端民宿品牌"故乡的云"，项目片区被济南市文旅局评为民宿集聚区、四星级民宿。

（二）引领旅游市场新兴业态，高质量野外露营成为市民休闲度假新方式新选择

雪野项目聚焦高质量野外露营业态，以"与自然同行共生，与生活息息相关"为宗旨，从自然、运动与艺术主题出发，传递山乡户外品牌倡导的生活价值和未来休闲生活追求，致力于打造山东地区的"野奢露营地样板"，创造露营体验新高度，以此来带动民宿、餐饮等多元消费，拉动经济增长，提升当地知名度，打造美学空间，共建宜居宜业和美乡村，助力山乡集团乡村振兴齐鲁样板打造。雪野项目打造了9800平方米的山乡牧野营地，设置50顶天幕、25顶轻奢帐篷，主打餐饮美食、婚拍、品牌发布、音乐轰趴、主题团建等；打造了山乡牧野森汀营地，占地8000平方米，设置25顶天幕、3顶高端酒店帐篷、8顶轻奢帐篷，主打亲子、自然教育、音乐轰趴、艺术市集等。目前，正筹备成立山东省露营协会和"山乡聚变，营启未来"露营装备生活节，以引领全省露营行业高质量发展。

（三）搭建亲子幼儿教育新舞台，储备大批优质民宿客源

用足、用活、用好各类奖补资金，利用济南市莱芜区雪野街道雕栏山旅游集聚片区王老村亲子步游道及游乐设施建设资金，打造无动力儿童乐园；利用村内闲置生产道路，打造山地滑车项目；通过对村内水渠的改造及河道清淤，建设摸鱼乐园，为游客、民宿客人增加更为丰富的度假体验。组织开展"我在山乡有块田""一米菜园"等活动，为周边市区幼儿及中小学生提供了自然教育及劳动实践场所；同时项目联合村民合作社的蔬菜大棚，打造"山乡绿色果蔬种植基地"，种植芹菜、韭菜、甜瓜、西瓜等有机果蔬，通过亲子采摘等为承包户增收创收。整合幼教资源，对驻地幼儿园进行全面装修改造，植入自然教育课程，开发乡村共享幼儿园模式，为城市的孩子提供自然教育场所，也助推雪野项目形成稳定客源及收益，与民宿、餐饮、农产品等二次消费形成良性闭环。

（四）提供村民就业新岗位，带动实现共同富裕

项目与当地政府联合打造了"1＋1＋N"乡村振兴新模式。政府统筹资源、政策、资金等各方面力量，全力推进片区道路、供水、供气、垃圾集

中处理等基础设施配套提升，整合流域治理、美丽村居省级试点、济南市乡村振兴齐鲁样板村等政策资金，推进项目建设。山乡集团作为赋能平台，输出策划规划、项目品牌、运营管理、产业孵化等能力，助力片区打造品牌、搭建平台、连片提升、融合发展，从而带动村集体、合作方、片区内各业态多方互惠共赢，形成"共建、共融、共治、共享"的利益联结机制。

此外，雪野项目积极探索通过山体生态修复、荒地整治达成"碳交易"收益的乡村振兴新路径，助力实现绿色低碳高质量发展。

三、项目取得成效

（一）创造就业岗位，入选济南泉韵乡居示范区

雪野项目于 2022 年 3 月 26 日开工建设，当年 6 月 16 日建设完成，7 月 16 日投入运营。目前，流转的"四荒地"及荒废大棚每年为村集体增加收入 5.2 万元，片区带动就业人数百余人，仅营地就提供灵活用工岗位 20 余个。项目片区被评为省级特色小镇、省级美丽村居，入选山东省乡村旅游重点村。通过产业培育、环境整治、乡村建设、文化传承、公共服务提升等，打造出一条和美乡村集聚带。项目片区成功入选济南市泉韵乡居乡村振兴齐鲁样板示范区。

（二）推动生态赋能，助力农业提质、农民增收

在项目建设过程中，实施修路治水、植树造林等工程 20 多项，依托山场资源优势种植板栗、核桃等经济林，成立山乡绿色果蔬种植基地并引进山东农科院优良品种，种植芹菜、韭菜、西红柿等有机蔬菜和蓝莓、葡萄、草莓等精品水果，绘就了"灵山秀水、林海果园"的美丽画卷，实现了生态赋能、农业增效、农民增收。

（三）强化党建引领，整合资源丰富旅游业态

通过整合挂钩试点、连片综合整治、旅游开发等政策资金，雪野项目在王老村先后建起联排别墅，成立乡村旅游合作社，带领入社农民办起了

农家乐。项目实行统一标准、统一价格、统一接待、统一分配、统一宣传、统一培训，对农家乐进行改厨改厕，带动了泉水豆腐、手工煎饼、土家猪肉等土特产热销，达到村美、民富的目的，为全面推进乡村振兴打下坚实基础。

在村企合作大框架协议下，项目整合王老村现有山林、水塘、泉水、田园、村落等原乡资源，打造了"故乡的云"精品民宿11套37间，配套建设乡村会客厅、儿童游乐场、采摘农场、山乡牧野露营地、亲子自然教育营地等，集田园休闲、文化体验、亲子游乐、康养度假等多功能于一体，实现了"春赏花、夏避暑、秋尝果、冬煮茶"的一年四季旅游业态。

四、发展制约因素

（一）项目片区基础配套设施不健全

当前，雪野项目乡村基础设施和公共服务设施建设较为滞后，建设速度同乡村旅游发展的速度不相匹配。例如：项目民宿附近道路多为双向车道，而现在游客多自驾出游，因此在客流量高峰期经常会出现交通拥堵现象；附近停车位规划不合理、数量不足，较难满足游客停车需要。

（二）项目片区建设人才队伍短缺

在任何行业，人才都是核心要素之一。雪野项目现有农家乐、民宿及露营业态快速发展，从业人员大部分以周边村民为主，缺乏高素质的管理、服务人才。他们从业之前只进行过简单的培训，自身的服务能力、解读当地文化特色能力相对不足。与此同时，项目距离城市中心较远，周边产业发展落后，对人才的吸引力不强，难以招聘到专业素质高的民宿从业人员；外来从业人员入职后难以获得职业发展空间，薪资增长缓慢，流失率比较严重。

（三）项目片区土地规划调整不易

雪野项目片区的土地呈碎片化，村集体对土地的管控力度有限，规划建设布局有待优化，村庄用地效率不高。比如，在项目建设过程中发现，有的新建、扩建农村道路难以避让永久基本农田。项目片区原有的机耕路、农村道路满足不了大型机械设备进出需求，也满足不了一些用于蔬菜、瓜果保鲜的大型运输车辆的通行要求。农村道路不属于国家明确的可以占用永久基本农田的几种类型，因此村庄规划亟待调整。

雪野项目"泉城·莱野乡村会客厅"

五、项目突出做法

一是促进文旅融合，赋能乡村振兴。文旅一融合，乡村变了样。"促进文旅融合，赋能乡村振兴"，是雪野项目最为突出的特点。雪野项目利用本土特色，促进文旅高质量融合，提升民宿产业的运营效益和示范效应，提高旅游品位，丰富旅游业态，增强旅游市场的吸引力和带动力，真正打造"农旅＋文旅＋学旅＋商旅"为一体的产业链，以农助旅、以旅兴农。

项目选取王老村作为区域发展突破点，将已经流转到村集体的闲置房屋进行重新设计，打造高端民宿、游客服务中心、景观公园，进行运营推广。村集体房屋产权入股，按照利润和营业收入两种结算方式进行分红。这一做法既能提高企业运营效率，又能提高村集体收入。通过"资源变资产，资产变资金"的发展思路，民宿的建筑主体保留了当地民居风格，破败的院落进行了原址新建，旅居与村民、生活与自然的关系得以打通。门前四季流水不断，房后绿树成荫，形成了融入原野田园的空间格局。

二是坚持绿色发展，人与自然和谐共生。项目始终坚持人与自然和谐共生，走乡村绿色发展之路，让良好生态成为乡村振兴支撑点。在发展民宿旅游产业的同时，雪野项目不断巩固当地农业产业发展基础，坚持质量兴农、绿色兴农、品牌强农，扩大种植规模，引进山东农科院优良品种，成立了山乡绿色果蔬种植基地，建设生态种植大棚。大棚内种植芹菜、韭菜、西红柿等无公害农产品，销售火爆，深受周边地市客户喜爱。

此外，项目积极拓展新兴旅游业态，打造精品乡村旅游。一批特色民宿、露营、农家乐、研学基地迅速发展，这里由此成为集休闲、垂钓、采摘、餐饮、娱乐于一体的度假乡村。

三是立足全面振兴，打造面向世界的未来乡村。当前，雪野项目立足高水平建设济南市泉韵乡居乡村振兴齐鲁样板示范区，不断植入新业态，为传统乡村生活增添新活力，打造飘落人间的"天上的街市"。项目以文化为灵魂、以旅游为本体、以商业为根骨，打造精品乡村文旅综合体和四维融合新业态，形成人间烟火、夜游星河、山水人家三大产品体系。同时，通过构建"乡村振兴产业互联共享数字化平台"、共建特色产业学院、打造"宜居＋宜业＋宜游"的乡村振兴课程体系、创新乡村振兴产业数字化人才培养路径四个方面，以可集成、可复用、可扩展为建设标准，初步打造"1＋9＋N"数字乡村体系，擘画未来乡村的崭新图景。

下一步，乘着"湖光山色、田园风光"泉韵乡居乡村振兴示范区项目建设全力推进的东风，雪野项目将紧紧抓住发展机遇，积极做好各项工作，围绕规划设计的"天上的街市"和"山下的乐园"两大主题板块建设，继续发挥党建引领作用，大力发展康养文旅产业，扎实推进宜居宜业和美乡村建设，打造乡村全域旅游示范区，助力乡村振兴，实现共同富裕。

（张建峰　于在武　武国明）

> ## 点评
>
> 　　山乡集团济南雪野乡村度假区聚焦济南省会都市圈休闲度假需求，有效挖掘利用王老村"四荒地"资源，以农旅、文旅、康旅融合发展的理念，打造集乡村文旅、现代农业、康养度假等功能于一体的一站式全龄化乡村微度假目的地，具有一定借鉴价值。党建引领，村集体带动，实现农文旅结合发展，是当前乡村建设的一条宝贵经验。其成功关键点除了必备的组织振兴，还有极具吸引力的乡村农文旅项目的策划创意——发挥市场的驱动作用，迎合目标人群（主要是城市人口）的需求，以点带面，从点上突破，再从面上完善。

山东土发集团单县公司："社区＋产业"打造乡村振兴"安居城"

　　山东土地集团（单县）有限公司（以下简称"单县公司"）按照习近平总书记关于乡村振兴的总体要求，秉承国家乡村振兴战略理念，紧跟山东省委、省政府脱贫攻坚战略部署，重点锁定"美丽宜居乡村"和菏泽市"两新"（农村新型社区建设和新型小城镇建设）融合发展试点乡镇政策机遇，依托单县良好的群众基础和政策支持，因地制宜打造特色乡村振兴齐鲁样板，主导开展了以终兴镇平乐新城、浮岗镇韦岗、曹庄乡霍庄项目等为代表的乡村振兴齐鲁样板项目，形成多点开花、层次分明、各具特色的和美乡村建设新格局，走出了一条以生态宜居美丽乡村引领乡村振兴的高质量发展之路。

一、项目基本情况

　　单县公司成立于 2019 年 8 月，为山东土地集团三级权属公司，注册资本金 1.5 亿元，由山东省土地发展乡村振兴基金合伙企业（有限合伙）、山东土地集团菏泽有限公司和单县地原投资有限公司共同出资设立，分别占股66.6667％、23.3333％、10％。

　　截至目前，单县公司已在单县开展美丽宜居乡村项目 32 个，覆盖单县 15个乡镇，建筑总面积约 210 万平方米，涉及 116 个自然村，惠及 4.2 万户、15.3 万人，共节余增减挂钩指标规模达 10,555 亩，预计投资 31 亿元。至今，已建成新区约 178 万平方米，已投资 27.52 亿元，已完成验收指标 5947.54亩，为山东省重大项目落地提供了坚实的用地保障。

　　菏泽市单县终兴镇平乐新城项目位于终兴镇人民政府东 100 米，是单县公司与单县人民政府共同打造的美丽宜居乡村建设重点项目，也是菏泽市

"两新融合"试点项目。项目以"提升村镇发展水平、改善乡村人居环境"为目标，积极推动农村人口向新型社区、新型城镇集中，打造成"地域特色鲜明、配套功能齐全、产业优势明显、生态环境宜居、人口规模较大"的"安居城"。

二、项目四大亮点，跑出乡村振兴齐鲁样板"加速度"

（一）整体规模大

该项目由单县人民政府和单县公司共同投资，单县人民政府负责项目建设运营、督导监管等，单县公司负责资金筹备、产业引入等。项目总计划投资 6.24 亿元，拆旧面积 2143.54 亩，可节余土地指标 1868.41 亩，涉及 4 个行政村、17 个自然村、3362 户，一期规划安置 7000 人，二期规划安置 3000 人，建成后该区域将成为菏泽市第一个美丽宜居乡村"万人社区"。

（二）建设速度快

项目规划建设 45 栋楼房，建筑总面积 28.8 万平方米，设计 6 栋"17＋1"、36 栋"10＋1"高层楼房和 3 栋 3 层社区综合服务楼。项目区仅用一年半时间就完成所有楼房建设，且全部验收合格。附属配套大型幼儿园、配套小学校舍已全部建成。

（三）文化色彩浓

终兴镇历史文化悠久，始建于秦，因西南 1 千米处是汉高祖刘邦的妻子吕雉的出生地，故又称吕后故里。秦末汉初，刘邦称帝后来到此地，微醺之后，乘兴挥笔写下"千秋大业，百战终兴"，终兴镇因此而得名。项目充分挖掘"吕后故里"的历史文化资源，萃取提炼汉代文化与"汉阙""斗拱"等建筑元素，采用中轴线式规划布局和"三段式"设计手法，突出建筑的凝重与飞动，呈现古拙而强盛的"新汉风"之美。

（四）社会效益好

单县人民政府通过与省属企业合作，有序实现人口向镇驻地集聚。同步推进城乡公共配套服务均等化，完成了乡村振兴服务中心、养老服务中心、中心小学、社区幼儿园、文体活动中心、医务室等配套工程建设，完善"功能齐全、服务高效、生活便捷、环境优美"的配套系统，打造健康、优美、宜居的生活环境，让农民享受到与城里人一样的公共资源服务。

三、项目五大核心，打造乡村振兴齐鲁样板"主引擎"

（一）文旅产业

项目围绕"吕后故里、百善终兴、梦回大汉、雅颂国风"的主题，规划两平方千米的吕后故里观光园、万亩桃园农家乐、大汉文化产业园等，以打造文旅农业生态产业园。

（二）高效农业

以"一乡一业、一村一品"的模式，稳步扩大本地山药、桃果、主粮种植规模，不断提升"山药之乡""万亩桃园""万亩主粮"基地的建设，努力实现农作物的规模化、特色化和标准化。

（三）电子商务

鼓励社区内村民开通网上交易平台，把电子商务作为商务工作的重要抓手，依托本地山药、桃等农产品加工发展电子商务产业，深入推动一二三产业融合发展。

（四）土地流转

单县公司对复垦整理的2000余亩土地与周边农户种植土地进行流转，引进袁隆平种业、金龙鱼等龙头企业，构建"社区＋产业"的发展模式，深入推动一二三产业融合发展。一期规划流转土地5000亩，二期规划"流转＋托管"土地近10,000亩，旨在改善群众居住环境，让群众增加收入。

（五）产业链延伸

单县公司与袁隆平种业进行作物育种合作，通过开展专业化、社会化农业服务，依托袁隆平种业育种技术，在流转的土地上进行良种繁育，并注重对所获良种进行销售推广，取得了一定的社会效益与经济效益。与潍坊预制菜公司合作，采取"订单、绿色、循环、高效"农业模式种植菠菜、娃娃菜，采收后进行水洗、高温烘干等深度处理，将合格产品通过外贸公司远销欧美国家，增加了产品的附加值，增加了外汇收入。

四、项目四大特色，点亮乡村振兴齐鲁样板"新名片"

（一）两新融合——示范城

遵循因地制宜、合理布局、生态化的设计准则，融入现代化城镇格局，不仅增强社区的吸引力和辐射力，而且也为展示社区形象锦上添花，最终将平乐新城打造成为一个地标性兼地域性的示范新城。

（二）生态宜居——安居城

实施"两新"融合发展，推动农村新型社区向乡镇驻地集中，有利于优化公共资源配置，集约高效利用土地，提高新型城镇化水平。平乐新城按照5～10分钟步行的尺度划分若干邻里单元，每个单元设邻里中心，营造舒适的社区环境，从而完善城市配套系统。

（三）心灵归属——幸福城

平乐新城为居民打造一个"设施齐全、整洁优美、秩序井然、适宜人居"的良好生活环境，规划注重为每个住户、每个房间提供不同的观景角度，使居民在室内每个房间都看得见风景，在室外步行能够步步为景、步移景异。

（四）自然人文——生态城

平乐新城按照生态学原理进行设计，建立了高效、和谐、健康、可持续发展的人类聚居环境。规划体现"都市的绿岛"的景观主题，中心绿地及精心布置的宅前绿地让居民尽享满园绿色，体会诗意生活。

五、相关创新实践

（一）科学编制项目规划

平乐新城项目充分尊重群众意愿，广泛征求群众意见，依据土地利用规划，结合国土空间规划，统筹考虑和美乡村建设、基础设施配套和产业发展，突出"两新"融合发展理念，引导群众向中心村、小城镇集中，土地流转向产业集中，形成集聚效应，既改善农民生产生活环境，又推动产业发展，带动群众致富。项目采用中轴线式规划布局和"三段式"设计手法，并提取"阙"建筑元素，突出建筑的凝重与飞动，呈现古拙而强盛的"汉风"之美。

（二）广泛宣传发动

实施中，充分尊重民意，采取多种形式广泛宣传，发放明白纸，召开党员会、群众代表会，给群众算好经济账、生态账、长远发展账。通过微信公众号推送调查问卷，利用村民微信群让群众自己讨论，让群众体验和美乡村的舒适生活和优美环境，最后让群众作出选择。该项目群众同意率达到95％。

（三）建设模式灵活多样

坚持"群众的事群众议，群众的事群众定"的原则，发动好群众，组织好群众，依靠好群众，确保把好事办好，办到老百姓心坎上。项目按照户型设计和建筑成本预算，有针对性地确定建设模式，设计了60平方米、95平方米、120平方米、138平方米、门面房五种户型样式，深受群众欢迎。

（四）依法依规精心实施

拆旧阶段：让群众代表参与，执行政策一视同仁，一把尺子量到底，制定了多种激励奖励政策，真正做到公平公正公开。

建设阶段：对项目建设采取"一查、二停、三改、四验、五复工"的方式进行拉网式排查。一查，查违法违规行为；二停，存在违法违规行为和重大安全质量隐患的项目一律封停；三改，拉出问题清单，督促协助整改；四验，整改到位即时验收；五复工，验收合格即时复工。同时，聘请有资质的专业监理，推选懂建筑的群众监理，对建材质量和建设质量全程监督。

复垦阶段：杜绝填埋工业废料、生活垃圾，选用专业复垦队伍，保障复垦质量，有效耕作层不低于国家规定标准。

（五）民生保障落实

单县公司联合当地政府对复垦整理的土地进行流转，构建"社区＋产业"发展模式，深入推动一二三产业融合发展，推动民生实事落实有力。

六、经验与启示

（一）瞄准一个目标，打造齐鲁样板

始终坚持规划先行，做到高标准定位、高起点规划、高质量建设。瞄准打造乡村振兴齐鲁样板一个目标，心无旁骛，全面推进，对人口聚集、产业发展、生态保护、乡村旅游等进行科学定位、统筹谋划，打破传统"镇域＋镇区"规划模式，突出镇域统筹和城乡融合一体化，加快打造特色鲜明、配套齐全、功能完善、产城融合、生态宜居的新型小城镇，着力构建"县域副中心"。同时，编制完善了镇核心区控制性详细规划，新型社区规划，供热、供气、供水、雨污管网等专项规划，促进城镇规划、土地利用规划、产业发展规划等"多规衔接"。

（二）两个均等化发展，夯实建设基础

积极完善公共服务体系，搭建镇村公共服务平台，着力实现新型农村社区与新型小城镇建设"两个均等化发展"。一是城乡基本公共服务均等化。平乐新城社区高标准建设幼儿园、医疗服务中心、中心敬老院和文化广场，投用了便民服务中心和市民活动中心；社区实现统一供热、供气。特别是在建成后，单县教育局又规划了中小学校建设，实现了教育全面衔接。二是城乡环卫均等化。与专业化保洁公司签订托管服务合同，建成垃圾中转站4处，新上垃圾转运车8辆，洒水车、吸尘车各4辆，配备保洁员，形成"户集、村收、镇运、县处理"的镇村一体化垃圾收运处理模式，社区垃圾集中收集率达100％。通过均等化发展，真正实现了高标准规划、高标准建设、高标准配套，做到了规划不落伍、建设有保障、配套更齐全。

（三）抓好三个结合，加快建设步伐

将小城镇建设与美丽宜居乡村、村庄集中、产业发展紧密结合，促进人口向镇区和社区集中、产业向园区集中、土地向规模经营集中。一是与美丽宜居乡村相结合。大力推进美丽宜居乡村建设实施，结合镇村空间布局、人口分布特点，通过腾空土地、迁建安置、拆旧建新，推动镇村生产生活和公共服务设施建设，为"两新"融合发展提供有力支撑。二是与各项政策相结合。利用专项扶贫、农网升级改造、农村道路升级、农村安全饮水、易地扶

贫、生态移民搬迁等项目和资金，广泛动员各方力量，争取有效整合各种资源，持续加大村庄整合力度，为群众营造宜居环境。三是与产业发展相结合。把产业发展作为"两新"融合的根本支撑，通过旧村复垦、土地流转、村企合作、招商引资等方式，大力推动服装加工、种植养殖、农副产品加工、商贸物流等特色产业，让农民在家门口变身产业工人。

（四）坚持五大目标，创建特色小镇

平乐新城社区坚持"规划有高度、建设有厚度、管理有力度、发展有广度、社区有温度"五大目标，同步启动"社区建设、设施配套、生态涵养、产业培育、返乡创业"五大工程，集中人力物力财力，尽快建成平乐新城万人大型社区，先行先试，以点带面，全镇铺开，努力把终兴镇建成"宜居、宜商、宜游、宜业、宜人"的"两新"融合样板、特色魅力城镇。

七、下一步工作方案

推进单县乡村振兴是山东省土地集团交付单县公司的重要工作任务。单县公司紧密融入乡村振兴发展大局，彰显国企责任担当，持续围绕美丽宜居乡村建设、全域土地综合整治、乡村振兴样板打造、新旧动能转换工程、现代农业产业等方面加大投资和工作力度，形成有特色、有亮点、可复制、可推广的乡村振兴先进经验。

（一）继续开展美丽宜居乡村建设

乡村振兴，生态宜居是关键。打造安居乐业美丽家园、建设美丽乡村是民心所向、众望所归的实事，是利在当代、功在后代的好事。单县美丽宜居乡村建设发展体量规模大、潜力大，居民点分散，且菏泽市已经在"三区三线"中对安置区进行规划。根据单县县域村庄布局和美丽宜居乡村建设要求，单县集聚提升类村庄共计382个，涉及自然村1686个、26.18万户、86.24万人。村庄总规模约26万亩，人均建设用地约200平方米，远超山东省建设用地控制标准中的平原地区农村人均100平方米的用地标准，按节地率50%计算，382个村庄通过建新拆旧、土地复垦，最少可腾出增减挂钩指标13万余亩，实施潜力巨大，后劲十足。

（二）对农业产业体系进行谋划

乡村振兴，要着眼推进农业产业链、价值链建设，推动一二三产业融合发展，实现一产强、二产优、三产活，提高农业产业的综合效益和整体竞争力，大力发展乡村旅游、休闲观光农业等农村新产业新业态，让农民分享农业产业链条各环节的利益。还要大力推进农业产业化经营，加快发展农产品精深加工，围绕农产品生产基地、加工基地等，建设一批可清洗、分装、预冷、储藏、加工的设施，形成产业集群，提高农业全产业链效益。注重将新技术、新业态和新模式引入到农业产业中来，借鉴工业等领域的成功范式，加快发展订单直销、连锁配送、电子商务等现代流通方式，促进农业产业经营组织方式变革，促进形成以技术、品牌、质量、服务为核心的竞争力新优势。

（三）规模化、片区化打造

单县公司结合莱河镇乡村振兴示范方（含徐海村、刘棚村、许河村3个行政村，9个自然村，进行集青山羊养殖与山药、菊花、艾草等种植于一体的特色农业田园综合体产业建设）、郭村镇工业园区（毛纺污水处理）、高老家乡芦笋种植及加工等产业建设，通过农民进城订单式安置新型和美乡村模式，实现农民进城、产业下乡，产品进城、市民下乡，规模化、片区化打造单县乡村振兴齐鲁样板项目。

项目现状

项目规划效果图

（邵建勋　黄常伟）

> ## 点评
>
> 　　菏泽市单县终兴镇平乐新城项目以"提升村镇发展水平、改善乡村人居环境"为目标，积极推动农村人口向新型社区、新型城镇集中，打造成"地域特色鲜明、配套功能齐全、产业优势明显、生态环境宜居、人口规模较大"的"安居城"，是菏泽市"两新"融合试点项目。乡村振兴无非是人、地、钱的合理配置问题。该项目抓住"土地整治"的机会，一并盘活了人和钱，是符合当时政策要求的。在当今形势下，继续做"土地"的文章，会面临很多新问题，需要寻找新的切入点。各地要结合自身情况，探索实现人、地、钱合理配置的新路径。

郯城醉东风：让艺术栖于乡野

醉东风乡村艺栈项目坐落于临沂市郯城县李庄镇东风岭村。其目的是要建设成为"农＋文＋旅"新型产业链相融合的现代乡村综合体，以文塑旅，以旅彰文，以旅促农，实现一二三产业相互融合、相互支撑，以此赋能乡村振兴，带动当地产业焕发新生机，提升乡村的内在魅力和发展的可持续性。

一、项目建设背景

习近平总书记对文旅产业建设发展，提出了"让人们在领略自然之美中感悟文化之美、陶冶心灵之美"的目标和要求，乡村文旅更需要严格遵循这一指导思想。

近年来，国家全面推进乡村振兴，明确提出实施乡村休闲旅游提升计划，启动文化产业赋能乡村振兴计划。临沂市积极推动文化和旅游融合发展，以农旅互动促进城乡交流，延长农业产业链，助力农村建设。

郯城醉东风乡村艺栈项目紧抓政策机遇，以农业和种植业为基础，以文艺创作、高端演艺、艺术体验、田园养生、田园游乐、农业观光、亲子研学和度假旅居为主要产业布局，坚持挖掘本土文化资源，带动当地杞柳工艺品手造产业全面发展，实现一二三产业相互融合、相互支撑，推动文旅产业从生产链向价值链转型，打造出一个独具特色的农文旅乡村综合体项目。

二、创新实践和经验做法

醉东风乡村艺栈项目所在地，无山、无水、无资源，土地贫瘠、区位偏远、交通不便，基础条件较差。当地村民以传统农业种植和杞柳工艺品加工为生，发展相对落后，农民收入较低。村庄空心化严重，村容村貌较差。在这个平凡无奇的乡村田野上，如何引进人才、引进资金，如何实现乡村振兴，醉东风乡村艺栈项目破解了这一重要课题，努力探索实践出一条乡村振兴的创新之路。

（一）全面展现艺术赋能的独特魅力

醉东风乡村艺栈按照"艺术乡村、诗意田园"的建设理念，坚持高品质定位，颠覆乡村文旅项目"土、俗、低"的传统认知，进行科学布局，促进田园与建筑的融合，集中展现国内外美丽乡村风情风貌，凸显乡土文化、乡愁文化，实现中外乡村风情混搭、乡土与时尚结合、艺术与田园相融的未来乡村建设。项目构筑人与自然、人与田园、人与艺术和谐共处的田园社区，将乡土文化、乡愁文化融入其中，建设人本型、文艺型、和谐型发展的美丽乡村田园风光，打造有审美、有文化、有精神的乡村田园。

秉承"让艺术栖于乡野"这一理念，建设田园艺术广场、稻田剧场、乡野艺术馆、乡村美术馆、耕读书院、吾乡书屋、乡建研究院、乡村文创公社等文化艺术场馆。在国内文旅项目中，其文化艺术设施最为完备、最为齐全。有机融入高端艺术创作和大众艺术体验，定期举办乡村振兴题材全国美展、乡情乡韵雕塑展、乡村文艺沙龙、乡村音乐会、乡村民谣大会、乡村摇滚专场、乡村戏曲专场等艺术活动，以及农民丰收大会、乡村庙会等乡俗活动。

三十座民宿院落均打造成文学家和艺术家工作室，邀请张继钢、张艺谋、莫言、李双江、姜昆、李翔等数十位文学家、艺术家入驻。工作室可以满足艺术家艺术创作，以及游客艺术体验、休闲度假的需要，是"艺术家的精神驿站、游客的心灵家园"。

农业园区将休闲农业和观光农业融于其中，田间设计大地艺术景观，地头设置农耕文化艺术雕塑，让游人在享受田园乐趣的同时，感受艺术之美，真正实现"艺术邂逅田园，乡村滋养艺术"。

将驻地村庄东风岭村规划建设成国际柳艺村，引入国内和国际工艺美术大师设立艺术工作室，创立青年创客艺术中心，对当地杞柳编、草编、铁艺、木作等传统产品进行全面提升，使产品由1.0模式进入4.0模式。

深度挖掘和展现当地文化，凸显当地历史人文，再现"孔子师郯子"、王羲之"曲水流觞兰亭雅集"和中华孝道文化等历史典故，打造了文化地标和对话时空的文化展示与互动项目。项目依托文化和艺术元素给自然风光增添了更多的文化底蕴，创造了独特的旅游体验，以文化艺术作品、创作活动等更加多元的元素吸引游客，提升了吸引力。

（二）大胆实践资本助力的有效路径

醉东风乡村艺栈项目，分为乡村文旅园区、柳编工艺产业园和东风岭村景区化改造三个板块，总占地 1260 亩，总投资 5.2 亿元。

在项目建设期，山东醉东风乡村文旅产业发展有限公司负责乡村文旅园区和柳编工艺产业园的建设投资，县镇村三级负责村庄景区化改造的投资。在项目运营期，在引进专业运营团队的同时，引进国内外资本投资方进行规模扩大和产业提升。由山东醉东风乡村文旅产业发展有限公司和政府投资平台、资本投资方共同成立产业运营公司，引入 5 亿元产业发展基金，将三个产业板块捆绑运营，使其相互依托、相互支撑，促进一二三产业融合发展，实现多方共赢，同时带动了当地产业增效、农民增收。

资本方进入的同时，也带来了先进理念和高端品牌，改变了一些陈旧的经营理念，改善了当地传统的产业结构，让当地乡村产业更具活力，给乡村振兴插上了奋飞的翅膀。

（三）紧紧抓住人才振兴这一关键

醉东风乡村艺栈始终把人才引进作为重中之重，与国家级文化艺术协会、中国农业科学院等建立合作，设立了多个艺术创作基地、农业科学家创新团队工作站、乡建研究院、乡村振兴实践基地等。一大批文学家、艺术家、科学家等尖端人才，深入到项目进行调研、采风、创作，通过办讲座、办论坛、搞交流、搞科研等，服务乡村建设，助力乡村振兴。

醉东风成功的核心密码是利用归雁工程从北京引进郭瑞先生。郭瑞先生是郯城东风岭村人，长期在解放军艺术学院工作，曾协助张艺谋策划 2008 年北京奥运会。他不仅与一大批艺术家有密切联系，而且他自己也有很强的艺术创造力。醉东风很多令人叹服的艺术设计都出自郭瑞先生之手。通过引进郭瑞先生这个人才，临沂醉东风打通了与北京和全国艺术家联结的快速通道。

通过举办企业家论坛、中国乡村民宿产业高峰会、双招双引签约会等活动,一批企业家和文旅专家、民宿业主来此考察交流,为当地招商引资创造了条件。

项目搭建的平台,召唤着一批批有志青年回归,为他们干事创业开辟了广阔空间。项目区内专门以归雁造型建设了一个场馆,命名为"归雁馆",并成立了归雁学社。政府和企业都对回乡人才给予鼓励和扶持,让"归雁"感受到满满的归属感。

在这平凡无奇的乡村,引入了这么多人才,当地老百姓感慨地说"做梦也不敢想",各级政府也认为这是前所未有、不可多得的。很多业内专家评价说,醉东风是栽了一棵梧桐树,引来这么多金凤凰,为乡村振兴找到了源头、赋予了活力、增加了动力。

(四) 努力实现产业带动的终极目标

一是以文旅产业作为突破和引领。文旅产业板块规划建设意在满足当代人的精神追求,打造品质化、年轻化的旅游目的地,提供优质旅游资源,以前瞻性的思维布局产品,创造和引领市场,推动项目的良性发展,通过多样的元素吸引不同的受众,推动文旅产业繁荣发展。

二是建设生态高值功能农业示范园。项目驻地东风岭村以传统农业种植为主,单季种植小麦、玉米等作物,采用代代沿袭的耕作方法和农业技术,生产技术落后,抵御自然灾害能力差,农业生态系统功效及农业附加值低。项目以打破落后的农业种植模式为出发点,改善项目地农业发展业态,秉持现代农业理念,对标国际先进标准,创立自主有机农产品品牌,探索特色农业发展新路径。与中国农业科学院、中国科学技术大学先进技术研究院、北京宏福国际农业科技有限公司等达成战略合作协议,为项目所在地农业发展提供技术支持,并将其作为研究成果转化基地。引进中国农业科学院蒋和平教授农业科技创新专家团队,引入日本、荷兰、以色列等国的高科技农业技术,打造高科技农业园,进行高科技农业育种研发、特色种植。通过生态功能高值农业的示范引领,带动当地农业增收、农民致富。依托文旅产业客流量,打造农产品自主品牌,实现一产与三产互动融合发展。

三是建设柳编工艺产业园。针对当地柳编工艺生产碎片化、无厂房、无库房、无展厅等现状，政府规划出 50 亩建设用地，由企业投资建成柳编工艺产业园，使当地柳编、草编、木艺、铁艺等工艺品产业发展规范化，提升品质与档次，以文旅项目吸引多批次国内外客商订购工艺品，带动乡村富裕、产业发展。

四是建设东风岭国际柳艺村。借助"百千工程"的有利契机，由政府投资 1200 多万元，按照景区化村庄模式进行提升改造。充分利用周边退林还耕的海棠花苗木，因陋就简、因地制宜，认真规划设计，将原来最落后、最破旧的东风岭村，打造成一个远近闻名的海棠花村。在此基础上，结合当地杞柳产业从种植、制作到出口的全产业链模式，充分利用中国杞柳之乡的品牌，全力打造东风岭国际柳艺村。引入国内和国际工艺美术大师成立艺术工作室，建立青年创客设计中心，将柳艺产品由 1.0 模式全面提升到 4.0 模式，增强了产品出口的竞争力，实现了产品出口的高附加值。与国际竹藤组织深入对接，并设立办事处，将杞柳工艺品向世界全面推广。与中国进出口商品交易会（广交会）深入对接，积极争取设立分会场，举办乡村广交会。邀请荷兰 HBX 公司等多家国际工艺品贸易公司设立联络处，实现村庄与国外客商点对点互通商贸，减少中间环节，大大降低商贸成本。定期举办柳艺作品国际双年展，请国外艺术家来此办展，让国内艺术家走出国门办展，极大提升了杞柳工艺品的国际知名度。通过打造"国际柳艺村"，有力地带动了全县手造工艺品产业发展，引领二胡、中国结、木旋玩具等手造产业全面提升、蓬勃发展。

三、打造农文旅乡村综合体的成效

（一）探索乡村振兴的创新之路，谱写艺术赋能乡村的崭新篇章

通过创新的文化体验活动、艺术创作、新媒体技术，将传统文化资源与现代文化艺术相融合，使之更贴近当代人的生活。充分挖掘当地文化，将乡情、乡风、乡韵融入建筑和景观设计中，并围绕相关制作开展文化体验活动，为文化资源创造传承与推广机会。依托项目区内丰富的文化艺术设施和资源，

开展文化研学、文创展销、文艺展演、创意互动，以文化体验带动游客深入感受文化的魅力。传承农耕文化，依托东风农庄农耕文化园开展研学、农事体验、农事指导等活动，探索文化传承的路径。引进主流文学家、艺术家进行文艺创作，对当地历史和文化资源进行融合与传承，以新颖的方式让其焕发出永恒的魅力。

醉东风乡村艺栈项目成为临沂市的文旅窗口和乡村振兴的名片，作为2024年山东省旅游发展大会的举办地而广受好评，先后获得山东文化和旅游厅颁发的"十佳建筑设计民宿"等奖项。中央电视台《乡村振兴中国行》和山东电视台《乡村季风》等栏目对醉东风进行了深入报道。山东省内各市县和外省一些市县纷纷前来考察观摩，年接待考察观摩团千余批次，被业内专家誉为"南有裸心谷，北有醉东风"，呈现了较强的品牌影响力，对当地社会知名度的提高和区域经济发展发挥了重要的引领作用。

（二）找准乡村振兴的源头活水，为乡村发展注入新活力

乡村振兴，关键在人。如果没有人才的支撑，乡村振兴只能是一句空话。东风岭村位置偏远，农业产业相对落后，农村人口"空心化"严重，缺人气、缺人才是项目周边区域乡村的基本现状。如何在这个无山、无水、无资源的乡村田野上，吸引外部人才，留住当地人才，集聚发展人气，郯城县政府和醉东风乡村艺栈项目想了很多办法，下了很大功夫。

首先，精心搭建人才回归产业平台。乡村文旅项目、生态高值功能农业产业园、杞柳工艺品产业园、东风岭景区化村庄等产业平台，先后吸引百余名青年回乡人员到各产业平台工作，三百余名村民回乡创业。县委县政府出台一系列激励扶持政策，旨在吸引各类人才回乡，在农村广阔天地大施所能、大展才华、大显身手，初步打造了一支爱家乡、懂农业、会运营的乡村振兴人才队伍。在政府指导下，成立了归雁学社，专门建设了归雁馆，给归雁人才建了个家，意在吸引更多的归雁人才加入乡村振兴队伍。

其次，想方设法吸引外部高端人才助力乡村发展。先后邀请一大批文学家、艺术家在此设立艺术工作室，在搞好艺术创作的同时，推动文化产业发展。邀请中国美术家协会、中国戏剧家协会等十多家专业艺术协会设立采风创作基地，让高端艺术进乡村。与中国农业科学院联合设立蒋和平教授农业

科技创新专家团队工作站，全力打造生态高值功能农业示范园。与北京大学、清华大学等著名高校建立联系，定期进行教学实践活动，为当地乡村发展提供智力支持。山东省乡村振兴研究会乡建研究院在此挂牌，山东电视台农科频道助农直播平台在此设立。充分利用举办企业家高峰论坛、文旅产业高峰会等契机，搞好对接交流，吸引更多的企业家和专业人士到农村来投资兴业。

（三）瞄准乡村振兴的终极目标，促进多产业协同发展

以文化艺术、创新设计、多元布局打造文旅产业载体，赋予文旅产业蓬勃发展的支撑力。醉东风项目打造了艺术创作基地、创意休闲度假区、有机农业示范区，吸引了文化研学、艺术体验、休闲度假、农业研学客群，并逐渐形成客群全覆盖，加之文创产品、农产品增效，文旅产业发展潜力巨大。

以科技兴农，带动农业增效、农民增收。中国农业科学院蒋和平教授农业科技创新专家团队工作站在此成立，每年引进三至五项新技术、新品种，改善传统的农业生产模式，提升农业附加值，惠及项目地周边村民。

以文旅产业为引领，吸引国内外客商关注地方工艺品，实现二、三产业联动发展。醉东风乡村艺栈建设过程中接待多批次国内外客商，为郯城草柳编工艺品带来大量订单；吸引人才返乡创业就业，进一步促进项目地草柳编、铁艺等加工产业的发展。

一二三产业相互依托，农文旅融合发展，让东风岭村这个曾经破旧落后的小村庄蜕变成为远近闻名的乡村旅游特色村、国际柳艺产业村，让一个平凡无奇的乡村焕发出新的活力与希望。

四、打造农文旅乡村综合体的经验启示

（一）规划先行

乡村文旅项目规划先行具有至关重要的意义，在建设方向与目标、资源优化配置、风险评估、资金筹集、效益评估等方面可以提供关键性的指导和保障。醉东风项目的规划从实际出发，在实地考察的基础上，根据项目地土地条件、地形特征、气候条件，因地制宜进行产品、景观设施的规划。从市

场导向出发,研究项目地潜在客群的行为特征,把握市场脉搏,深入洞察游客需求,以前瞻性的思维布局产品,创造和引领市场。始终把握精品化、品质化的建设目标,注重建筑和景观细节的呈现度,使之经得起游客和专家从各个角度的观察和审视。明晰项目地自然资源、文化资源,建设过程中更好地配置资源,确保资源的完美融合与充分利用。项目前期识别和评估项目实施中的潜在风险,提前制定风险管理策略,明确项目投资预算和资金来源,规划建设周期、时间安排,以合理的方式进行效益评估,通过规划先行确保项目的顺利实施,最大限度地发挥潜力。

(二)农文旅融合

乡村文旅产业发展的根基是农业,文旅融合已是近年来旅游业发展的一大亮点,农文旅融合更适于乡村文旅产业发展,农耕文化更是中华民族的宝贵财富。醉东风项目致力于打造农文旅乡村综合体,以文兴旅、以旅促农。利用丰富的文化艺术资源和设施,丰富文化体验、文艺创作等业态功能,形成了高端艺术创作和人文艺术体验综合的文艺休闲空间,实现文旅融合发展。打造东风农庄,建设了绿色粮仓园、精致农业园、国外农庄风情园、农耕文化园,植入多元化田园艺术装置,打造艺术化的田园景观区,以旅游资源带动农产品品牌建设,形成农文旅相互融合、相互促进的发展格局。

(三)生态保护

醉东风项目建设过程中,严格遵循"开发与保护相结合"的指导思想,在保护项目地生态环境的基础上,合理进行布局,适度有序开发,保证项目地可持续发展。高科技创新农业示范区在保留原有作物的基础上,进行高科技农业育种研发、特色种植。精致有机农业区贯彻"有机、环保、可持续"的发展思路,打造绿色粮仓园、精致农业园。因项目区是贫水区,水资源欠缺,所以从10千米外沂河引入灌溉用水,合理改造项目区内池塘水系,在生态保护的基础上美化田园。醉东风乡村艺栈项目很好地践行了"绿水青山就是金山银山"的理念,打造出一幅"艺术乡村、诗意田园"的美丽画卷。

生态高值功能农业示范园区

野奢宿集区

田园艺术广场

项目区夜景

（孙钦龙）

点评

　　郯城醉东风乡村艺栈，以文艺创作、高端演艺、艺术体验、田园养生、田园游乐、农业观光、亲子研学和度假旅居为主要产业布局，坚持挖掘本土文化资源，带动当地杞柳工艺品手造产业全面发展，实现一二三产业相互融合、相互支撑，推动文旅产业从生产链向价值链转型，打造出一个独具特色的农文旅乡村综合体项目。其引领的"无中生有"振兴乡村的思路，无疑是有启发性的。该项目的实质是创造出一个与"城市主题乐园"相对的"乡村主题驿站"。与"城市主题乐园"以"玩乐购"为特色不同，"乡村主题驿站"以"住＋玩乐购＋吃喝"为特色，其中主题民宿的打造是重中之重。

山东农服集团：探索全产业链模式下的农业社会化服务综合体

山东农业社会化服务集团有限公司（以下简称"农服集团"）成立于2021年，为水发集团三级权属公司，注册资本金1亿元，旨在围绕农业生产全过程进行农业社会化服务。农服集团以资源整合为着力点，以科技创新为发力点，以产业链完善为落脚点，突出抓好产中环节全托管，并逐步将农资服务、农业科技服务、农业金融服务等向产前、产后环节延伸，形成了"产、供、销、服"一体化的完整闭环，实现了合作组织与小规模分散经营农户的合作多赢、良性发展，为促进小农户与现代农业发展有机衔接提供了示范路径。2021年12月，农服集团被农业农村部选定为国家级农业社会化服务创新试点单位。

一、基本情况

立足新发展阶段，依托水发集团在农业领域的广泛资源和在中国农业市场的网络布局，农服集团整合优势资源延伸粮食种植产业链，促进各环节专业化精深发展，多措并举强链补链，提升市场竞争力，承担相应的社会责任。

目前农服集团已流转土地20余万亩，托管土地8万余亩，合作联结带动农户万余户，服务农民50余万人，带动农民增收900多万元。在农资销售方面，2022年营收达5亿元，农业社会化服务面积超200万亩，2023年农业社会化服务面积超240万亩。

二、主要做法及特点

（一）"四位一体"合伙种粮，全方位服务确保农户利益

1. 模式创新

采用"农户＋村集体＋社会化服务组织＋职业农民"四位一体的合伙种

粮模式，即农民把土地集中到村集体，村集体把集约化、规模化的土地或流转或托管给农服集团进行管理和种植。农服集团根据土地具体情况，按照一定标准将适度规模的土地分配给职业农民进行种植管理。集团负责制定种植方案，提供全程技术指导；职业农民承担土地的地租、具体生产管理及相关费用的投入。集团统一收购职业农民生产种植的粮食，再销售给粮食加工企业。"农户＋村集体＋社会化服务组织＋职业农民"四位一体，合作共赢，实现种植和销售的统一管理，确保降低生产成本、增加种粮收入、化解农业风险，真正做到让农民省心省力。

2. 模式解析

一是依靠基层党组织推进土地流转和托管。农服集团在各地首先与组织部、农业农村局、镇党委对接，就开展土地流转和托管，实现集体增收、共同富裕达成共识。然后在各个乡镇政府召开村党支部书记培训会，由村书记组织召开党员村民代表大会，宣传落实土地流转和托管工作措施。农服集团与村"两委"签订相关合同，开展耕、种、管、收全程服务；与职业农民签订种植管理协议，将300～500亩的土地按照适度规模分配给职业农民进行订单生产管理。

二是组织发动农民土地流转和托管。针对流转土地，农户与村委会签订土地经营权流转委托协议书，村委会把规模化的土地流转给农服集团，签订长期的土地流转合同。针对托管土地，实行网格化组团式管理，每一个乡（镇）行政区域聘请一名服务经理，每一个行政村聘请一名技术员，负责业务协调推广，以点带面、层层推进。农服集团采取先示范后推广的方式，让小农户"眼见为实"，看到农业生产全程托管经营模式的优势，通过托管地块与农民自种地块对比算账，吸引更多农民接受托管服务。

目前，农服集团在聊城、枣庄、潍坊等地流转土地20余万亩，在莱芜、章丘、鄄城、济南起步区等地托管土地8万余亩，所涉地区基本实现整村流转、全程托管，涉及行政村1000余个，为村集体创收550余万元。以济南市起步区为例，2022年农服集团托管面积3.5万亩，其中小麦1.5万亩，玉米2万亩，土地全程托管费分别为小麦710元、玉米480元，集团将利润的30%让给村集体，使村集体增收50万元，农民亩均增收120元。

宣讲"四位一体"合伙种粮模式

（二）建立"强资源"体系，促进农业生产服务落地

农服集团依托强大的平台能力和人才、技术、装备、资金等优势，建立了完善的社会化服务体系，实行"统一生产资料供应，统一种植安排，统一机械化服务，统一收购，统一品牌销售"的"五统一"管理，向农户提供从种植到销售的全程服务。

按标准监管库要求储存的农资产品

（1）在生产资料供给方面，农服集团下设农发农资服务（烟台）有限公司，与拜耳、巴斯夫、先锋等农资企业建立了战略合作关系，上游国内外采购，下游重点销售区域有华东、华北、东北，主要出口国家有巴西、美国、洪都拉斯、哥斯达黎加、坦桑尼亚、南非、印度等。农服集团利用自身资源优势，将农资产品零差价提供给托管组织和农户，在大幅度降低生产物化成

本的同时，还保证了农资供应质量。2023 年玉米季，生产资料成本下降约 20%。

（2）在粮食产后服务方面，农服集团充分整合自身及兄弟单位资源，开展产后代清理、代干燥、代储存、代加工、代销售的"五代"服务。以兄弟单位伯乐庄园粮油公司现有的 6 万吨仓储能力为基础，依托农发大宗、农配集团等发展线上线下等多维销售渠道，打通了产销对接业务链条。在下游粮食市场，农服集团与粮食加工企业合作，实现托管农户的粮食直接入库，减少了中间商环节，让托管农户"点价结算"粮款，提高了农户收益。

（3）在粮食深加工方面，农服集团与兄弟单位伯乐庄园粮油公司合作，注册"水发"石磨面粉、石磨挂面等品牌，通过对收购或代储的粮食进行统一加工，再由社员分销或集团直销到市场。产业链的延长，使每亩小麦可增加收入 70 元左右。

（4）在服务人才培养方面，农服集团建立员工培训制度，同山东农业大学、齐鲁工业大学、山东农科院等多所高校及研究机构合作，为粮食产业培养一流的经营服务和技术应用人才，并积极与各地农业部门联合开展职业农民培训。2022 年共计开展培训 12 场，其中职业农民培训 8 场，使越来越多的农民成为掌握先进农科技术的"新农人"。

（5）在农机服务方面，农服集团积极整合各地农机资源，成立农机协会，充分发挥农村经纪人、农机大户、村干部等带头人优势，通过带机入社、资金入社、土地入社等多种形式，建立起新型农机社会化服务组织。在粮食生产和收获过程中，农户对机耕、机插秧、病虫害防治、收割、稻谷烘干、清理等农机作业环节的需求高度集中，曾因农机装备不平衡，出现因作业量不足而闲置农机或因缺少农机而无法及时完成田间生产作业的情况。农服集团充分发挥调配枢纽的作用，根据需求，进行农机作业和劳务调配，提高了整体生产效率和经济效益。

（6）在金融服务方面，农服集团积极探索金融领域服务，解决贷款难题。集团与农业银行合作，利用集约化经营的优势，将粮食作为担保物，为与公司合作的农户提供贷款，解决农户在生产过程中的贷款难题。为解决职业农民等资金暂时短缺难题，农服集团成立了内部资金互助信用部，对职业农民在生产过程中资金暂时短缺进行互助服务。如职业农民在统一订购种子、化肥、农机等农资时，如资金不足可申请互助服务。一般每年有 50～70 笔内部互助资金周转服务，年累计周转量达 500 万元。

三、实现多元经营效益，彰显社会服务成效

通过两年多的规范运作和创新发展，农服集团的社会化服务水平不断提高，服务面积不断扩大，对接市场的能力明显增强，农民的收益持续增长。2022 年，农服集团营业收入达 6 亿余元，农民每年每亩可增收 100～300 元。

一是有效促进农业绿色生态化发展。通过托管服务，对不同种植作物实行测土配方和先进的技术管理，实施科学的营养方案和植物保护方案，践行"减药减肥"理念，坚持土壤修复，达到"肥料减施 30%，作物不减产"的目标，实现对生态环境的最大保护，实现农业的绿色可持续发展。

二是增加土地综合效益。流转和托管后规模种植，使用大型农机同人工相比，每亩可增效 48 倍，节本近 80 元，接受服务的农民收入普遍增加。同时，通过流转和托管服务有效减少了抛荒现象发生。在现有流转土地中，以前的抛荒地约占 1/3；在托管土地中，以前的抛荒地约占 1/4。通过农业社会化服务，土地产出效益可提高到正常水平。农户在得到土地稳定收益的前提下，不用再担心天灾人祸带来的农业损失，同时也可通过外出就业来增加家庭的经济收入，提高家庭的生活质量，实现中央提出的共同富裕生活目标。土地的规模化运营解决了土地非粮化、非农化的问题，保证了国家的粮食安全，推动了国家现代化农业进程。

三是探索壮大村集体经济与人才、组织振兴新途径。通过村级组织来整合土地，统一交由农业社会化服务组织托管种植，一方面有利于订单农业履约、农民收入增加，另一方面也能够增加村集体经济收入。对流转土地，公司给予一定的土地流转金；对托管土地，集团按照服务量支付一定费用。同时培养农机农技实用型职业农民，为农业生产服务做好人才储备。

四是保障国家粮食安全，展现国企担当。通过农服集团提供的农业社会化服务，大面积的撂荒地恢复生产，并由传统生产方式向现代化农业生产方

式转变，机械集约化水平和农业生产效率显著提高。目前，农服集团服务范围内小麦亩产量均超 600 千克，最高达 700 千克，粮食综合生产能力显著提高。农服集团的农业社会化服务推动了中国农业农村的现代化，保障了国家的粮食安全，实现了国企的担当，为国家的农业现代化做出应有贡献。

四、发展中遇到的困难

伴随工业化、城镇化进程的加紧和国家各类土地政策的出台，农村空心化、农业兼业化、农民老龄化的趋势日趋显著，土地流转和适度规模经营成了当代农业发展的必然趋势。然而，在推行中也碰到不少问题，在发展中也遇到不少困难。

一是订单面积不成片，难以达成预期效果。集团通过农民会、走访等形式推行社会化服务，虽然有一定的结果，但农民往往抱着做试验的心态，只拿出 1~2 亩做订单，因此极难在一两年时间内连成片。

二是链接市场能力需进一步增强。农服集团受限于当前业务模式，在充分挖掘农产品附加值和精深加工农产品的市场推广方面仍存在一定短板，市场开拓人才储备较少，对接市场的能力较弱。

三是社会及金融支持少，资金压力大。农业的季节性和周期性很强，原料占款和储藏成本很高，流动资金的周转速度较慢，流动资金容易被大量占用，形成重资产重流动的经营体量。农业用地一般是集体所有，流转的土地只能取得农村集体土地的经营权，不能抵押贷款，以致企业的融资非常困难。

五、经验启示

农服集团坚持"不与农民争地，不与农民争利，帮村集体增加收入，帮种地农民赚钱"的理念，通过不断创新服务模式、改进服务手段、延伸服务链条，解决了"谁来种地"的难题，提高了粮食产量，增加了农民收益，为新时期创新生产经营模式、促进小农户与现代农业有机衔接探索了新路径，引导农业新型经营主体走上专业化、集约化发展道路，帮助农村集体经济组织增强生产服务功能，从而为乡村振兴战略的产业振兴、人才振兴和组织振兴提供重要支撑。

一是做好粮食产业，助力乡村振兴，合作共赢是关键。农服集团按照"党委政府领导、市场主导、公司主营、农民参与"的思路，积极发挥自身优势，通过与村两委密切协作、主动联合专业合作社和种植大户等经营主体、寻求科研院所支持等手段，不断壮大服务力量、健全服务体系，有效推动了农业社会化服务扩面、提质、增效，在农业社会化服务体系建设上取得丰硕的成果——实现了职业农民、农户、村集体、公司等多方共赢增收，引领粮食产业提质发展，形成良好的经济效益。

二是做好粮食产业，助力乡村振兴，深化创新是引擎。农服集团成立以来，以土地流转为切入点，围绕农民关切问题，创新服务模式，创新实施了"四位一体"合伙种粮模式，创建以特色服务为引领的"专项化服务"模式，积极抢抓发展机遇，创新农资经营，为全区村集体经济发展和农民增收致富注入了新的活力。接下来，农服集团继续发展创新经营模式，提高区域影响力，不断加大与村集体经济组织的合作方式，带动村集体发展，增强农业社会化服务能力，扩大规模化服务能力，带动更多农民实现增收致富，为全面推进乡村振兴贡献农服力量。

三是做好粮食产业，助力乡村振兴，产业协同是保障。农服集团依托水发集团国企资源优势，不断拓展自身业务边界，逐步形成以土地流转与托管为核心，以农资经营、农业技术指导为主导，具有农业供应链基因的全方位、多维度、一体化的农业社会化服务体系。接下来，集团继续建立健全以农村产权交易—土地流转—农资供应—农机农技服务—粮食收储贸易—粮油加工等为主要业务的粮食产业链，不断扩大土地流转规模，强化农资货源供应和第三方合作体系，打通收储、销售、物流、配送供应链条，以提升产业整合能力来实现产业振兴。

四是做好粮食产业，助力乡村振兴，科技驱动是动力。农服集团狠抓科技攻关，与科研院所、高等院校等具有技术优势的单位建立生产技术合作关系，共同参与乡村振兴、科技创新提振行动计划。针对沿黄区域气候特征和贫瘠型、内陆盐碱型耕地条件，筛选宜种小麦、玉米和大豆新品种，开发间作、轮作等种植模式，以解决该区域作物品种抗逆差、种植模式单一、土地资源利用效率低的问题；以再生水的资源化利用替代常规水源，采用高效平移式喷灌装备，实现农田灌溉过程中水资源的有效利用，实现单位面积节水10％以上；打造"沿黄区域贫瘠和盐碱型中低产田宜种粮经作物生态种植及精深加工"全产业链乡村振兴科技示范样板，助推我省乃至全国绿色农业现代化进程，保障农业绿色可持续发展。集团将积极促进相关科技成果转化落地，真正实现藏粮于技。

（孙念强　邵水仙）

" 点评

　　山东农服集团突出抓好产中环节全托管，并逐步将农资服务、农业科技服务、农业金融服务等向产前、产后环节延伸，形成了"产、供、销、服"一体化的完整闭环，实现了合作组织与小规模分散经营农户的合作多赢、良性发展，为促进小农户与现代农业发展有机衔接提供了示范。其聚焦资源整合的思路，具有一定借鉴性。农业企业是作为企业而存在的，必须按照企业战略管理方法来思考其业务和经营方向问题。"大农服"具有成本优势，然而也要注意业务的关联性，不要盲目求大求全，要能把账算清楚。

烟台安德利：龙头企业助力乡村振兴

一、项目背景

20世纪90年代中期，烟台农业紧随市场经济步伐，实施农村产业结构调整，大片大片的苹果园被开发出来，苹果多了却卖不出去，无望的果农只能低价抛售或者扔掉，"卖果难"自此便成为果农心病。这样的景象让曾经以枝头挂满果为幸福记忆的王安董事长震惊了！当时，苹果是果农的唯一经济来源，如果苹果卖不出去，乡亲们的吃饭都成问题。眼看着乡亲们的苹果挂满枝头，却卖不出去，辛苦一年却收入寥寥，他心急如焚，"如何解决农民增产不增收的问题"在他心头挥之不去。后来他萌生出一个想法：如果把卖不出去的苹果加工成拥有高附加值的浓缩果汁，则不但能解决乡亲们的卖果难问题，还能大笔创汇。经过周密调研，1996年，王安董事长在烟台市牟平区筹建了第一家名叫安德利的浓缩果汁加工厂。

面对一没资金、二没技术、三没经验的现状，凭着"要干就必须干成，要干就一定干好"的必胜信念，王安董事长义无反顾地投身果汁加工行业。仅半年时间，安德利就实现了"当年建设、当年上线、当年投产、当年见效"，完成了别人一年半才能干成的事，被国内外同行称赞为"安德利速度"。

二、项目发展情况

山东安德利集团有限公司创建于1996年3月，位于美丽的胶东半岛烟台市牟平区，拥有绿色食品、康养旅游、生物能源三大产业板块，以生产浓缩果汁、果胶两大产品为主，是世界知名的食品原料生产企业，其康养旅游和生物能源产业也为助推乡村振兴发展做出了贡献。安德利总资产69亿元，提供就业岗位近3000个，累计上缴税金27亿元，出口创汇28亿美元，支付果农原料款超过100亿元。20多年的奋进开拓，安德利走出了一条"水果加工—果渣提胶—生物燃料—供热发电"的独具特色的循环经济之路，以企业发展助推当地经济效益、社会效益双赢。近几年集团公司先后获评"山东省十强产业集群领军企业""2021年度山东省社会责任企业""山东省民营企业创新潜力100强"等多项荣誉称号。

（一）果汁引领发展

烟台北方安德利果汁股份有限公司是全球浓缩果汁、果糖、果浆主要生产与供应商之一，在山东、陕西、江苏、辽宁、山西、四川、新疆等省级行政区的主要水果产区建有9个浓缩果汁加工厂、18条世界先进的生产线，年可加工果品100多万吨，辐射果农百余万户，是国家级农业产业化重点龙头企业、全国农产品加工出口示范企业、中国食品工业出口百强企业。作为浓缩果汁加工行业龙头企业，它发挥了重要的带头作用。

经过20多年的顽强拼搏，安德利果汁公司从烟台市牟平区辐射到全国各地，从一条每小时加工10吨苹果的生产线干起，到如今发展成具有规模效应的国家级农业产业化重点龙头企业，生产规模位居世界浓缩果汁加工企业前列，成为中国浓缩果汁行业的标杆企业，带动百余万户果农脱贫增收。2003年4月，安德利果汁公司在香港上市，是中国浓缩果汁行业首家上市公司。2020年9月18日，在上海证券交易所A股上市，成为国内第一家饮料类、烟台市第一家"A＋H"双上市企业。2023年5月，旗下阿克苏安德利果汁有限公司竞得位于新疆阿克苏地区温宿县农副产品加工园区的果汁工厂。安德利由此向西经中亚拓展"一带一路"新兴市场，由此在向俄罗斯、土耳其等国家和地区出口方面获得更大的优势。

打"洋官司"，一举挽救中国果汁行业。在安德利果汁公司快速发展的20多年里，1999年是极具挑战的一年。为了限制中国果汁向美国出口，美国商务部立案，拟对中国浓缩果汁征收91.84%的反倾销税。美国是中国浓缩苹果汁出口的最大市场，91.84%的关税一旦征收，包括安德利果汁在内的国内浓缩果汁企业对美出口将遭遇全面封杀。这场官司，关乎中国果汁行业企业的命运，也关系到无数果农的切身利益。经过慎重考虑，安德利果汁决定应诉，"不打这场官司，国内果汁行业出口贸易将彻底死掉。哪怕只有1%的机会，我们也得打下去"。应战这场"洋官司"，安德利责无旁贷，为此公司主动联合国内11家果汁加工企业，与美国商务部过招。2000年1月17日，美国商务部派员进入安德利公司复查，要求所有复查资料必须是原始资料。三天复查，累计查验的各种材料、记录、票据、报表等原始资料，摞起来有两三米高。美方人员临走时留下一句评价：没想到安德利会是这样一家具有国际先进水准的企业！2000年4月，美国商务部正式公布终裁结果：其他应诉的中国企业，平均税率下降为14.88%，比美国立案时拟征的91.84%税率降低了近77个百分点，而安德利获得独一无二的零税率。安德利果汁经受住了这场"大考"，打赢了此战，为中国浓缩果汁行业健康发展及中国浓缩果汁畅销世界二十年立下头功。

（二）果胶延伸产业

中国果汁行业发展迅猛，鲜果需求量极大，作为副产品的果渣对果汁加工企业而言是块"烫手山芋"，基本都浪费掉了。而欧美国家却可以从果渣中提取果胶，把水果"吃干榨净"，既解决了环境污染，又实现了"变废为宝"。果胶行业是果品加工行业"皇冠上的明珠"，其产品常年为德国、丹麦、瑞士等欧洲国家的企业所垄断，贸易壁垒和技术封锁更是有如海沟天堑，生产条件之苛刻、生产成本之高昂，每每令国内果汁企业望洋兴叹。为攻克这一难题，王安董事长带领安德利人主动出击，到国外"三顾茅庐"，一次次登门拜访国际果胶界的知名人士，反复与掌握果胶核心加工技术的厂商谈判。最终，原本不屑一顾的欧洲专家们逐渐被安德利宏伟的远景规划打动，并远赴千里之外的中国烟台。在没有产品、没有技术、没有专家、没有图纸的情况下，为保证果胶公司顺利投产，公司上下为之投入了常人难以想象的时间和精力。

2006年10月，果胶一期工程正式投产，公司以发展循环经济为宗旨，充分利用榨汁后的苹果、柑橘等皮渣资源提取果胶，产品销往世界各地，打破了西方对果胶100多年的垄断，迅速填补了国内该行业领域的空白，结束了中国不能生产果胶的历史。2007年6月，安德利果胶成功加入国际果胶制造商联合会（IPPA），成为目前亚洲地区唯一的IPPA成员，标志着安德利果胶在国际化方面迈出了重要步伐。目前安德利果胶公司有三条生产线，年产果胶 9000 吨，公司产品分为高甲氧基、低甲氧基和酰胺化果胶三大类型，拥有不同型号的果胶产品 50 余类。因良好的凝胶性能，该产品在食品中用作增稠剂和稳定剂，被广泛应用于果酱、果冻、糖果、酸奶、酸乳饮料、果汁和果汁饮料以及医药健康等领域，销往世界 100 多个国家和地区。安德利果胶公司成为亚洲最大、世界单产第二、世界综合第四大果胶生产基地。公司与原南京军区总医院普外合作研发的衍生品苹果果胶益生元经过临床证实，对调节平衡肠道微生态具有良好的效果。公司与合作单位充分发掘果胶作为"人体健康平衡素"的特性，通过科研立项，加快推动果胶在特殊医学用途配方食品领域的突破，实现了果胶由"食"向"特医"的转变。

（三）拓展康养旅游板块

近年来，集团公司抓住国家乡村振兴战略的发展机遇，投资 40 亿元建设康养旅游项目，拓展康养旅游事业，为建设美丽新农村作出贡献。在美丽宜居的昆嵛山脚下，在温泉资源丰裕、生态环境良好、地理位置优越的千年古镇龙泉打造崑龙温泉综合旅游度假区。面对全国性行业调控不断加大、行业竞争和挑战日益加剧的严峻形势，公司充分挖掘龙泉镇历史悠久的温泉文化和优质的地热温泉资源，以养生温泉休闲度假为主题，结合项目所在地的全真道教文化、昆嵛山神话传说等人文资源，充分利用现有的土地、植被、温泉等生态资源，建设成集温泉养生、休闲度假、疗养保健、亲子研学、山地运动、农耕体验、道教文化传播等多功能于一体的胶东半岛高端休闲旅游中心。2022 年，崑龙温泉被评为国家 AAAA 级旅游景区。

三、项目效果

安德利集团旗下果汁、果胶公司以优质的产品和周到的服务赢得社会各界的广泛认可。近两年，果汁公司先后荣获"山东省制造业单项冠军""山东省创新型中小企业""山东省农产品出口示范企业""山东省节水型企业""国家级守合同重信用企业"等多项荣誉；2023 年，成功入选全国农业国际贸易高质量发展基地，是烟台地区成功上榜的唯一一家企业。果胶公司先后荣获

"山东省制造业单项冠军""山东省瞪羚企业""山东省专精特新企业""山东省节能环保示范企业""山东省知识产权示范企业"等多项荣誉，连续多年被认定为高新技术企业，入选山东省农业产业化重点龙头企业。

为有效利用提胶后剩余的废渣，集团公司积极响应国家"双碳"战略，投资 3 亿元新建固体废弃物综合利用项目，采用大型工业空气源热泵固废低温干化脱水技术对果渣、污泥等进行综合利用，加大果渣、污泥等清洁燃料占比，提高绿色能源产出比例，满足周边区域电力、热力市场供应需求。该项目实现了果渣、污泥等固废的无害化处理与有效利用，体现了"低开采、高利用、低排放"的循环经济特征，真正做到了变废为宝。该项目的落地既延长了产业链，提高了产品附加值，又解决了环境污染问题，形成了特有的低碳、环保的循环经济模式，实现了生态效益、经济效益双赢。公司始终秉承全面、协调、可持续发展的理念，努力创建"资源节约型、环境友好型"企业，为保护绿水青山、建设美丽乡村积极贡献力量。

以乡村旅游带动当地经济发展。崑龙温泉综合旅游度假区一期工程为温泉旅游景区，已经于 2019 年 8 月开始运营。清幽舒适的环境、功能完善的配套设施、丰富多彩的娱乐项目，让历史悠久的龙泉小镇焕发出新的生机，成为烟台又一张亮丽的名片。二期规划为健康颐养区，内设康养设施、颐养公寓等。三期规划为高端会务接待中心、户外拓展和禅修区。旅游景区旅游产品丰富，溶洞飘雪、暴风孤舟、雨林探险等可以满足游客多层次的游玩需求，延伸了温泉旅游的产业链和价值链。

同时，集团公司还在温泉旅游度假区内打造了温泉入户、电梯洋房项目。这里南临碧波粼粼、柔和清澈的昆嵛湖，倚靠负氧离子含量极高的天然氧吧——山东省唯一的森林生态类型国家级自然保护区昆嵛山，自然条件极其优越。项目还为业主提供了双泉入户，将天然温泉水和昆嵛山山泉水引入业主家中，使业主足不出户即可享受天然幸福泉。

2020 年 9 月，集团公司邀请国家一级作词家、齐鲁文化名家曲波先生，著名导演郑浩以及青年歌唱家喻越越，拍摄了中国首部温泉养生文化音乐短片《泡神仙》。这是以"文化助推康养产业，艺术弘扬温泉养生"为主题，将道家养生和温泉养生融为一体，以大众喜闻乐见的艺术形式为载体，艺术地展现崑龙温泉特色养生文化，铸造了中国第一张传递给世界的温泉康养文化音乐名片。

　　崑龙温泉旅游度假区不仅开启了胶东温泉向高端发展的新局面，促使胶东温泉焕发文旅新生机，打响了牟平区龙泉镇温泉品牌，也由此成为"仙境海岸　鲜美烟台"又一张闪亮名片，在牟平乡村振兴、产城融合发展中担当起"增长极"和"领航者"。

四、创新做法

　　作为水果精深加工领军企业，安德利果汁公司近年来实现了高质量发展。但因果农年岁渐增而无力继续种植，许多果农将苹果、梨果树砍伐，改作他用，造成苹果、梨原料果总量大幅减少，原料果收购困难，且收购价格暴涨，对公司发展造成了较大影响。公司迎难而上，通过创新寻求突破。做法如下：

　　（一）以科技创新助推乡村振兴

　　安德利集团非常注重科技创新与自主研发，不断完善科技创新体系，以科研开发和新技术应用筑起公司高质量发展的基石。集团投资 4000 万元建立了具有世界一流水平的果汁研发中心和果胶科技中心，先后承担了国家"十五""十一五""十二五"科技攻关计划项目、联合国开发计划署项目、世界果胶协会年度循环测试等科技攻关项目，成为中国浓缩果汁加工企业中唯一承担国家"十五""十一五""十二五"科技攻关课题的企业；先后申报并获得 20 项国家发明技术专利，通过了省部级成果鉴定 22 项。研发中心先后被认定为国家苹果加工技术研发分中心、全国农产品加工企业技术创新机构、山东省苹果汁加工工程技术研究中心、山东省苹果精深加工技术重点实验室、山东省企业技术中心。公司先后参与制定起草了 3 项国家标准、1 项行业标准，同时还备案了 10 项企业标准，已开发桃浆（汁）、草莓浆（汁）、浓缩山楂汁、蓝莓汁等 10 多种果浆（汁）以及 15 种果胶新产品，涉及不同规格型号的果胶产品 100 多个。

　　公司发明专利成果多次荣获国家和省市级科技奖励，先后荣获市级以上科技进步奖 24 项，其中国家科技进步二等奖 2 项、中国专利金奖 1 项、山东省专利奖 2 项、湖南省科技进步一等奖 1 项、神农中华农业科技奖科学技术研究类成果一等奖 1 项。公司通过科技攻关、成果转化，解决了一系列果汁、果胶加工行业中的共性技术难题，为我国苹果精深加工产业提供了可靠的技术支撑，打破了多年来遏制我国苹果精深加工产业发展的瓶颈，提高了苹果精深加工产品品质及原料利用率，提升了我国苹果精深加工产业的自主创新能力，拉长了苹果精深加工的产业链条，有效增强了产业的可持续发展能力，全面提高了我国苹果精深加工产业的国际竞争力，为实现我国农业产业结构调整、农业增效、农民增收作出了贡献。

（二）不忘初心，勇担社会责任

让农业增效，让农民增收，让农村增绿，是安德利集团的初心。20 多年来，公司始终将回报社会作为企业发展的根本宗旨，尽一切可能为国家、为社会、为群众多贡献力量。公司心系广大果农，加工基地遍布全国主要苹果产区，原料收购范围遍及山东、江苏、辽宁、陕西、山西、安徽等十多个省，每年可为果农增收 5 亿多元，已支付果农原料款超过 100 亿元，解决了 150 多万户果农"卖果难"的问题，解除了果农的后顾之忧。公司还聘请果树专家对基地果农进行果树管理知识和技术的培训，并印刷农药使用宣传画和手册，分发给果农，指导果农正确使用高效低毒的农药，按照无公害的栽种模式进行管理；同时，公司还与当地农业机构合作，进行果树栽培管理、病虫害防治技术讲座和病虫害疫情预报，指导果农科学管理果园，进一步抓好病虫害的综合防治，尽量降低农药残留，改进修剪技术，搞好水土保持。为了保障果农利益和基地农户利益，公司与果农签订了收购协议，并向果农承诺决不打"白条"，一直坚持"当天收购次日付款"，使果农的利益得到一定的保障，也为公司赢得了果农的信任，对振兴当地农村经济、促进农业产业化发展、增加农民收入、保持社会稳定起到了积极的推动作用。

点滴爱心聚沙成塔，爱心浇灌连木成林。多年来安德利集团热心公益事业，积极参与扶贫济困、捐资助学，以公益为纽带，积极回馈社会。抗击非典以及四川汶川抗震救灾期间，先后捐款捐物价值 4000 多万元；2018

年，子公司白水安德利果蔬汁向北塬镇初级中学、北塬镇小学中心校捐款捐物 60 万元；2020 年，为了支援抗击新冠肺炎疫情，安德利集团及旗下各公司向当地红十字会共计捐款 230 万元及 5 万只进口医用口罩；2021 年 10 月，烟台市牟平区突遭冰雹袭击，果农受灾严重，灾情发生后，果汁总公司迅速响应，第一时间开通绿色通道，组织开展"冰雹果"收购，并主动提高收购价格，帮助果农减少损失、渡过难关，与正常收购原料果相比，公司多支出 1180 万元；同年，集团公司捐款 500 万元用于牟平区官庄北小学建设；先后为两位奥运冠军周璐璐、刘诗颖各捐赠楼房一套，价值 120 多万元。

2020 年，安德利集团被中国红十字会授予"中国红十字奉献奖章"。2021 年，集团荣获"2021 年度山东省社会责任企业"称号。

安德利集团创立以来，积淀了较为深厚的文化底蕴。王安董事长始终认为"一个企业家的责任与义务不仅在于为社会创造财富，还应履行文化氛围的营造与传承、弘扬社会精神文明和人文情怀的义务，全面担当起企业的时代责任和历史使命"。2021 年 5 月，投资兴建的烟台蒋兆和美术馆暨安德利艺术馆在烟台市牟平区落成开馆，旨在将艺术家们的经典作品传承、展示给全国人民，向艺术家们致敬。作为社会公共空间，美术馆、艺术馆既是一种有形的物理存在，也是内容生产、审美观看、展示交流和艺术教育的发生场所，其构建了一个城市的精神空间、历史空间和美学空间。现代城市中的美术馆更是城市文化生产和形成机制之下的公共文化设施，美术馆建筑可以成为城市的地标性建筑，美术馆自身也以空间为原点，通过展览、公共教育活动成为连接城市、公众、审美、教育的多维空间，展示着城市的精神气质和核心价值。

企业发展的精髓在于科技和文化两手抓，以科技创新为骨，以企业文化建设为血肉，才能铸就企业辉煌。未来安德利集团依然任重而道远，要继续秉承"安致中和，德载基业，利在社会"的信念，勇担使命，砥砺前行，为实现"百年品牌　誉满全球"的企业愿景而不懈奋斗。

集团联合研发中心

（孟相林　王　挺）

> ## 点评
>
> 　　安德利公司通过"水果加工—果渣提胶—生物燃料—供热发电"，将苹果"吃干榨尽"，提升了果农收入，自身也随之成为浓缩果汁加工行业龙头企业。农业产业振兴，还要靠农业企业实现从农业产业化到食品加工业的跃升。乡村振兴齐鲁样板的打造，必须要重视产业资本和农业科技的力量，要与农业农村结合，让农民成为名副其实的"新型产业工人"。

临沂九间棚：一枝花长成一条链

20世纪八九十年代，九间棚人自力更生、艰苦奋斗，改变了贫穷落后的面貌，铸造了闻名全国的"九间棚精神"。进入新时代，九间棚村坚持保护生态和发展经济并重，大力发展制药、旅游和金银花产业，走出了一条靠产业发展带动农民脱贫致富的成功之路。

一、建设背景

九间棚村位于平邑县地方镇南部海拔640米的龙顶山上，全村共105户，户籍人口307人，党员（包括企业外来务工党员）超过百名。九间棚的先人曾长期穴居在村西一天然石棚下，缺水、没电、无路，只有一条羊肠小道通往山下，1978年人均收入尚不足百元。

清乾隆六年（1741年），一对刘姓夫妇逃荒避难，来到龙顶山，在山顶天然石棚内栖身。后来人口逐渐增多，便用石块将石棚隔成九间，取名"九间棚"。

20 世纪八九十年代，九间棚人在村党支部书记刘嘉坤的带领下架电、修路、治水，改变了恶劣的自然生存环境和贫困的生产生活条件，随后又立足荒山发展农林果，下山进城办企业，初步改变了九间棚贫穷落后的面貌，并铸造了闻名全国的"团结奋斗、顽强拼搏、坚韧不拔、艰苦创业"的九间棚精神。进入新时代，摘下贫穷帽子的九间棚人没有停止前进的脚步，坚持保护生态和发展经济并重，传承和弘扬九间棚精神，大力发展制药、旅游和金银花产业。2022 年，九间棚村及有关企业产值达 3.7 亿元，村民人均可支配收入 32,600 元。实现自身脱贫致富后，九间棚又把金银花产业发展到了甘肃、新疆等西部贫困和边疆地区，带动当地数万贫困户脱贫致富。2021 年，九间棚新疆分公司被中共中央、国务院授予"全国脱贫攻坚先进集体"荣誉称号，九间棚村被山东省委、省政府授予"山东省脱贫攻坚先进集体"。近几年，九间棚通过流转本村和周边村山顶荒坡改造高标准梯田，打造"九弯十八园"，带领全村群众走上了新时代集体化共同富裕道路。九间棚由一个极度贫穷落后的小山村变成了"全国文明村""国家 AAAA 级旅游风景区""全国农业旅游示范点""全国乡村旅游重点村""中国乡村旅游模范村""山东沂蒙党性教育基地"。习近平总书记曾赞扬九间棚："虽然地处偏远，但风景这边独好。"

二、主要做法及成效

（一）特色引领，打造金银花全产业链

1. 特色产业由大变强。平邑县地处沂蒙山区腹地，山地、丘陵占 85％以上，有着数百年的人工栽植金银花历史。目前，全县金银花栽植面积达 65 万亩，国内 70％以上的大型医药、食品企业均以平邑金银花作为产品原料。平邑县沂蒙道地药材市场金银花交易量占全国交易量的 80％以上，平邑县是远近闻名的"中国金银花之乡"。九间棚村充分利用得天独厚的金银花资源优势，与中国科学院植物研究所、中国医学科学院药用植物研究所、北京中医药大学等科研院所和高等院校的专家团队建立了长期合作关系，培育了"九丰一号"和"北花一号"两个有代表性的优良金银花新品种，为平邑县及周边地区金银花传统品种改良换代和外地推广发展提供了好品种，累计组织外

销优质金银花种苗超过 1.5 亿株。

2. 全产业链已现雏形。九间棚村与北京中医药大学专家团队联合研发生产了金银花含片、金银花口腔抑菌膏、金银花洗洁精、金银花洗衣液等高附加值新产品，深受消费者好评。通过金银花"优良品种选育与推广—干鲜花回收—干花贸易—食品、洗化品、中药品研发产销"全产业链的打造和提升，金银花的产业优势明显提升。随着村企新大陆制药厂的药品生产质量管理规范（GMP）认证完成和投产，以及金银花口腔抑菌膏等几款新产品的面世，九间棚村金银花产业链条不断拉长，全产业链的雏形已经形成，市场认可度不断提高，直接带动了金银花干花贸易和种苗销售量的大幅增加。

3. 金银花开助脱贫。"开发金银花，造福全社会"是九间棚人的事业追求。20 世纪初，九间棚人走出大山"闯富路"，下山、进城、办厂，在全国推广金银花产业，精准助力甘肃、新疆等集中连片特困地区数万户建档立卡户农民通过发展金银花实现了脱贫致富。九间棚村外销优质金银花种苗 3000 多万株，助力周边及甘肃、新疆等地发展金银花精准扶贫项目，实现了九间棚村和项目地区的双赢。2023 年 10 月 17 日，山东省委书记林武带党政代表团到甘肃省对接东西部协作工作期间，与甘肃省委书记胡昌升一起走进甘肃九间棚金银花科技有限责任公司视察，了解九间棚村和企业发展情况，对九间棚带动当地乡村振兴给予高度评价。

金银花产业在新疆、甘肃蓬勃发展

（二）接二连三，推动三产融合发展

1. 推动金银花产业向制药延伸。山东大陆制药公司前身为临沂中药厂和临沂制药厂，迄今有逾 50 年药品生产史，曾是临沂市医药板块重点企业。为延伸金银花产业链条，加快多元化发展步伐，九间棚村并购了大陆制药公司，在平邑县城投资 3 亿余元建设新厂——山东新大陆制药有限公司。经过多年打造，公司中药制剂囊括了片剂、丸剂、颗粒剂等 6 个剂型共计 66 个品规，其中正心泰片为国家三类新药，获"全国第八届发明展览银奖""国家中医药管理局科技进步三等奖""山东省星火科技进步二等奖"等，木香顺气丸、感冒清热颗粒、复方川贝精片获"山东省优质产品"称号。2022 年 12 月，新大陆制药公司生产的银翘解毒颗粒和感冒清热颗粒等 8 个品规入选国家颁布的"新冠感染"居家治疗中医药方案。新大陆制药公司成为平邑县第一家制药企业，为当地提供 400 人就业岗位。

九间棚景区

2. 推动金银花向生态文旅拓展。为做活做大第三产业，九间棚村投资 8000 余万元，完善景区路水电网、食宿场所、旅游厕所、分类垃圾箱等基础设施和配套设施。2020 年春天，九间棚旅游景区成功升格为国家 AAAA 级风景区。成立了电子商务公司、金银花专业合作社、旅游合作社，开通了"京东助农馆""金银花旗舰店"等；成立了九间棚寿山生态农场、生态农业公司等；顺应农民意愿流转九间棚村及周边村山岭薄地或荒坡，连续几年用4台大型挖掘机深挖，以巨石垒坝，仅核心区就建成2000亩高标准梯田，打造成国内独有、宛如长城的"九弯十八园"。长期在九间棚旅游公司、寿山农场、合作社工作的本村及周边村民达120余人，短期季节工超过2000人，实现了一二三产融合发展的好局面。九间棚现代农业产业园在2023年10月被评为临沂市"十佳乡村振兴项目"，位列农产品供应基地第一名，还是省首批生态中药材种植基地、临沂市对接长三角中心城市优质农产品供应基地、平邑县省级现代农业产业园金银花标准化种植示范基地。九间棚数字乡村农业现已入选山东省数字乡村发展创新实践典型案例，包括九间棚金银花—山楂复合种植基地在内的"山东平邑金银花—山楂复合系统"被农业农村部认定为中国重要农业文化遗产。

（三）赋能增效，增强产业发展动力

1. 加快生态化品牌化打造。为推动产业转型，九间棚村对生产和加工环节进行升级改造。生产方面，和中科院生态专家蒋高明共同探索，严格按照"不用化肥、不用化学农药、不用人工激素、不用地膜、不用除草剂、不用转基因种子"的"六不用"种植养殖模式生产有机高质量农副产品，注册了"九间棚六不用"商标。生产出的山楂、金银花、小米等农产品，以及在林下喂养的黑猪、土鸡等畜禽产品，连续几年送检均通过独立第三方检测，大部分化验结果达到零农残，超过了欧盟要求的有机标准；所产"六不用"金银花和山楂，已获得南京国环有机认证中心的有机认证。

2. 建立劳动力就业吸纳机制。九间棚及周边村都是山区，土地瘠薄，以前农民主要种植黄梨、桃、山楂等水果，生产效益低下，果农收获不高。九间棚农场、合作社采取"农场（合作社）＋基地＋农户"的发展模式，大量流转农户土地，高质量建设"六不用"基地。将本村大部分及周边村农民吸纳到农场和合作社，签订长期用工合同，缴纳养老保险，年底兑现入股分红。农民收入包括土地流转收益、工资和入股分红等，明显高于种地收入，而且有保障，入场入社农民都非常满意。

3. 源头防控确保产品质量。"九间棚六不用"系列产品，从源头上杜绝了除草剂、化学农药、人工激素等农残危害，是真正可放心食用的有机农产品。好产品自然有好价格，"九间棚六不用"金银花价格是市场普通金银花的 2 倍左右，九间棚村的黑猪肉是市场价的 3～4 倍，而且

春季九间棚村农场里金银花收获的景象

销售量逐步提升，受到消费者一致好评。同时农民也意识到优质优价的重要性，认识到除草剂、化学农药的巨大危害，不再使用化学农药和除草剂等，对保护土地、水资源和生态环境产生深远影响。

三、经验启示

（一）传承红色基因，坚持组织振兴

20 世纪 80 年代，村党支部书记刘嘉坤带领党员，树立"九柱擎天"形象，不向困难低头，不向命运折腰，为改变极端恶劣的生产生活条件，孕育并形成了"团结奋斗、顽强拼搏、坚韧不拔、艰苦创业"的九间棚精神。

针对发展过程中的重点、难点以及干部中凝聚力、执行力、创新力不足等问题，九间棚村继续深挖红色资源，全面提升党性教育基地建设，以党建引领发展，始终坚持把锻造基层党组织作为强村、兴村的根本保障。

以传承九间棚精神为立足点，以实现群众致富增收为目标，通过支部带动、党员先锋模范作用发挥，以"引进来"和"走出去"相结合的方式，制定了适合国家产业发展规划和九间棚村情的村庄发展和产业振兴规划。全面发挥山东沂蒙党性教育基地功效，组织开展党员培训、党员主题党日、大学生社会实践等活动，联合"三同"教育基地、研学游基地，全面打造党员教育培训示范点。

发掘九间棚特色党建文化，建设了党建书屋，创作了《十唱共产党》等一批歌颂党、歌颂艰苦创业品质的文艺作品，把先进的"积分制"管理成功引入党建工作，强化为民服务，唱响九间棚精神，传承红色基因，助推乡村振兴。

（二）依托资源优势，坚持生态振兴

习近平总书记指出，"生态环境是关系党的使命宗旨的重大政治问题"，"全党上下要把生态文明建设作为一项重要政治任务"。"两山"理论作为习近平生态文明思想的重要组成部分，深刻回答了发展与保护的关系。九间棚村作为新时期"沂蒙精神"的典型代表，有责任率先探索新时代生态文明建设的新路径。九间棚村以绿筑底以红铸魂，依靠先进的金银花产业模式，成功探索出一条带动群众致富的"两山"转化路径。

九间棚村始终把生态保护放在生态文明建设的首要地位，建立健全最严格的生态环境保护制度，大力发展"六不用"生态农业，提供更多优质的有机农产品及文化旅游产品，把绿水青山蕴含的生态产品价值转化为金山银山。具体做法是将农户的荒山和土地全部流转到村委，通过成立九间棚生态科技农场进行统一管理运营。过去的这些年里，九间棚人倾尽全力，累计投入8000多万元，挖石、抠土、垒坝、造地，用几十吨乃至过百吨重的巨石砌垒石坝10万余米，创造出国内独有的悬崖崮顶之上的高质量梯田，打造了九间棚农文旅高度结合的"六不用"生态高质量发展园区——九弯十八园。园内严格按照"六不用"种养加工模式管理运营，集体化、规模化发展优质中药材、果蔬、粮油、畜禽等特色有机种养。

（三）做强"金银花＋"文章，坚持产业振兴

九间棚依托平邑县"中国金银花之乡"的资源优势，做优、做强、做大金银花产业。同时依托金银花传统种植优势，延伸并整合产业链，打造了"良种研究选育—育苗推广种植—干花购销贸易—食品、日化品、药品研发生产"的金银花全产业链模式。九间棚人围绕做强做大金银花产业，让老典型保持旺盛生命力，以改革精神推动传统产业转型升级，创新开发"九间棚六不用"品牌，积极发展新产业新业态，实现了"一朵花延伸成一条链"的产业布局，走上了金银花产业发展的新道路，为九间棚可持续发展不断注入新

活力新动力。

（四）广泛招贤纳士，坚持人才振兴

人才是乡村振兴第一资源，强化人才队伍振兴是提升农业竞争力和实现农业农村现代化的核心工作。近年来，九间棚通过内部培养挖潜和外部引进联合两条有效途径，打造高质量人才队伍，为乡村振兴事业可持续发展提供智力支持。

内部培养挖潜方面，各支部、各分公司通过发现、培训和激励等措施，培养了一批新型职业人才、产业人才。近五年来先后有 30 余人在中药、旅游、电子商务、财务、法律等领域考取了执业资格证书，其中有四位"鸿雁"人才、一位临沂市劳动模范、两位临沂市五一劳动奖章获得者，解决了村级企业对人才的基本需求。

外部引进联合方面，依托中国科学院植物研究所、中国医学科学院药用植物研究所、浙江大学、北京中医药大学等科研院所和高等院校，在公司设立了博士工作站和临沂市金银花研究院，开展金银花种植技术、金银花初加工技术等免费培训与讲座，开展现代农业实用技术培训，培养具有较强综合职业素质的新农村建设服务实用型人才。

（五）弘扬九间棚精神，坚持文化振兴

九间棚在艰苦创业和发展经济及社会各项事业的过程中，得到了各级领导和社会各界人士的关心和帮助，"团结奋斗、顽强拼搏、坚韧不拔、艰苦创业"的九间棚精神被认定为沂蒙精神的重要组成部分，是沂蒙精神的践行、丰富与弘扬。2016 年，省委组织批准设立了"山东沂蒙党性教育基地九间棚教学点"。2021 年 1 月，九间棚党性教育基地被确定为第一批山东省团干部教育培训现场教学点。

立足自然条件、人文条件、交通条件、区域产业四大优势，突出九间棚村庄特色，依托"基地＋企业＋农户"的金银花全产业链模式，以金银花种植为基础，以核心区旅游业为引擎，以九间棚精神文化为支撑，充分利用九间棚艰苦创业精神突出、历史人文古迹众多、自然风光优美等资源禀赋，整合九间棚党性教育基地、中国传统古村落和自然生态条件，建设农文旅融合"九弯十八园"高标准梯田，举办农耕体验、汽车营地、梨花会、采摘节等活

动，形成了"红色旅游＋农业旅游＋乡村旅游"农文旅融合发展模式，推动了生态与产业融合发展。

四、未来发展展望

九间棚村因地制宜发展金银花产业，依托良好的生态环境深耕生态旅游业，有效打通了"绿水青山就是金山银山"的转化通道，形成了一系列可推广、可复制的具有九间棚特色的发展经验，影响并带动全国数十万人脱贫致富。新疆岳普湖县九间棚金银花专业合作社荣获"全国脱贫攻坚先进集体"荣誉称号，九间棚村委会获"山东省脱贫攻坚先进集体"荣誉称号，九间棚生态富民、绿色发展道路越走越宽。

九间棚人将抓住国家乡村振兴的大好机遇，继续弘扬沂蒙精神，守正创新，永不停步，永不变色，依托"九弯十八园"实现有机高质量和农文旅融合发展，力争3～5年将九间棚打造成国家AAAAA级旅游风景区，把九间棚建成本村人不愿离开、城里人都向往的美丽幸福村庄。

（刘嘉坤　马九林）

> **点评**
>
> 九间棚村因地制宜发展金银花产业，让一枝花（金银花）长成一条链，同时依托良好的生态环境深耕生态旅游业，有效打通了"绿水青山就是金山银山"的转化通道，形成了一系列可推广、可复制的具有九间棚特色的发展经验。更为难能可贵的是，该村具有强烈的品牌意识，无论是"九间棚精神"还是"九间棚六不用"，都闪耀着品牌之光。用品牌运营的思路推进乡村建设，是一些村从"无名村"成长为"名牌村"的必由之路。

淄博大芦湖农庄：
农文旅融合，拓宽乡村振兴之路

一、背景

2022年7月，文化和旅游部等部门联合印发《关于推动文化产业赋能乡村振兴的意见》。该意见明确了创意设计、文旅融合等8个文化产业赋能乡村振兴的重点领域，尤其为我们黄河下游土地盐碱浸渍区脱贫致富、实现农文旅融合发展、走向乡村振兴指明了方向。

淄博大芦湖农庄农文旅融合创业创新项目，从高青县第一家集体流转全村土地实施水稻种植、稻鱼综合种养、稻田钓蟹开始，围绕乡村旅游要素，配套建设了文化广场、芦姑大舞台、东方红会议培训多功能厅、上山学堂、人民公社大食堂、蓑衣客栈星级民宿、黄河水乡博物馆、陶艺馆及金石拓片体验馆等基础设施。围绕乡村旅游活动建设了稻田观景楼、休闲与观景廊亭、钓鱼（蟹）台、荷香码头、置景稻田古窗和织布机等，融入乡村元素和历史记忆；配置了慢行步道、生态廊道、亲水栈道等休闲设施，组织开展了钓蟹（虾）节、赏荷节、美食节、非遗产品（蓑衣）展等节庆活动，实现了餐饮住宿、会议培训、拓展训练、研学实践等农文旅融合发展。企业发展带动了乡村基础设施建设、生态环境改善、村民收入增加和村民整体素质提升，使该地区迈上了乡村振兴的康庄大道。

到2023年底，项目实现年接待游客20余万人，带动全村及周边村大部分劳动力参与乡村旅游业，提供就业岗位200多个。2022年9月23日，《人民日报》整版用《家住黄河边，吃上了旅游饭》为题对其进行了综合报道。

淄博大芦湖农文旅融合发展项目区，位于高青县城东北部、黄河南岸的全国美丽乡村蓑衣樊村，由淄博大芦湖文化传播有限公司经营管理，累计投资 3200 余万元，主要包括湿地保护与开发利用、稻渔综合种养、大米和水产品加工与销售、旅游观光、养生度假、餐饮住宿、会议接待、农民培训、团建拓展、研学实践、旅游商品开发、黄河文化传播与传承等。

企业立足黄河引水灌溉浸渍区实际，综合规划，抱团发展，2013 年组织村民成立水稻种植专业合作社和高青大芦湖农庄，集体流转全村土地，统一规划经营。发挥蓑衣樊村附近群众自古就有的水稻种植优势，因地制宜探索稻田养蟹、稻田养小龙虾、稻藕间作，以及水稻虾蟹共生、生态种养，实现有机大米亩产量 350 千克，小龙虾亩产量 70 千克，稻田蟹亩产量 35 千克，亩均增产值达 3000 元。建成了高青大芦湖农庄国家级第一批稻鱼综合种养示范区，创建了"大芦湖牌大米""大芦湖蟹田米""大芦湖稻田蟹"等品牌。仅流转土地一项，每年为村集体和村民增收近百万元。合作社通过村集体土地租赁形式，每年可增加蓑衣樊村集体收入 20 余万元，促进了村民增收和集体经济振兴。

2014 年 8 月，大芦湖农庄组织成立了集吃、住、行、游、购、娱于一体的淄博大芦湖文化传播有限公司，探索"合作社＋农户"模式，推行景区化管理，促使乡村治理和景区同步提升。延伸旅游路线，拓展农家乐、民宿、旅游休闲服务等配套旅游产品，并在线路和景区规划中融入红色、蓑衣和乡村符号；推进农业旅游植入文化艺术和非遗元素，建设非遗工坊和农耕体验田，充分利用村内的历史、自然、人文和非物质文化遗产资源，利用新型农民培育、团建拓展、研学实践、陶艺拓片体验等活动，保护和传承好以蓑衣编织、手织布、剪纸、扎染、陶艺拓片等为代表的乡村文化事件，讲好黄河岸边的蓑衣故事、高青故事、绿色生态发展故事。建设了黄河水乡博物馆、"两山理论"创新实践基地、"荷世界"拓展训练场、陶艺馆、创客中心、顺心如意家园等文化设施，开发了稻田钓蟹、手工编织蓑衣、"沉浸式"研学等各类凸显黄河文化特色的实践活动，形成了特色鲜明的湿地文化、蓑衣文化、红色文化系列品牌，树立起了黄河下游乡村旅游的"文化名片"，提升了文化自信，促进了乡村文化振兴。

逐步建成了以蓑衣樊 5000 亩黄河湿地保护与开发为主的生态观光区，以1000 亩水稻生产、稻田蟹及稻田小龙虾养殖为主的稻渔综合种养示范区，以团建、拓展为主的运动训练区，以"农耕体验、文化传承"为主的中小学生研学实践活动区，以湖畔木屋休闲、慢行步道有氧运动等为主的康养度假区，以东方红会议室、黄河水乡博物馆、人民公社大食堂、上山学堂、下乡会议室等为主的新型农民培育和"两山"理论创新实践基地，以陶艺拓片、蓑衣编织、稻草轧制为主的非遗产品体验传承区等功能区块。开发了农（渔）业休闲旅游观光、康体拓展训练、青少年研学教育实践等专项和常设活动，组织和承办了山东省稻鱼综合种养现场会、山东省扶贫工作重点村农民体育骨干培训班、山东省"耕耘者"振兴大豆玉米带状复合种植技术培训班及高素质农民培育等，组织了农民广场舞、太极扇、韵律操等培训活动，组织了"钓蟹（虾）节""美食节"、蓑衣樊湿地摄影及绘画展览、手编蓑衣等工艺品及农家手织布等非遗产品展览展销等；与高青一中高三教师一起组织了"新高考背景下的黄河文化民俗体验调研活动"，为中小学生提供了民风民俗、农耕、非遗传承体验活动项目。累计提供就业岗位200余个，扶持新型农民创业园3个，受益群众成倍增长，助推了本地多类农特产品和旅游工艺品加工销售，引导全村80％以上村民从事二、三产业，村民收入显著提高，村集体经济不断壮大。

二、取得的效果

几年来，淄博大芦湖文化传播有限公司坚持巩固拓展脱贫攻坚成果同乡村振兴有效衔接，坚持初心不改、方向不变，使企业和村庄建设实现了同步规划、同步建设和管理。公司将农民生产生活同美丽乡村创建、景区服务质量提升、乡村生产生活环境整治等有效结合，将原生态生活、运动康养旅游与独特的地域民俗文化相融合，走出了一条沿黄浸渍区由脱贫致富到乡村振兴的康庄大道。

东方红会议室为多功能教室，建于2013年，建筑面积400平方米。北首为耳房，有接待室和电子监控房，会议厅配备有移动会议桌椅260余套，主席台设施配备齐全，安装有投影仪、电子屏、电子音响、扩音等设施，能承接大型会议论坛、年会、教育培训等。几年来，承接了山东省稻渔综合种养现场会、大众日报融媒体通讯员培训班、山东省扶贫工作重点村农民体育骨干培训班、淄博市各行业执法人员能力提升培训、各地市高素质农民专业培训和企业年会等大型集会活动。作为全国共享农民田间学校、山东省新型农民创业培训定点基地，该会议室陆续承接了山东省高素质农民培育领军人才和农业经理人培训、山东省新型农民创业培训、山东省"耕耘者振兴"大豆油料作物带状复合种植培训等培训班40余期，得到了组织者和与会者的广泛称赞。

黄河水乡博物馆，建设于2020年，建筑面积680平方米，收藏有黄河流域农业、农村和农民关于生产生活和社会发展的历史记录、图片、用具器具等7000余件套，设有党、团、队宗旨教育活动区，中国共产党历史展区，黄河流域报章图文徽章及文物陈列区，传统与民俗文化陈列区，黄河流域生产劳动生活场景，为党、团、少先队组织和群团活动，接受党史教育、组织教育、宗旨教育提供服务。配套的上山学堂、下乡会议室等，以会议论坛、教育培训、研学实践教育活动的形式，讲述黄河故事、蓑衣樊故事、红色故事，传播黄河文化、蓑衣文化，成为实践"两山"理论创新实践的重要场所；同时，配合陶艺拓片体验馆、创客中心、"笠翁情"文化广场、"荷塘红船一大场景"等，挖掘特色剧目演出、研学实践沉浸式体验等文化项目，以农文旅产业融合吸引游客到蓑衣樊村找寻"乡村记忆"、感受"舌尖美味"，为提升农业、农村价值和农民文化自信，推动乡村振兴做出不懈努力。

人民公社大食堂建于2011年，由原民居改造而成。该食堂有800余平方米就餐大厅，承接宴会、聚餐、个唱、演出等，能同时容纳600余人就餐。餐厅有蓑衣樊湿地野生鱼、虾、蚌、稻田蟹及莲藕等鲜活食材，经专业厨师制作成特色菜肴，突出家乡味道，为中央电视台13频道《直播黄河·九曲黄河·水润齐鲁》栏目取景地。其特色如黄河大鲤鱼、清水牛肉、麻辣小龙虾、稻田蟹、湿地野生鱼等，深受食客喜爱。

蓑衣客栈三星民宿，有稻香农家院、湖畔木屋别墅等标准客房90余间，床位200余个。客栈布局合理，造型与景观相适应，规模适度，各种配套设施齐备。客房配置合理，房间各具特色，有标准间、亲子间、豪华大床房等，床上用品安全舒适。临水而建的湖畔别墅木屋，是名副其实的水景房、稻景房，推门便是湿地、荷塘、稻田，白天可凭窗独享湿地、稻田景观，夜晚可静听蛙鸣、细数星辰。

拓展训练场和中小学生研学实践基地设施齐全，训练功能完备，训练内容科学合理，深得各类机关、企事业、各行业团队以及周边群众的认可。其承接的执法人员团建、企业拓展训练团建、学校教师素质技能提升团建等都取得了显著效果，也为周边村民提供了体育锻炼和康养健身的良好环境。基地围绕"农耕体验和文化传承"完善了中小学生研学实践教育活动设施，设置有农耕体验园、创客中心、手工作坊、拓展训练场和游乐园，建设有陶艺房、人工沙滩、泥沼池、攀岩壁、空中断桥、逃生墙、平衡木、梅花桩、蹦床、摸鱼池、冲关桥、射箭训练场等，更创设了"小八路送军粮""面塑""蓑衣编织""湿地生物辨赏"等研学课程，深受广大中小学生和学生家长喜爱。该研学实践基地是山东省中小学生研学实践教育活动"行走齐鲁"资源单位、淄博市中小学生研学旅行基地。

大芦湖农庄农文旅融合发展，既促进了农业发展、农民致富和乡村自然环境的改善，又影响、带动了周边村的环境变化和乡村旅游业发展。该区域现已陆续建成国家级第一批稻渔综合种养示范区、全国休闲渔业示范基地、全国共享农民田间学校、全国金牌农家乐、山东省工友创业园、山东省农业旅游示范点、淄博市休闲农业精品农庄、淄博市乡村振兴专家服务基地等，成为乡村旅游致富和推动乡村振兴的示范和样板。

三、突出遵循的原则

1. 初心不改，坚持正确的发展方向，建设"两山"理论传播与发展阵地。以黄河水乡红色博物馆、东方红会议室、人民公社大食堂、上山学堂、下乡会议室、红船、蓑衣水乡等打卡地为抓手，建设配套设施、突出标识、完善内容、配备人员，建造传播"两山"理论、国学经典、红色文化、黄河文化、蓑衣文化的主阵地。

2. 坚持从青少年教育和农民素质提升入手，推广"复合种养"技术，弘扬"农耕文明"，建设中小学生研学实践和劳动教育阵地。一是建设以"稻鱼综合种养示范田""二分田"等为基础的研学实践与劳动教育阵地；二是建设以绿色、生态、科学养殖为引领的"下渔上菜""下渔上畜""下渔上果"等高效农业示范园，为学、研、用等活动提供平台；三是建设手工作坊、陶艺馆、染织房、铁匠铺、瓦匠房等，推动蓑衣斗笠编织、黄河陶瓷制作、粗布纺织与扎染工艺、瓦工、铁艺和剪纸艺术等的推广与传承。

3. 坚持生态涵养、环境保护和红色文化渗透，建设观赏游览和沉浸式体验阵地。一是以5000亩蓑衣樊黄河湿地、国家级稻鱼综合种养示范区、团建拓展训练场、荷世界游乐场为依托，打造黄河风情体验、稻乡风景观览、蓑衣樊湿地漂流与黄河流域动植物辨识活动中心；二是依托荷塘红船打造"南湖游船"中共一大会议场景，依托晃桥、独木桥打造"飞夺泸定桥"场景，依托蓑衣水乡假山和真人户外竞技场打造"红军爬雪山、过草地"场景等；三是利用"稻田荷塘平台"开发短剧《太公与渔夫》，利用拓展训练场开发"小八路送军粮"等支前活动，利用婚礼摄影台和运动训练草坪开发《刑场上的婚礼》等沉浸式红色演出活动。

4. 坚持植入文艺、民俗和非遗工艺，建设原生态生活与稻乡民俗阵地。一是在蓑衣樊中心街、笠翁情文化广场集中展示贴近村民生产生活的活动场景、特色农产品、旅游工艺品、器具等；二是依托黄河陶艺、拓片体验馆做好非遗传承和体验，展示金石拓片作品，挖掘这些极具东方艺术特色的物质文化遗产的厚重历史文化，并在借鉴这些精美石刻艺术的基础上去创造属于新时代、新农村的艺术珍品；三是利用空闲村民四合院，规划、打造各具特色的小吃店、茶社、工坊、咖啡屋、民宿馆、农家乐等，打造彰显黄河下游民俗特色的休闲、度假和娱乐场景；四是利用稻田、湖畔曲径、荷塘柳堤、街景围墙等，设置具有民俗、历史、稻乡文化符号的景点，突出乡村记忆和水乡风情。

四、做法与启示

大芦湖农庄以稻渔综合种养为核心，使企业发展与乡村治理有效衔接，通过逐步开发湿地荷塘农家乐实现农文旅融合，开辟了沿黄贫困区由脱贫致富到乡村振兴的发展路径。农庄实现了以农业种植为基础，突出湿地开发、稻田观光、农耕体验、吃住行等特色民俗主题，逐步形成"企业＋合作社＋基地＋农户"的运营发展模式，培育了市场主体，壮大了村级集体经济，实现了公司获利、村集体得益、村民受益。农文旅融合的发展模式，让大芦湖农庄和蓑衣樊村在乡村振兴道路上迈开了大步。

高青大芦湖农庄

淄博大芦湖文化传播有限公司总经理刘树海先生，在黄河水乡博物馆为中小学生讲解蓑衣水乡黄河故事。

通过农文旅融合赋能乡村振兴，有助于将文化产业和乡村旅游进行有效衔接，促进文化渗透与旅游消费有机结合。培育文旅融合发展乡村旅游的新业态、新模式，是我们当前和今后一个时期的当务之急。把乡村旅游做大做强，把蓑衣樊旅游商品价值最大化，让大芦湖农庄旅游资源火起来，让周边村乡亲一起富起来，让黄河文化、红色文化、蓑衣文化特色旅游商品走出乡村、走向省外、走向世界，是我们的目标。

（刘树成）

> **点评**
>
> 　　大芦湖农庄以稻渔综合种养为核心，实现了对湿地荷塘农家乐的逐步开发和农文旅融合，走出了沿黄贫困区由脱贫致富到乡村振兴的发展之路。其核心点是抓住了特色产业"稻渔综合种养"，稻和渔在北方特别是山东是稀缺资源。"蓑衣樊"是个好名字，理应进一步品牌化，使之成为山东省内"农耕体验和文化传承"的亮眼品牌。

农发行临沂市分行：制度创新，助力乡村振兴冷链物流

一、项目建设背景

政策方面：2023年，临沂市委组织部提出将政策性金融助力基层党组织共同实施乡村振兴作为突破重点，选取费县作为试点。费县县委组织部、费县金融监督管理局制定了《"政策性金融＋基层党组织"助力乡村振兴实施方案》，将乡村振兴作为实现共同富裕的着力点，按照"组织引领、金融助力、国企参与、四雁齐飞、群众受益"的总体原则，以基层党组织为核心，以政策性金融为支撑，以涉农国企为平台，探索建立国企投资建项目、党组织引领产业规划、合作社运营管理、农户具体操作生产的"金融＋国企＋党组织＋合作社＋农户"运营模式，全面激发"四雁队伍"活力，聚合农村人力、资产、资源、资金等要素，形成稳定长效的村集体增收和群众致富路径，推动基层党组织全面进步、全面过硬，打造全国"政策性金融＋基层党组织"助力乡村振兴先行示范区。

冷链物流产业方面：费县区域内蔬菜水果种植基地及生产企业对于产品的保鲜冷藏主要依靠自建冷库。冷库大都建造时间久远，且企业综合考虑投资性价比等因素，继续升级改造的意愿较低，造成冷库的低温储存效果普遍较差、可储存量较低。在此情况下，为推动食品供应链的构建，费县政府立足现有商贸基础，对全县物流资源进行整合和提升，建造标准车间、冷库和配套附属设施，形成区域冷链集配中心，逐步补齐区域农业农村流通基础设施短板，打造沂蒙原乡农产品城乡冷链仓储物流项目这一骨干冷链物流基地，助力完善高效农业产业链和城乡冷链物流配送体系。

项目通过与党组织、合作社、农户相结合，以项目收益打通农产品全产业链

发展，壮大基层党组织履职能力，进一步带动农民增收致富。以费县胡阳镇特色西红柿产业为例，项目实施单位与当地基层党组织领办的合作社签订协议，带动当地合作社构建"最低产量＋超产分成"与"保底分红＋超额奖励"的"阶梯递进分红"模式。合作社通过运营管理，指导农产品订单化、规模化种植，以保护价向承租大棚的农户回收产品并负责销售；农户可通过"承包费＋分红"的方式获得每年 1900 元/亩的保底收益，可通过承租大棚每年增收 5 万至 8 万元，并可自主选择以打零工方式（100 元/天或 15 元/小时）参与生产。

二、项目发展情况

项目由费县当地国有企业投资建设，主要建设办公楼 1 处、综合加工车间 1 处、粮蔬加工车间 1 处、普通库房 2 处、粮食储备仓 3 处、冷冻车间 1 处、冷藏车间 1 处；同时建设冷链及仓储配套服务设施，包括场区道路、停车场、绿化、给排水、供电、照明等。项目总投资 2.5 亿元，其中农发行提供贷款支持 2 亿元，直接带动管理人员、物流运输人员、生产加工人员约 100 人就业，间接带动农产品种植人员约 1.3 万人就业，有效带动费县当地丰水梨、秋月梨、胡阳西红柿、脆枣等特色农产品发展。

三、项目效果

以费县胡阳镇西红柿产业为例，通过"政策性金融＋基层党组织"助力乡村振兴项目的实施，胡阳镇现已集聚发展专业种植村 30 个、6000 余户，种植面积 3 万亩，年产量 30 万吨，人均年增收 8000 余元，已成为鲁南地区最大的温室西红柿生产基地，并被确定为首批上海市外延蔬菜基地和长三角中心城市优质西红柿供应基地。同时，胡阳镇进一步增强基层党组织的创造力、凝聚力和战斗力，把基层党组织的政治优势、组织优势转化为推动乡村振兴的发展优势。

（一）延长产业链条

一是打破种苗培育壁垒。项目实施后，胡阳镇共培育出西红柿育苗主体

6家，主要培育罗拉、凯德冬冠、孚瑞佳等西红柿品种，年育苗量达2700万棵。

二是做大做精深加工企业。研发番茄红素压片、番茄代餐粉等产品，每吨西红柿可以萃取番茄多糖及番茄红素15千克，销售价格可达1万多元，附加值提升5倍；开展西红柿果汁饮料研发，将产业链向高端产品延伸，有效提高了"残果"利用率。

三是拓宽销售渠道。项目平台与合作社依托美团生鲜、顺丰优选、全国蔬菜质量标准中心产销对接平台等开展蔬菜配送业务，发展线上高端客户群体，"釜山88"原味番茄经过分拣包装后，以每千克40元的价格销售，盛果期日销售量达10吨，日销售额达40万元。成立网络科技公司，签约"柿主播"，进行线上直播销售，既打响了胡阳西红柿的知名度，又提供了一批就业岗位，取得了良好的经济效益和社会效益。

（二）优化人才效应

一是深入实施临沂"四雁"工程。紧抓"人才引领"这个核心，坚持引人才、育人才、用人才、靠人才的鲜明导向，以兴胜村为核心，联合周边行政村共同打造"雁阵型村居"，培育"四雁"人才示范点5处。

二是突出村干部"头雁"引领效应。加大从本村优秀人才、致富能手、退役军人、回乡创业人员和农民专业合作组织负责人中选拔村党组织书记的力度，以发展壮大村集体经济为"主赛场"，培养出4名讲党性、善管理、能致富的高质量"头雁"人才。

三是强化"归雁"人才带动效应。依托胡阳镇西红柿特色优势产业，吸引有意愿的"归雁"人才通过投资、技术服务、入股等形式投身家乡建设，已引进产业"归雁"人才4名。

四是放大"鸿雁"人才示范效应。实施本土人才培育计划，与山东省农科院、浙江大学、青岛农业大学等科研院所及高校开展合作，采取专家上门指导、结对帮扶、专项培训等方式，加大对专业种植大户、家庭农场经营者、合作社带头人等的培养力度，共培育出"鸿雁"人才49名。

五是提升"雁阵"聚合效应。以村企共建为平台，推进土地、生产、服务等要素向种植大户、农业服务主体集中，加快培育壮大一批新型现代农业规模化、集约化经营服务组织，引导村集体、农业企业、农民合作社、家庭农场、社会化服务组织等"雁阵"主体开展多元化农业社会服务。截至目前，胡阳镇共有村党支部领办合作社 15 家、示范家庭农场 67 家、农民合作社 134 家。

（三）提升招引力度

招引高端优品番茄种植项目"未来番茄农场"，集数字农业、生态农业、标准农业、规模农业于一体，主要种植优品高产"铁球"系列菜番茄和"牧心番"高端口感水果番茄。与山东省农科院、腾讯计算机系统有限公司、潍坊迦南农业有限公司、青岛百沃生物科技有限公司等建立"乡村振兴合作人"关系，从技术支撑、项目合作等方面入手，打造拉动产业发展的"新引擎"。

（四）推进生态环保

以往种植散户习惯将西红柿秸秆随手丢弃在生产路两侧，这不仅会堵塞排水系统，造成环境污染，且导致尾果、残果等利用率极低，产生巨大浪费。针对这一现象，胡阳镇积极探索实施生态循环农业发展新路径，将西红柿产业链条的各环节拆解开来，融入生态循环理念，集中处理秸秆，并通过果汁饮料等提高尾果、残果利用率。

四、项目发展遇到的问题

一方面，合作社管理水平太低。现代企业经过百余年的竞争与发展，科学管理已经成为世界性的共识，但作为以农民为主体的经营组织，绝大多数的合作社不但缺乏管理意识，也没有管理能力。所以，有些合作社虽然已经成立十来年，但经营模式还是像个家庭作坊，一切都很随意。另一方面，长期以来农民基本都维持着自给自足的生产方式，所以项目初期，村民市场意识和开拓意识不强，对这一新兴模式持怀疑态度，不愿将自己的土地或者大棚交由合作社统一管理运营，而是愿意将自己生产出的农产品卖给传统收购商。在农民对市场需求信息的掌握和应用还是非常被动的背景下，大部分利润基本被传统收购商赚取。针对上述问题，胡阳镇让党支部领办合作社，选派政治素质过硬、管理经验丰富的党员同志充实到党支部，全面加强基层党组织对合作社的管理，提高合作社管理水平，逐渐打消种植户疑虑，增强种植户对这一模式的信心，激发种植户加入合作社的积极性。

五、项目经验

（一）金融助推组织强

通过实施"政策性金融＋基层党组织"助力乡村振兴，推动村集体增收、村民致富，进一步提高村党组织的威信力、公信力，增强村党组织的向心力、凝聚力。同时，通过项目建设这个"练兵场"，发现、培养、锻造了一批懂农业、爱农村、爱农民、有情怀的"头雁""归雁""鸿雁"队伍，建立了"积分制"管理模式，将村规、民约的各项要求细化为积分考核事项，将"村里事"变为"家里事"，将"任务命令"转为"激励引导"。通过精神鼓励、物质奖励等方式，推动村党组织更好发挥作用，由组织振兴带动人才振兴，打造"实力的乡村、奋进的乡村"。

（二）金融赋能"三农"活

通过实施"政策性金融＋基层党组织"助力乡村振兴，以企业、合作社、农户等各类市场主体发展中的堵点、难点、痛点为切入点。通过建立主动对接、现场解难、常态服务等机制，及时并全面梳理融资需求，提供多层次、全覆盖的金融服务，不断提高金融服务"三农"的可得性、便利性和精准性，全力赋能"三农"主体在发展过程中获得更多的"金融活水"。

（三）金融盘活产业兴

通过实施"政策性金融＋基层党组织"助力乡村振兴，全面激活农村的土地、劳动力等要素，培育壮大一批农业新型经营主体，推动现代种养、精深加工、仓储物流、乡村旅游等产业发展，进一步优化供应链、延长产业链、提升价值链，形成规模化、集群化、品牌化的全产业链格局，推动一二三产业融合发展，打造"活力的乡村"。

（四）金融服务农民富

通过推行"政策性金融＋国企＋基层党组织＋合作社＋农户"的经营模式，构建全产业链培育模式，推动实现"资源变资产、资金变股金、农民变股东"，盘活农村金融资源，推动产业发展，促进城乡融合，把农民从土地中解放出来，使其可在生产、加工、流通、服务等环节就业，增加其工资性收入，实现稳定长效的村集体经济增收，助推共同富裕，打造"农民的乡村"。

（五）金融建设乡村美

通过实施"政策性金融＋基层党组织"助力乡村振兴模式，践行"两山"理念，促进产业与生态融合发展，推动产业结构绿色升级，将生态资源转化为经济资源，进而通过增加村集体收入带动村级基础设施投入，让农村的天更蓝、山更绿、水更清、人更美，打造"宜居的乡村"。村集体领办建设公益食堂，免费为 80 岁以上的老人提供午餐；建设"暖心小菜园""放心小课堂""知心小书屋""爱心小发廊""初心小影院""安心小门诊"等"六小"服务设施，为村民提供一揽子社区化服务，带动文明乡风。

六、项目启示

（一）党的领导是创新发展的根本

当前和今后一个时期，做好金融工作必须坚持和加强党的领导，以习近平新时代中国特色社会主义思想为指导，全面贯彻党的二十大精神，完整、准确、全面贯彻新发展理念，深刻把握金融工作的政治性、人民性，加快建设金融强国，推进金融高质量发展。

（二）区位优势是创新发展的前提

临沂地理位置优越，贯通南北，南与长三角对接，北与省会城市圈接轨，发展潜力大；同时，作为红色传承基地，临沂拥有"沂蒙精神"这一宝贵政治品牌和精神财富，文化底蕴深厚。

（三）营商环境是创新发展的基础

临沂主要经济指标增幅高于全国、全省平均水平，国内生产总值总量稳居全省第一方阵，一般公共预算收入税收占比连续 5 年为全省第一；其快递业务量全省第一，快手农产品带货量全国第一，全国首个国际工程物资采购平台投入运营；顺利通过多项国家级试验区、示范市验收，新获批多个国家级创建项目，发展环境持续向好。

（四） 区域政策是创新发展的机遇

金融改革试验区建设进入全面验收阶段。中央支持新时代革命老区振兴发展、支持山东建设绿色低碳高质量发展先行区的政策接续推进，市委、市政府接连印发《临沂市新型城镇化规划》等规划性文件；市委经济工作会议提出两年工业产值过万亿的先进工业强市目标，叠加商贸物流和乡村振兴优势，推动中国式现代化"临沂实践"迈出坚实步伐；市政府工作报告要求在全面乡村振兴上聚力突破，实施"五大工程"，建设"五个乡村"，加快打造乡村振兴样板，创建共同富裕沂蒙好例。政策机遇叠加，农发行支农空间广阔。

（五） 优良作风是创新发展的保障

农发行近年服务乡村振兴成绩斐然、屡立新功，党政各界对农发行认可度、信任度不断提升，政银企协作机制更健全、路径更通畅。同时，农发行临沂市分行干部职工大力弘扬沂蒙精神，敢打敢拼、吃苦耐劳，在开拓进取中锻造了良好政治素质和业务素质。发展基础牢固、发展动力充沛、发展底气充足、发展环境优渥，给农发行支农模式探索创新创造了重要保障和前提条件。

合作社种植大棚外景

冷链物流项目车间生产场景

（陈煜宇　符兴军　赵　君）

> ## 点评
>
> 　　这是一个金融扶农、振兴乡村的典型案例。费县以基层党组织为核心，以政策性金融为支撑，以涉农国企为平台，探索建立国企投资建项目、党组织引领产业规划、合作社运营管理、农户具体操作生产的"金融＋国企＋党组织＋合作社＋农户"运营模式，对当地乡村振兴起到较好的推动作用。不充分不完善的农产品城乡冷链仓储物流，是一个影响农产品更好"走出去"的现存短板。抓住该关键点，把金融资源用在"刀刃"上，不断提升区域农业农村流通基础设施水平，是这个案例对各地发展农业产业的一大启发。

日照岚山区：三链协同并进，实现茶业高质量发展蝶变

20世纪50年代，一代伟人毛泽东提出"南茶北引"战略构想。日照岚山人民用敢为人先、不折不挠、久久为功的精神，成功地让南方嘉木在齐鲁大地开枝散叶，使岚山成为山东"南茶北引"最早最成功的地区。近年来，岚山区委区政府坚定不移推动茶产业高质量发展，着力把茶产业打造成为绿色产业、生态产业、富民产业，实现茶产业从"一叶"到"多业"的华丽蝶变。岚山茶产业从无到有、从小到大，创造了一个时代的伟大奇迹。

一、发展背景

习近平总书记强调，要把茶文化、茶产业、茶科技统筹起来，坚持绿色发展方向，打牢乡村振兴的产业基础。近年来，岚山区始终坚持将茶产业作为富民增收的重要支柱产业和乡村振兴的重要载体，以启动"谷雨工程"和成立"臻选联盟"为契机，创新茶产业种植、管理、推广"三链协同"工作法，共建全周期培育、全流程管控、全方位推介"三全机制"，有效破解茶叶成长低端化、品质保障难、宣传路径窄等问题，蹚出了一条"乡村振兴，产业先行"的绿色发展之路。

二、发展情况

岚山区是山东"南茶北引"最成功的地区，也是北方茶叶产业先行示范区。历届区委区政府高度重视茶产业发展，全区建成了朝元山、北垛山、南北山等八大区域，涉及8个乡镇街道、263个自然村的茶叶产业格局。茶园

总面积达到 16.2 万亩，其中成龄茶园 15.7 万亩，茶农户有 28,298 户，年干毛茶产量 1.1 万吨，种植业产值 14 亿元，平均亩产值超过 8600 元，茶产业销售收入达到 28.8 亿元，面积（全省面积 65.8 万亩）、产量（全省干毛茶产量 3.16 万吨）、产值（全省产值 72 亿元）均居全省首位。

全区现有涉茶企业 304 家，其中省级农业龙头企业 6 家、市级农业龙头企业 15 家；茶叶专业合作社 392 家，其中国家级示范社 5 家、省级示范社 8 家；全区现有 1 个中国驰名商标、14 个省级知名农产品企业产品品牌，80 多支茶获得"中茶杯"等大奖。全区绿色认证有 13 家、21 个产品，面积 5660 亩，有机认证茶叶基地 20 处，被授予"中国茶业百强县""中国名茶之乡""全国茶叶标准化建设示范县""全国农作物（茶树）病虫害绿色防控示范县""全国茶叶品牌建设十强县"等称号。

（一）坚持完善综合配套，统筹搭建全产业发展基础

岚山区实行茶叶优先扶持政策，通过项目、资金聚力强化茶叶基础配套建设。

一是加大政策精准扶持，厚植茶业成长沃土。岚山区出台了《日照市岚山区关于加快茶产业发展的意见（2021—2025 年）》等文件，区财政列支 5000 万元专项资金，在茶叶质量、品牌、生态及标准化建设等方面进行扶持，着力提升茶叶质量水平，锻造优秀茶叶品牌。

二是优化品种结构，提升产业发展档次。岚山区立足实际，先后引进推广了白毫早、中茶 108、龙井 43 号，以及中黄、中白多个系列 50 多个茶树良种，建立了御园春、碧波等茶树良种选育基地，建设了圣谷山、百满、万平、浩天等 10 多个无性系茶树良种示范基地，发展无性系茶园 1 万余亩。岚山采用白毫早、中白等无性系品种生产的产品多次获得"中茶杯"五星级品质评价和"中绿杯"特别金奖。

三是推进生态茶园建设，打造优良茶叶基地。岚山区以强化"山水林园路湖"综合配套建设为举措，以优化茶叶生产环境为目标，聚力推进生态茶园建设，先后建成浏园、祥路碧海、百满等 10 多处生态基地。"百里绿茶产业带"业已形成生态优良、效益突出、茶旅融合的综合产业带。陈宗懋院士在浏园等茶叶基地现场调研时提出，日照茶业已经步入特色鲜明的生态模式。

四是搭建茶叶科技平台，推动产业创新发展。岚山区以农业高新技术开发区为核心，先后建成了4家茶树育种企业、6家高新技术企业、2家新型研发机构、1家茶叶机械研发制造企业、5家茶叶社会化服务企业、1处茶叶加工产业园、1处茶叶产业服务中心（日照茶都）；以茶叶大数据平台为控制中心，在御园春、浏园、圣谷山等多家企业基地建设了茶叶物联网，实现茶园管理可视化控制。岚山茶产业已经发展成从茶树良种选育、产品研发、种植加工，到储运、品牌销售以及茶旅融合发展等的全产业链发展格局。

（二）坚持绿色发展理念，稳步推进茶产品质量安全

岚山始终坚持以生态建设为基础、以绿色发展为理念、以质量安全为底线的茶叶发展思路。

一是持续实施统防统治，探索绿色防控的新路径。全区连续6年共投入财政资金3000余万元实施全域茶树病虫害绿色统防统治，以国有公司为实施主体，以党支部领办合作社为组织方式，以"一统三停一严管"为措施，实现茶园化学农药减量、茶农减负和茶叶质量提升。

二是探索"溯源秤＋惠农卡"模式，推进茶叶质量追溯体系建设。岚山区在巨峰薄家口鲜叶交易市场等率先实施了"溯源秤＋惠农卡"模式的茶叶质量安全溯源体系。通过惠农卡实现实名交易，配合农残检测，实现原料可追溯、质量可控，完善了日照绿茶全链条质量追溯体系建设。现已发放溯源秤128台套，发放惠农卡2.98万张，日交易量2000余批次，日交易额20万元以上。

三是以党建为引领，创新产业经营管理模式。岚山区坚持发挥基层党建引领作用，积极推广"企业＋党支部领办合作社＋茶农"的生产经营模式。通过建设党支部引领下的"日照茶仓"模式，发挥党支部的宣传引领作用、企业的市场导向作用、合作社的自我管理及自我提升作用，实现企业提质、茶农增收，推动茶叶产业向组织化、标准化、产业化快速推进。

四是以标准促发展，持续推进茶叶精细化管理。岚山区聘请中国茶叶流通协会专业团队，组织制定了日照绿茶、日照红茶8项团体标准，率先在国内建立茶叶全链条的团体标准，并以此为基础推进茶叶标准化建设。岚山区先后被评为"国家无公害茶叶标准化示范区"，圣谷山、浏园春等企业先后通

过欧盟、美国、日本、加拿大和澳大利亚等的有机认证，浏园获得山东首个茶叶出口备案。

（三）坚持品牌示范引领，持续保持茶产业整体向好趋势

岚山区积极探索"行业交流、茶事互动、新品体验"的茶叶经营新模式，提高品牌知名度，拓展市场空间。

一是走出去。近几年先后组织重点茶叶企业参加国内和国际茶叶博览会20多场次，并通过"日照绿茶齐鲁行""日照绿茶北京推介会"等活动，宣传推介日照绿茶。

二是请进来。岚山区先后组织举办了2020茶产业发展峰会、2021中国岚山茶产业发展大会暨茶叶交易博览会、2022茶起岚山—中国海岸绿茶春茶节、茶起岚山2023中国·日照海岸绿茶春季开园节等活动，切实提高了日照岚山绿茶核心原产地品牌影响力。

三是亮起来。岚山区致力于擦亮"日照绿茶"品牌，连续两年在央视农业农村频道以"日照绿茶"品牌广告的形式进行宣传推介，与凤凰卫视合作拍摄了《海岸绿茶》三部曲，并在山东电视台等主流媒体播放。

（四）坚持产业深度融合，赋能岚山茶产业高质量发展

岚山区积极推进茶产业融合发展，以茶产业服务乡村振兴。

一是立足产业资源，聚力打造乡村振兴示范区。岚山区以茶叶科创中心建设为龙头，以朝元山片区为重点，以产业振兴为基础，凝聚乡村振兴五大要素，打造集茶叶育种、种植、加工、销售、茶文化建设和茶旅融合发展于一体的乡村振兴示范区。目前该项目正在推进中。

二是立足区位优势，重点开发农业生态休闲游线路和基地。依托"海、茶、山"三大特色，打造岚山百里茶叶特色产业带的茶旅结合精品路线。投资2000余万元建设了"盐茶古道"旅游线路；以产业融合项目、强镇项目为依托，整合财政资金3300余万元，建成圣谷山茶博园、百满特色旅游茶园、万平茶文化园等多处产业融合示范园。

三是优化产品供给，突出特色开发。在重点发展名优绿茶的基础上，加大了其他茶类花色品种的开发力度。相继开发出红茶、黑茶、黄茶、白茶和茉莉花茶等茶叶产品，以及桑叶茶、杜仲茶等多种保健茶，丰富了产品结构，

增强了市场竞争力。

三、主要做法

（一）提高产业融合发展

乡村振兴，产业兴旺是基础。岚山区茶产业发展依托当地龙头企业，建设高标准茶叶种植示范基地和茶叶生产加工基地。在产业发展过程中，不同实施主体通过技术培训、创业就业、人才引进、订单种植等环节，提高农民在种植、销售等方面的经营性收入，从而形成全区以茶叶为特色产业的生产格局，带动农村一二三产业融合发展。

（二）显著提升生态环境

通过完善茶园水利等基础设施建设、发展高效农业、实施微喷灌溉工程等措施，提高了土地资源利用效率，加快实现资源化利用。秉持绿色发展理念，主要通过推广施用优质肥、提升土壤有机质、测土配方施肥、施用生物农药、物理杀虫等措施，提高茶叶的产品品质，在增加产业效益的同时，减少化肥和农药的施用量，区域的生态环境改善明显。

（三）健全利益联结机制

以产业项目发展贯通产业链条，形成封闭的茶叶循环经济产业链。在此过程中，农户积极参与农民合作社的产业化经营，在具有保底收入的基础上，增收股份分红。建立"保底收益＋利润分红"的利益分配机制，让农民在参与新型经营主体的生产中有"红利"，通过定金、租金、薪金和红利的方式，构建稳定合理的利益联结机制，吸引农民全程参与农业"新六产"发展，形成联结紧密、共享共赢的利益共同体。

四、困难和制约

目前岚山区茶产业正处在产品提质、产业增效、品牌提升的关键期，亟须强化引导扶持、提档升级、创新突破，以促进茶产业实现高质量可持续发展。

一是重视程度不够。一方面，各级对茶种植、管理、加工、销售等投入的扶持力度不够，所设立的茶叶发展专项资金较少，加之茶企建设用地难批，影响了茶企的融资和发展，制约了企业的做强、做大、做优、做精。企业各唱各的调，各说各的好，内部竞争激烈，存在一定程度内耗现象，导致品牌影响力极低。另一方面，乡镇、区县两级农技人员、管理人员力量薄弱，特别是农业执法监督力量不足，农资监督管理和投入品控制工作面广量多，执法难度较大，难以全面推进工作。

二是支持力度不足。叫得响、影响大的品牌不多，地域优势、生态优势、品质优势没有转化为产品优势，更没有转化为品牌优势和市场竞争优势，产品缺乏市场竞争力。茶叶种植前期投入大，投资回报周期长，若得不到相应的政策支持，将直接影响茶农茶企投身发展茶产业的积极性。

三是管理不够规范。一方面，茶农在种植管理中存在不规范问题，企业在生产中存在原料收购标准不高、生产工艺流程把关不严及粗制滥造等问题，这些影响了茶叶产品质量和档次的提升。另一方面，市场上存在一些南茶混装日照绿茶的问题，尤为严重的是很多南茶是由我们本地销售商主导的。他们为谋取暴利，用"日照绿茶"加工工艺来生产低廉的南方"日照绿茶"，然后通过产地批发的形式来分配到全省各地，这对日照绿茶品牌品质造成了严重冲击。

五、经验启示

（一）加大对日照绿茶的支持保护力度，形成推进日照绿茶产业有序发展的合力

为进一步扩大日照绿茶的影响力，加大对日照绿茶的保护力度，要深入实施品牌战略，更好地把"绿"叶做成"金"叶，加强区域公用品牌服务能力建设，实施"区域公用品牌＋企业品牌"双牌品扩，鼓励支持茶叶企业实现茶产业在高质量发展中精彩蝶变。探索政府、茶企、民间等多方融资高端包装，走大牌媒体宣传推介的路子。学习借鉴"信阳红""立顿红茶""西湖龙井"等品牌的宣传案例，建立完善政府主导、企业参与的，以公共品牌宣

传为主，电视、报纸、自媒体、平面广告、网络宣传等多种媒体、多种形式结合的茶叶品牌宣传工作制度机制；瞄准国内一线、二线城市等高端市场，准确布局，与南方茶争"质"不争"量"，以"成本高、产量低、品质好""物以稀为贵"的理念与南茶错位竞争，发挥区域产品特色，对标"西湖龙井""竹叶青"等，打造区域高端品牌；稳定绿茶产量，优化产品结构，提升产品品质，拓展茶叶品类，提高夏茶收益；与浙江大学、西北农林科技大学等深入合作，培育集研发、科普、推介于一体的产学研平台，引进先进技术与设备，用科技打造高端高质品牌；延伸茶产业链条，积极推动产品多元化发展，形成"绿、红、白、黑"等的茶品生产格局，开发培育抹茶、茯茶等市场前景好、附加值高、科技含量高的茶叶新品；发挥新媒体作用，依托抖音等平台，组织宣传推介活动，吸引社会力量广泛参与，重点鼓励企业参与品牌建设，形成品牌建设的发展合力，打造日照绿茶质量安全、品质优越、品牌高端的良好形象。

（二）加大对茶叶主产区品种改造、生态建设、设施配套的资金支持力度，推进茶业高质量发展

一是强化基地生态化建设水平。推行有机肥替代工程，严格控制茶园生长激素、化肥的使用次数和使用量，提倡微喷灌溉配套结合的"水肥一体化"生态循环模式；不断优化茶叶产业布局，推动优势品种向适宜区域集聚，加快建设日照绿茶现代农业产业园和优势特色产业集群，形成岚山茶产业点线面协同发展新格局。

二是实施茶叶标准化生产。建设标准化茶园，推广标准化生产加工技术规程，保障茶叶产品质量安全，为打造区域品牌奠定良好的基础。

三是加大设施配套的资金支持力度，建议从项目、信贷、用地、税收等方面给予扶持。同时，进一步优化发展环境，引进具有实力的外来企业参与茶叶产业的开发，引领茶叶产业快速、健康发展。

（三）加大市场发展和管理力度，严厉打击影响日照茶叶品牌建设的网络乱象

一是加强执法监管。加强农产品质量安全普法宣传，深入开展农资打假专项治理"清源"行动，提高茶企茶农质量安全意识。聚焦茶叶主产区，规

范农药经营、使用环节，加大巡查覆盖面，加密巡查频率，并与市场监管、综合执法等部门联打联动，形成高压态势。

二是全面抓好茶叶投入品使用管理。茶园全部实施绿色防控技术，落实"一统、三停、一严管"工作措施，掐住种植环节质量关。对农资销售和茶农使用化学农药情况进行全面执法检查，对临边区县茶农使用禁限农药进行调查检查，并与市农业执法支队配合，严控不合格产品流入本地。

三是加大茶叶抽检力度。继续实施全区茶叶生产农残检测，加强茶叶鲜叶交易市场抽检频次，保障日照绿茶"源头一公里质量安全"。

四是强化茶叶网络市场监管。加大对网络直播市场的动态检查力度，成立茶叶直播市场专项督导组，紧盯各类可能危害消费者权益的乱象；持续走访各直播基地，围绕是否存在网络商标侵权等违法行为，以及是否存在虚假宣传、刷单炒信、商业诋毁、违规促销等不正当竞争行为进行检查，定期对存在问题的经营户开展"回头看"检查工作，督促企业履行网络经营者主体责任，把好产品质量关，坚决杜绝以次充好等现象发生；把好平台入驻关，严格遵守市场准入条款，认真审核线上产品的信息及宣传用语，杜绝过度宣传、虚假宣传，或其他误导消费者的行为；规范网络交易经营者信息公示，建立健全网络食品监管机制，推行网络食品安全和管理信息公开制度。

（四）加大对茶叶产业数字管理的支持力度，推进茶产业数字化、智能化、现代化发展

在农业技术不断发展的趋势下，茶园也需要"更新换代"。

一是强化茶叶管理链。探索实行"溯源秤＋惠农卡"实名交易模式，溯源秤包括溯源刷卡机＋电子秤，集称重、计价、支付统计于一体，收购商使用溯源刷卡机扫描惠农卡、电子秤称重并确定单价后，直接将货款结算至存有茶农种植信息的惠农卡中，交易全部线上完成且全程留痕。创新引入第三方检测公司开展鲜叶农残快检，随机抽样检测鲜叶，检测结果现场公示并上传惠农码平台，对于快检抑制率超标的茶叶，直接对惠农码进行变色处理，同时采取用药追溯流程，倒查农药经销商。

二是严把溯源环节强保障。借助大数据平台构建"一茶一码"的全程可视化溯源体系，坚持以智慧化、数字化赋能茶产业发展，创新运用物联网、

大数据等现代信息技术，建设日照绿茶"一码"溯源管理系统，将消费者最关心的绿茶生产、加工、流通、消费等关键环节要素信息归集至统一的系统平台。在茶叶包装上粘贴溯源二维码标签，消费者在购买茶叶时，只需扫描二维码，不仅能查验真伪，还能全程追溯茶园管理、鲜叶采收、茶叶加工包装等环节，切实保障消费者权益，实现从茶园到茶杯全程可追溯。

岚山茶树病虫害统防统治飞防现场

（陈为全　孙昌华　孙　岩）

点评

　　茶业是日照的传统优势农业产业，日照岚山区加快推动茶产业高质量发展，着力把茶产业打造成为绿色产业、生态产业、富民产业，实现茶产业从"一叶"到"多业"的华丽蝶变。推进实现该华丽蝶变的关键有两招：一招是从生产端不断提升茶叶品质，推进高标准茶叶种植示范基地建设和生态种植，开发抹茶、茯茶等市场前景好、附加值高、科技含量高的茶叶新品；另一招是在销售端不断推进茶叶品牌化经营，积极探索"行业交流、茶事互动、新品体验"的茶叶经营新模式，提高品牌知名度，拓展市场空间。另外，日照岚山的茶文化建设和茶旅融合发展也取得较大进展。

国网山东电力：助力盐碱地农业振兴

东营市位于山东半岛北部、渤海莱州湾西畔，总面积 8243 平方千米，人口 220.9 万，是黄河三角洲中心城市，黄河蜿蜒从这里汇入渤海。近年来，国网山东省电力深入贯彻习近平总书记 2021 年视察黄河入海口和盐碱地综合利用重要指示精神，抢抓黄河流域生态保护和高质量发展战略机遇，创新构建黄河三角洲盐碱地绿色生态电力系统，通过电力赋能黄河三角洲农业生产、乡村产业、农村生活再上新台阶，蹚出一条电气化赋能乡村振兴的创新发展新道路。

一、项目背景

2021 年 10 月，习近平总书记考察黄河入海口时指出："18 亿亩耕地红线要守住，5 亿亩盐碱地也要充分开发利用。如果耐盐碱作物发展起来，对保障中国粮仓、中国饭碗将起到重要作用。"东营市坐拥首个国家级盐碱地综合利用技术创新中心和得天独厚的 342 万亩盐碱地资源，近年来锚定"在打造乡村振兴齐鲁样板中争一流、走在前"的目标，加快建设农业强市，深入实施国家盐碱地等耕地后备资源综合利用，打造了百亿级畜牧业产业、百亿级现代渔业产业、国家级沿黄大豆优势特色产业等产业集群，全市农林牧渔及其服务业总产值、第一产业增加值两项指标增速均居全省第 2 位。

国网山东省电力认真贯彻习近平总书记视察东营重要指示精神，紧紧围绕"黄三角盐碱地综合开发利用和生态保护""推进农村电网巩固提升，发展农村可再生能源"有关要求，全面落实国网公司关于"新型电力系统"工作部署，深度融合东营市盐碱地资源特性、盐碱地农业特点、电力行业服务特色，积极履行乡村振兴电网基础保障、组织保障职责，服务乡村可再生能源和电气化发展。特别是，从"源、网、荷、储、数、碳"六个要素出发，立足于"种业、农机、畜牧、渔业、社区、生态"六大盐碱地农业典型场景，坚持项目化推进、里程碑规划，谋划打造"六个一"（一粒种、一农机、一只羊、一只蟹、一度电、一只鸟）示范工程，在服务黄河国家战略、打造乡村振兴齐鲁样板中彰显央企责任担当。

二、主要做法

2021 年以来，国网山东省电力创新开展黄河三角洲盐碱地绿色生态电力系统助力乡村振兴示范项目，助力盐碱地综合利用、农业现代化发展，为东营市广大农业农村电力客户提供可靠电力保障和优质供电服务。

1. "政企农"全要素发力。一是促请政府出台政策。国网山东省电力与东营市委、市政府签订《加快能源互联网建设　建设东营高水平现代化强市》合作框架协议，构建黄河三角洲绿色生态电力系统工作举措得到东营市委书记、市长的批示肯定，并连续两年写入东营市政府工作报告中，推动出台了农村清洁取暖、绿色出行等支持政策，为区域电网建设营造良好环境。二是补齐电网建设短板。先后投资 4.52 亿元新建改造 10 千伏配电线路 568 千米，改造升级农村低压台区 1320 个，农业种植区实现"井井通电"，户均停电时间同比压降 54.77%。黄河三角洲国家级农业高新产业园成为全省首个配电网接地五级保护应用示范场所，配网接地故障选线选段准确率达 90.5%，接地故障平均处置时间由 1.5 小时缩短至 20 分钟。三是提升农户服务质量。深入农村社区开展"四进送服务"走访活动，积极对接农业产业化企业、高标准农田及重点项目等用电需求，为客户解读一般工商业动态分时电价、代理购电等热点政策，160 千瓦及以下农村小微企业接电实现"零投资"。垦利区董集镇杨庙社区在全省率先实现"透明台区"建设落地，成为基层可靠供电治理典范。

2. "县乡村"全领域统筹。一是在全国率先推出"乡村振兴电力指数"。针对乡村振兴电力服务分析、巩固脱贫成效分析、共同富裕、空心村识别等场景，系统构建涵盖产业兴旺、生态宜居等 5 维度 60 余项指标的服务乡村振兴的电力服务大数据产品，为政府提供农村、农业相关评估与监测服务，支撑乡村振兴政策实施。二是统筹县域充电设施建设。推动东营市发改委 15 部门联合出台《东营市"十四五"电动汽车充电基础设施布局规划》，系统谋划服务新能源汽车下乡助力乡村振兴三年行动，累计建成电动汽车充电站 106 座，其中乡镇级充电站 34 座，在全省率先实现充电站乡镇全覆盖。三是将电力网格化服务纳入基层社区治理。与县域治理运行管理中心联合举办农村、电力网格共建推进会 18 次，建立健全农村网格化服务管理与供电服务合作共建工作机制。从网格经理中选拔共产党员担任网格长，将党员责任区与网格化服务相融合，累计加入 1747 个网格服务对接微信群，协同处理网格涉电问题 8100 余条。

3. "产学研"全链条贯通。一是广泛争取业内专家学者的全面指导支持。与中国电力企业联合会等机构全面合作，积极争取中国科学院、清华大学、中国农业大学等专家团队技术和学术支持，深入开展前沿技术、先进理论研究。邀请清华大学、中国电科院、国网能源研究院等内外部专家先后三次论证黄河三角洲盐碱地绿色生态电力系统建设方案。中国能源研究会理事长史玉波、中国工程院院士江亿现场调研并给予充分肯定，中国工程院院士王成山教授给予"总体国际先进、部分国际领先"的高度评价。二是试点建设盐碱地农业示范场景。围绕黄三角盐碱地综合开发利用，与东营市委市政府构建"一体谋划、一体部署、一体推进"的政企协同机制，创新开展六大典型场景（种业、农机、畜牧、渔业、社区、生态）下的"源、网、荷、储、数、碳"关键技术研究，推动 29 项新技术、新应用在东营全面落地，逐步构建农业生产、乡村产业、农村生活卓越供电服务体系。

三、特色亮点

近年来，国网山东省电力立足黄河三角洲盐碱地"六大场景"，投资 2500 余万元，系统谋划打造了黄三角盐碱地绿色生态电力系统"六个一"示范工程。

1. 构建"粟生盐田"卓越供电服务体系，聚焦聚力盐碱地种业发展，呵护每"一粒种"。助力国内首个耐盐碱育种系统平台跑出"加速度"。联合中国农业大学编制并发布了国内首个《盐碱地农田电气化建设导则》。开展"光储直柔＋云储能"技术应用，建立育种加速器、益虫中心、种质资源库等供用电互联模式，实现多台区、多电源互动互济，消除科研平台内部单电源供电风险。推广"供电＋能效服务"，辅助育种加速器科研平台开展能耗调节控制，提升能效输出率 10％以上，助力育种精准度提升 5％以上。为盐碱地电气化耕种提供"定制服务"。结合新能源汽车下乡重大任务，服务黄三角农高区推广适用于盐碱地的定制化电动农机，建成全国首座"风、光、储、充、换、检"一体化电动农机服务站，提供农机充换电、汽车充电、二（三）轮车充换电、农机检修等一站式服务。探索研发田间地头移动式充换电机器人，为农机作业提供应急保障，打通农业生产领域供电服务"最后一公里"。电力大数据助力农业与能源智慧贯通。统筹盐碱地农业科研、园区综合用能等多系统、多平台，汇集种子培育、农田耕种、农事服务等 5000 多组数据，协同农高区创新搭建国内首个贯穿农业科研和生产全过程的盐碱地农业综合用能大数据平台，被山东省节能协会给予"国际先进"评鉴。平台规避了科研团队之间多系统开发、多终端安装造成的资源浪费，创新搭建的"水电肥"能效智慧灌溉系统，助力节水节肥 30％以上。

2. 构建"机电偶成"卓越供电服务体系，聚焦聚力农业装备电气化转型，服务每"一农机"。一是率先开展"农机电气化"研究。主动融入黄三角农高区智能电气化农机发展，联合中国科学院、中国农业大学等科研院所、高校，揭榜国家电网公司"三农"课题"农机电气化发展前景分析研究"，从农机类型、用能种类、能耗水平、农机充换电关键技术等方面多维度分析发展趋势和前景，从电网规划、建设、运维、服务和充换电设施配套等方面提出电网保障建议。二是率先推动"农机充换电规范化"。联合中国农业大学编制发布了首个《电动农业机械充（换）电设施建设技术导则》，与中科院联合研发适应于"一大一小"农机的标准化电池模组，率先推广"农机电池标准化"。充分挖掘电动农机分布式储能资源，运用 V2G 充电桩技术，让农机电池参与电网削峰填谷，预计单台农机每年可降低运营成本 16 万元。三是率先实现"农机充电无人化"。联合中科院研究农机自动找桩、无人充电技术，延伸智能农机无人化产业链条，填补了国内电动农机无人充电领域技术空白，实现农机全作业过程无人化，单台农机整体作业效率提升50％以上。四是实现农机农事"一张图"调度。服务电动农机未来推广应用，依托盐碱地农业综合用能大数据平台，示范搭建农机联网云控平台，实现农机精准定位、"一张图"联网调度，试点开展"网约农机""网约充换电"等服务，实现农机在线预约、在线调度、在线报修等，高效服务农忙抢收、抢种等工作。

3. 构建"田园牧歌"卓越供电服务体系，聚焦聚力黄河口滩羊绿色养殖，育好每"一只羊"。一是服务"园区＋生态"牧养。围绕盐窝镇"产业园区化、居住生态化"总体规划，建成35千伏后邢变电站，布设10千伏线路8.32千米、配变13台容量5200千伏安，以电网超前布局助推养殖园区化、集约化、规模化、标准化。养殖户从2020年1300家增加到2022年的2000家，养殖规模增长了近3倍，这里成为全国单体最大的肉羊产业园区。二是服务"绿色＋智慧"养殖。服务消纳22兆瓦分布式棚顶光伏，每年产生绿电收益1300万元，减排二氧化碳3万吨。搭建园区用能数字孪生系统，实现配电网、光伏、配电箱、养殖棚等状态实时监测、风险及时预警、故障精准定位。创新应用氨气排放监测、饲喂远程控制等数字化装备，填补滩羊智慧养殖空白，降低人工成本50％以上。创新开展"源—荷—储"协同调度互动技术，解决工厂化养殖每天上午5：00～8：00、下午3：00～5：00集中用电台区过载问题。三是"电金融"引领"羊经济"。开展"电力＋金融＋产业"普惠服务，推动"政银电企"多方协同，实现电费缴纳与产业融资相结合，为产业链提供"定制服务"，政府贴息后最低利率下降至1.8％。创新开展滩羊经济电力大数据分析，监测肉羊热点消费端用电轨迹，指导养殖户和羊经纪跟踪产业动态。与园区首创的肉羊云交易平台"羊买买"互补，借力数字经济"买全国、卖全国"。

4. 构建"耕水牧渔"卓越供电服务体系，聚焦聚力渔业产业低碳发展，养好每"一只蟹"。一是率先推进渔业"全电化养殖"。服务黄河口大闸蟹产业园3万亩标准化养殖池改造，探索编制《黄河口大闸蟹电气化养殖建设标准》，推动大闸蟹养殖向专业化、规模化转型。创新应用"新能源＋储能"微循环水泵、微孔增氧、水质微检测等全电全智能技术，助力节水50％以上、节电 20％以上。二是"全生态用能"引领高标准生态养殖。依托园区 6300 亩养殖区值班室，打造"新能源＋储能电池＋岸电"零碳能源站，推动分布式储能电池循环利用，广泛应用于电动无人船、无人机等场景，替代传统用能和作业方式，降低水体污染，同时为园区内 265 个增氧机提供备用电力系统，减少二氧化碳排放 550 吨/年。服务"鱼菜共生"等工厂化、高密度养殖，创新应用"光热一体"协同技术，精准感知水温、环境温度，实现热循环、光循环智慧化控制，提高水产养殖智慧用能效率。三是"全天候管护"赋能"智慧养殖"。创新应用无人机开展蟹园投饵、消毒、巡塘以及客户侧用电巡检等业务，打造无人机"养殖＋电力小帮手"。搭建"陆地"高空瞭望＋低空监测系统，开展配电设备智能运维，装备养殖池"源网荷"友好互动智能开关，实现故障精准定位、自动报警、远程控制，全面提升水产养殖管护能力，打造"故障零感知"示范渔场。四是构建"全链条服务"新矩阵。开展"供电＋全产业链"电力大数据分析，深入探究销售链用电轨迹，协助养殖企业及时辨识应对市场行情。建设国网山东省电力劳模创新工作室，创新打造大闸蟹用能服务"一张图"，建立二十四节气安全用电"云讲堂"，提供工器具、发电机、增氧泵、临电等扫码共享服务，3D 展示大闸蟹"智慧养殖＋智慧用能"解决方案，开创共享服务新模式。

5. 构建"追光逐电"卓越供电服务体系，聚焦聚力赋能和美乡村建设，增效每"一度电"。一是落地全国首个农村"光储直柔"示范项目。依托杨庙社区黄河里文旅项目，探索建设以"光储直柔"为核心技术的农村新型能源系统，服务农村社区冷链仓储、设施农业等创富产业节能降耗，促进区域多能互补协调，降低用能成本 30％以上。二是打造"分布式光伏＋新能源汽车充电"农村光伏就地消纳样板。探索开展"光、充、换"一体化新能源多车型乡村服务站，提升分布式光伏消纳能力，实现光、车、网一体化协同互动。依托杨庙黄河里文旅项目，支持社会光伏企业开展基于光伏就地消纳下的充电服务模式，提升新能源汽车绿电使用比例。三是"和美乡村电力指数"助力农村数字化社区建设。依托 365 电管家平台，融合社区"光储直柔"示范项目、社区"透明台区"可视化系统等，开展基于大数据技术的生产、生活、生态多维度电力数据分析，助力社区创建全国农村幸福社区。联合公益慈善平台、光伏厂商等，发起"老年食堂爱心公益"光伏捐建行动，通过绿电收益服务助力老年食堂可持续运营。四是"彩虹驿站＋村网共建＋科技小院"助力提升农村多元服务。高标准建成杨庙社区电力服务"彩虹驿站"，推动全国农村社区治理试验区创建，试点开展"政府网格＋电力网格"融合服务，政企联动开展"爱心备件""爱心超市"等帮扶服务，获评国家电网公司"村网共建"电力便民服务示范点。联合中国农业大学共筑国网系统首个"电力助农"科技小院，开展居民用电安全监测、客户故障停电精准研判，推广应用"转供＋带电＋发电"配电检修模式，打造"无计划零停电、零感知停电"农村社区示范，使平均故障处理时长降低 50%，抢修工单数量降低 60%。

6. 构建"线鸟共生"卓越供电服务体系，聚焦聚力黄河口生态环境保护，守护每"一只鸟"。一是创新推进同塔移巢安置法。联合东营市森林公安、野生动物保护协会、观鸟协会等利益相关方，系统分析公园内鸟类筑巢习性，研制人工鸟巢以"迁"代"拆"为鸟搬家，有效规避因鸟窝引发的线路设备故障。2021 年至 2023 年底，由鸟类引起的跳闸由 65.87% 降至 37.5%。创新开展"云端的守护"示范项目，该项目是全省首家获评保尔森可持续发展奖的项目。二是探索构建黄河入海口零碳景区。建设景区充电站、黄河港口岸电、光伏路灯等，赋能国家公园生态保护，实现年电能替代电量 167 万千瓦时。示范建设黄河口"零碳＋数字化"供电所，被列为国网公司可持续管理和数字化双示范供电所。联合东营市政府开展"电力＋环保"共建，建设黄河流域污染防治监测大数据平台，打造"低碳 e 点"智慧双碳平台，构建协同、共享的能源数字生态圈，向沿黄流域其他 8 个省、自治区推广应用，累计预警 110 余次，实现对污染企业快速精准执法。

四、取得成效

构建黄河三角洲盐碱地绿色生态电力系统助力乡村振兴取得了丰硕成果，展现出农村用能清洁化、农业生产自动化、农民生活品质化的生动景象，为绘就乡村振兴美好蓝图注入了新动能。

1. 电气化标准形成了。率先打造了一套盐碱地绿色生态能源解决方案，实现农业农村绿色生态用能，助力风、光、生、氢、地热等盐碱地清洁资源开发利用，降低电网投入成本；率先编制一套盐碱地农业电气化标准，实现盐碱地电气化建设标准化，助力节能降耗及配套电网建设。最终率先构建了一套盐碱地卓越供电服务体系，固化服务流程和服务要素，形成可复制可推广的经验。

2. 农民群众得实惠了。在新型电力系统助力下，2022年，东营市粮食面积、产量实现"双增长"，超额完成省定任务；大豆和玉米带状复合种植面积达到35.5万亩，实现省定任务的118.3%。省委、省政府和农业农村部主要领导作出批示，给予充分肯定。我市作为全省五市之一，被确定为2022年落实粮食安全责任和高标准农田建设措施有力、成效明显的市，获省督查激励。

3. 乡村振兴路更宽了。构建黄河三角洲盐碱地绿色生态电力系统，是践行习近平总书记嘱托，争当乡村振兴齐鲁样板排头兵的创新实践，在农业生产、农村生活、乡村产业等领域催生出无限生机。盐碱地农业与新型电力系统的无缝对接，必将从"源、网、荷、储、数、碳"六个维度，在全国引发新一轮全力服务乡村产业、乡村建设、乡村创业等用电需求的"绿色革命"，助力乡村全面振兴尽早实现。

国网山东电力建设的全国首座"风、光、储、充、换、检"一体化电动农机服务站

创新采用"同塔移巢安置法"搭建人工鸟巢

（田恒新　解昌顺　寇春雷）

> **点评**
>
> 　　该案例提供了一个央企发挥其核心能力与农业农村结合，助力乡村振兴的相关经验。国网山东省电力通过创新构建黄河三角洲盐碱地绿色生态电力系统，从"源、网、荷、储、数、碳"六个要素出发，立足于"种业、农机、畜牧、渔业、社区、生态"六大盐碱地农业典型场景，谋划打造"六个一"示范工程，蹚出一条电气化赋能乡村振兴的创新发展新道路。央企、国企和民企助力乡村振兴，最重要的是将其核心能力延伸应用到新的农业农村场景，并在落地化改造后形成新的竞争力。要"顺理成章"，切忌盲目地超出其核心能力而"勉为其难"。

数字农业农村篇

SHUZI NONGYE NONGCUN PIAN

山东省农业科学院：
用数字视频打造盐碱地"大粮仓"

山东省农业科学院科技赋能乡村振兴融媒体科普项目"田间课堂科普系列——盐碱地上打造'大粮仓'数字视频培训"是 2023 年山东省科普示范工程项目。资助方为山东省科学技术协会，资助金额为 10 万元。科普示范项目由山东省农业科学院负责具体实施。

一、项目背景

2020 年，山东省农业科学院将盐碱地改良工程纳入院里的重点工作，山东省农业科学院派出不同的学科团队、大量的科研人员重点攻克盐碱地的综合利用及盐碱地粮食安全问题。2023 年中央一号文件继续强调，持续推动由主要治理盐碱地适应作物向更多选育耐盐碱植物适应盐碱地转变，做好盐碱地等耕地后备资源综合开发利用试点。开展盐碱地综合利用，对保障国家粮食安全、端牢中国饭碗具有重要战略意义。

我国盐碱地面积大、类型多、分布广，是全球第三大盐碱地分布国家。开展盐碱地综合利用，"唤醒"盐碱地这一"沉睡"的资源，对保障国家粮食安全具有重要战略意义。"春天白茫茫，夏天雨汪汪，十年九不收。"这是过去农谚里对黄河三角洲盐碱田的形象描述。经过山东省农业科学院专家团队三年的科技攻关，过去贫瘠的黄河三角洲盐碱滩通过科学的土壤改良，让大豆、玉米、水稻等粮食作物都在这片土地上实现了高产、稳产。在科技的加持下，昔日"荒碱滩"正变为今朝"米粮川"。

基于盐碱地土壤改良、玉米种植、水稻种植、大豆种植这四个农业领域的科学研究取得的可复制、可推广的科研成果，山东省农业科学院联合山东省广播电视台，充分利用融媒体数字技术面向全省农业龙头企业、职业农民进行技术培训与推广普及，让农民朋友从小小的手机里，足不出户就可以了解到盐碱地改良的新技术、新成果。

山东省农业科学院农业信息与经济研究所王剑非副研究员，为2023年科普示范工程项目"田间课堂"负责人。王剑非从事农业科研成果转化与推广工作已十年，与山东广播电视台广播乡村频道合作了十年，强强联手打造了《战疫情·战春耕——12396线上课堂》《12396科技热线》《舜耕科技一键帮》等系列品牌栏目。2019年主持山东省重点研发项目，2023年主持山东省科普示范工程项目。2023年9月，山东省农业科学院开始联合山东广播电视台广播乡村频道，组建融媒体数字培训团队，针对黄河三角洲盐碱地改良增产问题的4项农业科研成熟技术，分别邀请土壤改良、大豆种植、玉米种植、水稻种植领域的农业大咖做了盐碱地田间课堂专题融媒体数字视频培训。

二、项目主要内容

2023年9月1日，融媒体数字培训项目组走进滨州无棣县小泊头镇千亩鲜食玉米种植基地，探寻盐碱地彩色玉米种植。第一期田间课堂数字培训邀请了山东省农业科学院科普服务中心主任、玉米研究所副所长刘霞主讲。刘霞研究员在盐碱地种植的鲁甜糯191玉米试验田里，现场培训甜糯玉米种植技术，并在田间地头做科普小实验，实时回答网友提出的热点问题。融媒体项目负责人王剑非利用航拍数字技术，对整个盐碱地亩产攻关田的长势情况进行了航拍并展示，让山东省的农民朋友对盐碱地种植鲜食玉米有了非常直观的认识，并树立了信心。

2023年9月15日，融媒体数字培训项目组邀请山东省农业科学院湿地农业与生态研究所研究员张士永走进东营盐碱地水稻种植示范区，进行第二期田间课堂数字培训。

山东有近900万亩盐碱地，仅东营市就有341.8万亩，是我国乃至世界上规模最大、利用难度最大的三角洲型盐碱地之一。"藏粮于地，藏粮于技。"如今越来越多产量高、品种好的耐盐碱水稻研发成功，昔日黄河三角洲盐碱地正华丽"变身",变成一片沃野良田。相比研发出优质耐盐品种,更令水稻科研团队感到喜悦的是,这些水稻品种已经被当地农民广泛种植并获得认可。

张士永研究员在水稻试验田里详细讲解了盐碱地水稻种植需要注意的技术与方法,科学普及抗淀粉水稻的营养成分。在彩色水稻种植区,融媒体项目负责人王剑非充分利用数字航拍技术,从空中展示中紫4号水稻种植田实景,让山东的水稻农业种植户对彩色水稻有了新的认知。

2023年10月15日,融媒体数字培训项目组走进东营盐碱地进行第三期田间课堂数字培训。培训的主要内容是"齐黄34"大豆。"齐黄34"大豆是由省农科院作物研究所徐冉研究员领衔的团队成功选育并推广的一个大豆品种。2022年,"齐黄34"大豆推广面积超过40万亩,是我国2022年度长城以南推广面积最大的大豆品种。

在我国的粮油作物中,大豆的进口依赖度最高。2021年,我国进口大豆占全国总需求的85.5%。既要保证主粮种植面积,又要提高大豆自给率,就要利用起盐碱地这块广阔的"备用田"。大豆在作物中耐盐性相对较好,而我国又有15亿亩盐碱地,其中5亿亩具有开发利用潜力,一旦成功利用,将大大改善大豆严重依赖进口的被动局面。

农民种田,看的是效益,什么挣钱种什么。以前盐碱地种大豆,收成好时,也就百八十斤,种豆不划算,因此种的人越来越少。激发农民种豆积极性,产量很关键。2021年,黄淮海地区连降暴雨。以山东为例,当年全省平均降水量达988.2毫米,较常年多一倍,为1951年以来,即70年来第二多,仅次于1964年的1124.1毫米,其中23个县(市、区)为历史最多。多地发生大面积严重涝灾,身处如此逆境之中,"齐黄34"大豆依然获得高产。

徐冉研究员在数字融媒体培训中重点讲解了"齐黄34"的种植技术,并普及了大豆和玉米带状复合种植技术。这两项技术成果在东营的盐碱地上推广得非常成功。"齐黄34"大豆荣获山东省科技进步奖一等奖,被农业农村部列为主导品种和主推的四大核心品种之一。2022年中央一号文件提出,大力实施大豆和油料产能提升工程,在黄淮海、西北、西南地区推广大豆和玉米带状复合种植。大豆作为矮秆作物,唯有耐荫才能赢得较大的生存空间,更好地长叶、开花、结荚。经国家大豆改良中心、四川农业大学等单位鉴定，"齐黄34"大豆耐荫性强，适合带状复合种植（间作、套种）。据悉，农业农村部已把"齐黄34"列为复合种植主推的大豆品种。

2023年10月24日，融媒体数字培训项目组又追随着山东省农业科学院研究员、国家盐碱地综合利用技术创新中心副主任刘兆辉的脚步，进行第四期田间课堂数字培训。培训内容是：如何把贫瘠低产的盐碱地变成枝繁叶茂的"吨粮田"，探寻盐碱地土壤改良的好技术好方法。

刘兆辉科研团队以滨海盐碱地土壤为研究对象，通过施用有机肥、有机无机配套施用、改良剂施用、种植模式选择等手段，探索不同培肥改良技术对土壤质量和作物产量的影响。

我国拥有4000多万亩环渤海盐碱耕地，盐碱胁迫重、土壤结构差、受水资源约束严重，耕地质量和产能提升潜力巨大。如果耕地质量提升1～2个等级，每年能够增产粮食600多万吨，这对保障我国粮食安全和农业可持续发展具有重要意义。刘兆辉研究员带领的团队扎根东营盐碱地，成功地攻克了化肥和微生物复合技术，发挥两者一加一大于二的优势。

在第四期的融媒体数字培训中，刘兆辉研究员首先在东营盐碱地试验田现场讲解了改良盐碱地土壤采取的措施、田间表现，以及不同培肥改良技术对土壤质量和作物产量的影响，最后又回到数字实验室展示不同肥料。

在第四期的数字培训中，2023年山东省科普示范工程项目融媒体数字培训项目负责人王剑非继续利用无人机数字航拍，从空中展示大田玉米作物，让大家直观地看到盐碱地土壤改良后的大田玉米收获的情况。

盐碱地上打造"大粮仓"专题数字视频培训，充分利用了融媒体、航拍等多种数字视频技术，展现了山东省农业科学院科研团队在黄河三角洲盐碱地进行的科技攻关，推广了耐盐碱水稻以及彩色水稻的种植、鲜食玉米种植、"齐黄34"大豆以及大豆和玉米复合种植、盐碱地土壤改良等多项技术。这些科研成果，让这片昔日"荒碱滩"正变为今朝"米粮川"。

从培训选题、培训方案、邀请农业专家到现场数字直播培训，都是由2023年山东省科普示范工程之田间课堂融媒体数字培训项目组精心打造的，也得到当地农业部门以及粮食种植专业合作社的大力支持。数字培训主要是利用融媒体技术，引导农业专家现场讲解技术并展示科研成果，受众面比较广，受到农民朋友的喜爱。

三、项目成效

第一期盐碱地彩色玉米种植技术：2023 年 8 月 21 日，山东省农业科学院组织省内外专家对滨州无棣县小泊头镇千亩鲁甜糯 191 鲜食玉米进行测产，其亩产鲜穗达 1563.66 公斤，创造了山东省盐碱地鲜食玉米千亩产新纪录。在直播培训过程中，就有许多受众咨询如何购买鲁甜糯 191 鲜食玉米，对鲜食糯玉米的高产、稳产量有浓厚的兴趣。据悉，滨州无棣县小泊头已成为远近闻名的农业科技创新基地。2022 年，刘霞团队首次在轻度盐碱地试种甜糯玉米成功。经山东省农科院组织专家测产，鲜穗产量达到 1333.4 公斤。2023 年的亩产鲜穗产量比 2022 年亩产鲜穗产量又多了 230.26 公斤。高产、稳产源于省农科院玉米团队不断进行科技攻关。第一期融媒体田间课堂《盐碱地彩色玉米种植技术》播出后，受众达 10.6 万人次。

第二期盐碱地水稻种植技术：充分挖掘盐碱地开发利用潜力，向盐碱地要粮，"一粒良种"是关键所在。我省多地立足盐碱地实际，由治理盐碱地适应作物，向选育耐盐碱植物适应盐碱地转变。相信在不久的将来，越来越多的优良水稻品种将落户东营。第二期融媒体田间课堂《盐碱地水稻种植技术》播出后，受众达 10.19 万人次。

第三期盐碱地上的"齐黄 34"大豆种植技术：在山东省东营市垦利区土壤含盐量为 0.3% 的盐碱地上测产，结果表明，"齐黄 34"具有良好的耐盐性，在中轻度盐碱地可以实现亩产 300 公斤以上的高产目标。"齐黄 34"抗倒伏，不裂荚，底荚所处高度适中，适合机械化收获。在农村劳动力日益紧缺的情况下，大豆生产全程机械化，可以解放劳动力，这一优点有助于"齐黄 34"在更多地区实施推广。第三期融媒体田间课堂《盐碱地上的"齐黄 34"大豆种植技术》播出后，受众达 7.15 万人次。

第四期盐碱地上打造"大粮仓"土壤改良技术：作为滨海盐碱地的典型代表，东营黄河三角洲盐碱土壤类型丰富，是探索荒碱地治理新技术、发展盐碱地特色农业的天然试验场。山东省农业科学院研究员刘兆辉带领科研团队在东营黄河三角洲探寻到盐碱地土壤改良的好技术好方法。从主粮生产角度来看，开发和利用盐碱地资源是丰富"中国饭碗"的重要途径之一。通过科学种植和技术支持，可以进一步提高盐碱地作物的产量和品质，确保粮食供应的稳定性和可持续性，这对于满足我国庞大的粮食消费需求、维护粮食安全具有重要意义。第四期融媒体田间课堂《盐碱地上打造"大粮仓"土壤改良技术》播出后，受众达 10.67 万人次。

山东省农业科学院科技赋能乡村振兴融媒体数字技术培训系列，推广培训了玉米种植、水稻种植、大豆种植、改良土壤肥料等技术。培训播出后，有许多受众纷纷打电话或在直播间留言咨询技术与品种，项目团队成员都联系专家做了一一讲解。4 期视频培训线上吸引受众共计 38.61 万人次。

四、遇到的困难

耕地有限，盐碱地是资源。"盐随水来，盐随水去"，水既是土壤积盐或碱化的媒介，也是土壤脱盐或脱碱的动力。控制和调节土壤中水的运移是改良盐碱土的关键，所以我们要改良盐碱地，选用适合盐碱地生长的粮食作物、油料作物。

五、取得成效

山东省农业科学院刘兆辉研究员带领团队建立了盐碱地作物潜能提升试验示范基地，刘霞研究员带领团队建立了鲜食玉米试验示范基地，徐冉研究员带领团队建立了"齐黄 34"大豆的试验示范基地，张士永研究员带领团队建立了抗性淀粉水稻研究基地。借助山东省农业科学院科研团队的力量，滨海盐碱地小麦、玉米、大豆、水稻等作物产量及品质潜能提升科研攻关顺利开展，分别建成高产攻关区、品种筛选区、肥料试验区、耕作模式试验区，使用不同土壤调理剂改良盐碱土壤，通过改善耕作方式将试验筛选出的良种良法推广给广大群众，确保科技成果直接落实到广袤的盐碱地。

　　山东省农业科学院融媒体田间课堂团队将科学家、科研团队的研究成果，通过数字融媒体技术快速传播给受众，进行媒体推广转化，让贫瘠的盐碱地变成"大粮仓"。4 期精准对接盐碱地改良的科技攻关田间课堂培训传播迅速，传播面广，得到广大农民朋友的关注，产生了较大的社会影响。

山东省农业科学院科技赋能乡村振兴融媒体数字技术培训

徐冉研究员（中）在东营"齐黄 34"大豆试验田进行融媒体数字技术培训

（王剑非　高炜）

点评

建设更高水平的"齐鲁粮仓",要充分挖掘盐碱地综合利用潜力,做好盐碱地特色农业大文章。山东有盐碱地近900万亩,向盐碱地"要粮"潜力巨大。盐碱地上打造"大粮仓"专题数字视频培训,充分利用了融媒体、航拍等多种数字视频技术,展现了山东省农业科学院科研团队在黄河三角洲盐碱地进行的科技攻关,让山东的农民对这片昔日"荒碱滩"正变为今朝"米粮川"有了新的认知。同时,"田间课堂"的兴起为农民搭建了相互学习、交流和创新的平台。与传统的培训方式不同,"田间课堂"将"专家讲、农民听"的单向传授方式变为互动频繁的交互式传授,形式更为灵活;培训时间、地点也更加自由,不需要专门抽时间、定地点进行集中培训,而是化整为零,农民朋友可以利用零碎时间进行学习,如此既不耽误正常的农业生产,又能营造出轻松的学习环境。

青岛西海岸新区：全省首例区县级数字"三农"综合管理平台

一、项目建设背景

作为第九个国家级新区山东第一区，青岛西海岸新区 2022 年国内生产总值达 4691.85 亿，全年粮食播种面积 4.86 万公顷，特色农产品蓝莓、海青茶等享誉国内外。作为 2021 年现代农业强县之一，青岛西海岸新区以"提升农业园区公共服务设施类项目，包括建设县域农业园区物流交易市场、综合性检验检疫平台、智慧农业大数据平台等项目"的要求为依据，在充分调研新区农业农村实际应用需求基础上，由新区农业农村局提出并打造了数字"三农"管理平台。

项目以"数据赋能、政务提效、惠民便民"为核心理念。针对"三农"发展中的痛点、难点，依托云计算、大数据、物联网、3S、5G 等先进技术，建设 1 个数据中心、1 个云平台、N 个业务场景及"一张图"，形成"1+1+N"的西海岸新区数字农业管理模式。以"三农"管理服务为核心，突出"帮、管、服"三大工作重点，围绕涉农资源优先拓展种植业管理、特产农产品（蓝莓、茶叶）管理、农业项目管理、农产品质量安全管理、数字乡村、农业综合服务等 11 个应用场景，构建种植生产智能化、产业经营全链化、政务管理数字化、惠农服务网络化的"三农""智慧大脑"。目前作为山东首个区县级数字"三农"综合管理平台，该项目已助推青岛西海岸新区在全省率先实现数据互联共享、工作上下联动的格局。

二、项目发展情况

本项目总投资 1800 万元，所需资金全部由省财政承担。项目由农业农村事业发展中心直接负责管理实施，由中国移动通信集团山东有限公司承建。项目于 2023 年 1 月份启动建设，历时 9 个月的建设期，于 2023 年 9 月份正式上线试运行。项目建设核心内容包含 1 个"三农"综合运管云平台、1 个农业大数据中心、11 个涉农专业数字化应用场景系统及 13 张农业农村主体"一张图"。

三、项目效果

（一）建设"全域"涉农大数据中心，打造数据资产"一本账"，提升组织引导力

为全面摸清"三农"数据资产底数，提升数据资源统筹管理能力、共享利用水平、数据利用价值，全区统一规划设计标准规范体系，并实施"三农"数据"一本账"管理。经过一年的时间，逐项梳理信息化项目、业务系统、数据表格，同时汇聚市局数据资源，挖掘数据价值，实现标准规范、数据资产、数据供需、数据安全"一本账"管理。目前数据资产涵盖了 36 个信息系统的 1047 张数据表、2.15 万类数据项，实现了找数、用数、治数、供数、管数一套标准、一个平台、一体化管理，进一步优化了数据资源配置，使数据资源底数更清，数据分析使用价值更高。同时，通过有效整合现有农业农村数据，建成"三农"专题资源库体系，为全区提供纵向到底、横向到边的全产业数据分析应用场景，让数据成为指导依据，进一步提升组织引导力。

（二）"天、地、空"三位一体，实现种植监管智能化，助力粮食产量提升

覆盖全区 10 个涉农镇街，布设土壤墒情监测设备 50 套、虫情监测设备 16 套、智能孢子捕捉设备 7 套、农情气象监测站 10 套、重点防范区域智能监控设备 60 套，打造现代化种植全面感知体系。平台首创运用卫星遥感数据、气象灾害预警数据、空间地理信息数据、物联感数据、5G 高清人工智能视频分析数据有效串联，建成 5 维综合态势分析系统，实现小麦及玉米等主要粮食作物的种植分布分析、产量预估分析、长势分析、病虫害精准识别及洪涝

灾害预警。其中小麦及玉米的种植分布、长势分析、产量预估的自动分析准确率已经达到95%，小麦白粉病、赤霉病、条锈病，玉米斑病、锈病，大豆霜霉底、锈病、叶斑病的人工智能自动识别率已经达到70%。新技术、新模式、新理念实现了全区粮食生产全过程监管，最大程度减少了病虫害、气象灾害对农作物产量的影响，确保了粮食增产增收。

（三）"产、供、销"产业一条链，提升特色农产品品牌价值，提高本地农户收入

围绕全区特色农产品，选择基础条件好、经济效益高、产业优势强的区域点位，以点带面，引导社会资本积极参与，构建全过程物联网服务体系、全链式质量溯源体系、全方位供需对接服务体系、全要素销售价格分析体系的"四全"产业经营网络化管理系统。在全区率先形成"产、供、销"全链化的特色农产品数字化发展模式，围绕全区企业生产、销售渠道、人才供需、市场服务，构建数字技术驱动、企业协同、"海青茶""蓝莓"双品牌引领的数字特色农产品生态，打造特色产业发展新高地。

通过"青西""三农"微信小程序实现供需快速对接，直接解决海清茶叶生产基地用工短缺问题，实现当地农民增收20余万元；同时，通过商品供需发布应用，带动樱桃种植户网上销售，增加销量1000余斤。

（四）数据驱动，开创管理数字化体系，实现降本增效

秉承"用数据说话、用数据决策、用数据管理、用数据创新"的"四用"建设原则，覆盖全区种植、畜禽养殖、农机、特色产业、质量安全、土地资源、产业发展等核心业务场景，着力打造13个农业专题"一张图"，使管理能效持续提升，形成了数据上"看、管、判"的三位一体应用模式。

1. 看，数据上图，直观呈现。汇聚农业基础数据、业务系统数据，同时与地图矢量数据进行有效融合，充分发挥平台强大的数据整合能力和直观可视化呈现能力，建成横向到边、纵向到底的农业产业数据地图，摆脱过去复杂、海量的报表形式，让数据直观生动。

2. 管，"跨应用、跨部门、跨平台"进行数据联动，图上管理更便捷。整合各业务系统数据，将重点管理工作（种植监管、畜禽养殖监管、质量安全监管、土地资源监管、项目管理等）的业务数据分类抽取、整合、加工、

清洗，实现按需要、按业务、按部门的上图管理，异常、突发状况的快速响应。

3. 判，智能化、多维度、关联性分析，用数据决策研判。利用地理信息系统电子地图、数据挖掘分析技术、实时采集数据、遥感影像数据分析技术、视频融合分析技术，实现种植监管、特色产品管理、质量监管、项目管理、土地资源监管、产业发展等业务数据的关联性分析、趋势分析、预警分析、研判分析，并以图形、报表等方式直观展现各类分析结果，为各业务部门提供更多实时、准确的数据综合查询和统计分析服务，为领导提供更多实时、准确的辅助决策依据。

通过信息技术实现项目申报、批复、实施、验收、审计、绩效评价全流程的线上化，运用北斗定位、影像识别技术，实现重复申报自动识别、违法占用土地智能检测、受处罚企业违规申报自动检测的智能化应用。运用人工智能技术，实现90余种农业行政执法文书自动生成，让管理工作降本增效。

（五）助力绿色环保持续发展

保障农产品安全，借助物联网技术从源头开始建立农产品溯源体系，实施生产的全程记录、全程跟踪和溯源，确保田间地头的农产品安全。严格把控田间地头的第一道安全质量关，为实现全流程产品质量安全保障体系建立初始屏障。

借助投入品管理体系的建设，实现对农药化肥从销售、使用到最终回收的全过程监管，预防农药残留破坏生态，推进绿色可持续发展。通过建设黄岛区土壤污染监测防治体系，实现黄岛区土地污染情况的全面监控，对土壤有害物质、重金属残留污染、地下水污染进行及时预警，以便第一时间作出响应，实现全区种植业的可持续发展。

（六）"数智引领"促进全域乡村振兴

首创"一村，一码，一图，一系统"模式，因地制宜，打造一张二维码名片、一幅乡村总览图、一个管理应用系统，实现模板可定制、模式可复制。一村一码，手机扫一扫，乡村景点一键导航，游览胜地一键查看，三务公开一键展示；一村一图，全村数据资源高度汇聚，一图可视；一村一系统，通过电脑端快速完成村务管理、信息发布、乡村党建的管理工作。建成2个试点先行村，建设 1 个乡村码系统、1 个乡村"一张图"，开创数字乡村管理新模式。

围绕农业产业服务对象，通过驾驶舱"大屏"、管理端"中屏"、用户端（移动端）"小屏"的"三屏联动"形式，实施大屏看、中屏管、小屏用的全方位、深层次、系统化的流程再造和数字化改革，实现公共服务从单个事项供给到一体化场景服务的转变。针对用工招工难、产品销售难、农技推广难等实际问题，实现科技惠农、科技助农的"一站式"服务体系。

通过数字化能力打造让新区农业农村局能够跳出农业看发展，下好乡村振兴"一盘棋"。12 个乡村产业振兴集聚区累计引进项目 319 个，乡村振兴示范片区总面积达 186 平方千米，涉及 96 个自然村。通过乡村产业振兴和乡村振兴，共带动投资 266 亿元。

平台建成以来，农业产业活力不断迸发，10 个涉农乡镇、65 家农业龙头企业、1000 余家经营主体全面参与运营。农业农村资源的有效对接、农村资产的全面盘活、产业与市场供需的精准对接，为农产品品牌价值持续提升、粮食产量再创新高、农产品质量不断提高奠定基础，有助于农业产业全面振兴。

四、问题及制约因素

尽管数字化技术的发展为农业智能化带来了诸多机遇，但在实际项目建设过程中也面临着一系列困难和制约因素。

（一）数字基础薄弱

目前新区涉农数据相对分散，相互之间没有实现内部的资源共享和数据互通，出现数据孤岛的局面。同时，以农业农村为核心的基础数据资源匮乏，有价值数据的提取非常困难。

（二）农民素质较低

数字农业项目要求农民具备一定的信息技术素养，但当前新区农民普遍缺乏相关知识和技能，难以适应数字化农业的发展需求。此外，农民对新技术的接受程度有限，也制约了数字农业的推广和应用。

（三）产业链协同不足

数字农业涉及农业生产、加工、流通等多个环节，需要产业链上下游企业之间的紧密协同。目前新区农业产业各环节之间的信息共享和资源整合仍然存在障碍，供需信息不对称的问题比较突出，导致数字农业的整体效益难以充分发挥。

（四）人才短缺

数字农业的发展需要既懂农业又懂信息技术的复合型人才。目前这类人才相对匮乏，项目后期的运营管理也缺少得力干将。同时，农村地区的人才流失现象严重，进一步加剧了当地人才短缺问题。

五、项目经验与启示

"三农"问题一直是国家和社会关注的重点，而数字技术的飞速发展给"三农"问题的解决带来了新的机遇。青岛西海岸新区数字"三农"管理平台的建设，不仅为农村、农业和农民带来了更加便捷、高效的管理方式，也促进了农村经济的发展和社会的进步。

（一）数字"三农"管理服务平台建设的主要经验

1. 明确建设目标。在平台建设之初，需要明确平台的建设目标，即要解决哪些问题，服务哪些对象，提供哪些功能。只有目标明确，才能确保平台建设的针对性和实用性。

2. 整合多方资源。数字"三农"管理服务平台的建设涉及多个部门和领域，需要整合政府、企业、科研机构等多方资源，形成合力。跨部门、跨领域的协作，有助于实现资源的优化配置和高效利用。

3. 注重技术研发。平台的建设需要依托先进的技术支持，包括云计算、大数据、物联网、3S、5G等先进技术。不断进行技术研发和创新，可以提高平台的运行效率和服务水平。

4. 优化用户体验。平台的建设应注重用户体验，从用户的角度出发，优化界面设计、操作流程等，使平台更加易于使用和操作。同时，还要建立完善的用户反馈机制，及时收集和处理用户意见和建议，不断改进和完善平台功能。

5. 加强系统安全保护。平台涉及大量农村、农业和农民的基础核心数据信息，必须加强数据安全保护。通过采用先进的数据加密技术、建立完善的数据备份和恢复机制等，确保数据的安全性和完整性。

（二）平台建设带来的新启示

数字"三农"管理服务平台的建设为农村、农业和农民带来了诸多便利和实惠。

1. 数字技术是解决"三农"问题的有力武器。数字"三农"管理服务平台的建设表明，数字技术可以为"三农"问题的解决提供有力支持。通过数字化手段，可以实现农村资源的优化配置、农业生产的精准管理和农民生活的便捷服务。

2. 持续创新是推动平台发展的动力。数字技术发展迅速，平台建设者应保持敏锐的市场洞察力和持续的创新精神，不断引入新技术、新方法，推动平台的升级和发展。

3. 跨部门协同是平台建设的关键。平台的建设需要政府各部门的紧密协作和配合。只有打破部门壁垒，形成跨部门的工作机制，才能确保平台建设的顺利进行和有效实施。

数字"三农"平台全景看板应用

青岛西海岸新区数字"三农"管理平台应用首页

（刘京华　闫金鑫　王善荣）

> ## 点评
>
> 　　数字化是现代农业高质量发展的重要标志，也是建设农业强市的主攻方向。青岛市农业农村局坚持"数智兴农"，加快推进"生产智能化、监管精准化、服务高效化"，积极探索现代信息技术与现代农业的深度融合，建设了1个数据中心、1个云平台、N个业务场景及"一张图"，形成了"1＋1＋N"的西海岸新区数字农业管理模式。大数据平台围绕数据资源的"聚""通""用"，深入推进了大数据在精准生产、质量监管、态势感知、综合分析、预警预测、辅助决策等领域的智慧应用。大数据与乡村振兴的深度融合，能够助力农业产业转型升级，推动农业生产智能化、农业经营管理高效化、农业信息便捷化，为推进乡村振兴战略的实施提供全方位的有力支撑。

潍坊寿光市："数字＋"工程
赋能农业农村现代化

　　近年来，山东省委明确提出以数字化赋能农业农村现代化，这是重塑"全国农业看山东"新辉煌的关键举措。寿光市作为全国"菜篮子"，推进数字农业农村工作责无旁贷。按照省委"推动农业由'设施化'向'数字化'转变"的部署要求，寿光市坚持高起点谋划、高标准建设、高质量服务，全方位推动全领域数字化、智能化，加快由传统生产基地向综合服务基地转型，力争在农业农村现代化上率先蹚出一条新路子。

一、做法

（一）实施"数字＋蔬菜产业"，推动现代农业全链条数字化

　　借助物联网、区块链、5G 等新技术，加快推动蔬菜产业向智能智慧、精准精致升级演进，整合资源打造了 1 个大数据平台"寿光蔬菜供应链综合管理服务平台"，大力发展数字种业、数字装备、数字监管等 N 个板块支撑，形成了"1＋N"链条式数字农业。

　　一是大力发展数字种业。为深入落实中央经济工作会议所提出的"开展种源'卡脖子'技术攻关，立志打一场种业翻身仗"的要求，寿光引进了国家蔬菜工程技术研究中心寿光试验站、农业农村部蔬菜种子检验寿光分中心等国字号平台，借助物联网手段推动分子育种筛选、智能精量播种、种子自动分拣。目前自主研发的蔬菜品种达到 140 个，寿光市场国产蔬菜种子占有率由十年前的 54％提升到现在的 70％以上，寿光已成为全国最大的种苗繁育基地。寿光自主研发的粉果番茄"宝禄先锋"达到国际领先水平，去年销售12.3 万袋，每袋售价 150 元，比国外品种便宜 230 元，一年就为种植户节省

成本 2800 多万元。

二是大力发展数字装备。坚持以工业互联网思维对农业设施进行改造提升，与中国农大、北京农林科学院等 40 多家科研院所及高校开展深度合作，成功举办了山东（寿光）智慧农业装备博览会，建成投用了中国蔬菜小镇、现代农业高新技术试验示范基地等 18 个智能化园区，并全部覆盖大型水肥一体机、智能温控、自动补光等新技术。通过园区示范带动，蔬菜大棚物联网应用率达到 80％以上。原来一对青壮年夫妇能种植 2 个 70 米的大棚，现在可以管理 3 个 200 多米的大棚，蔬菜大棚变身为"绿色车间"。

三是大力发展数字监管。着眼从田园到餐桌的全链条监管，建立了智慧监管、智慧服务、智慧评价三大体系，开发了农业智慧监管平台和农产品生鲜溯源平台，将每一个蔬菜大棚、每一个批发市场、每一家农资门店都纳入监管，构建起覆盖产前、产中、产后的蔬菜质量全程智慧监管服务体系。比如，针对蔬菜质量追溯，推广了食用农产品电子达标合格证，消费者用手机扫描二维码，立即就能查到产品来源，让消费者买得放心、吃得安心。目前寿光本地蔬菜实现了二维码交易全覆盖。

寿光市现代化、机械化育苗基地

（二）实施"数字＋科技创新"，抢占现代农业最前沿

一是实施技术集成创新。坚持以智慧化思维、科技化手段对农业产业

链进行全方位重塑，量身定制"寿光蔬菜产业互联网平台"，研制推广了立体栽培、无土栽培、椰糠栽培等30多种新模式和大棚滴灌、臭氧抑菌、熊蜂授粉等300多项国内外新技术。科技进步对农业增长的贡献率达到70%、高出全国10.8个百分点。比如，由中国工程院院士赵春江团队设计的中国寿光型智能玻璃温室，应用120多项专利技术，利用机器人对授粉、巡检、自动分拣进行智能管控，比"荷兰模式"温室节能50%以上，生产效率显著提高。

二是推进数字标准制定。依托部省共建的全国蔬菜质量标准中心，以信息化服务蔬菜质量全程管控，利用数字化手段助力基地管理、标准制定、产销对接，加快由输出产品、人才、技术向输出标准、机制、体系转变。目前，启动了118项国家、行业、地方标准研制工作，番茄、黄瓜两项农业行业标准获农业农村部发布，是国内首个从种苗到餐桌的蔬菜全产业链行业标准；在江西、内蒙古、四川、西藏等省（自治区）认定试验示范基地27个，全国新建蔬菜大棚中一半以上有"寿光元素"，有力带动了全国蔬菜产业链条的标准化。

（三）实施"数字＋基础设施"，推动农村新基建全域化

坚持以数字化驱动农村现代化建设，在抓好传统基础设施数字化改造的同时，大力推进乡村"新基建"的全域化布局。

一是加快建设新型设施。积极开展"宽带乡村"建设，分梯次、分领域推进5G基站向镇村延伸，实现了城区、镇区5G信号全覆盖。利用建设全国乡村电气化示范县契机，投资5.2亿元打造全国首家县级能源大数据中心，高标准建成电气化大棚、智慧供暖、智能果蔬加工等11个智慧用能示范项目和国内一流的县域配电网，构建起了农村全域化智慧能源生态圈。

二是智慧提升人居环境。加快推进原有设施由人工管理向信息化管理转变，全面提升传统设施管理效能。建设了城乡环卫一体化智慧调度平台，将4000多名环卫职工、500多部环卫车辆、11座垃圾中转站全部纳入智慧监管，实现了"有定位、有轨迹、有时间、有分析、可对话"的精细管理。建成投用了农村改厕智能化监管平台，开发公厕布局电子地图，在镇、村配备智慧终端，做到了维修快、抽厕快、老百姓意见反馈快，为人居环境治理插

上了智慧的"翅膀"。

三是全域布局电商网点。投用全国规模最大的农村淘宝县级运营服务中心,落户了阿里巴巴全国首个"数字农业产业带",投资 3.5 亿元建设快递电商产业园,投资 5.9 亿元建设软件园,所有镇街建设了快递分拨中心,末端网点覆盖到了所有村庄,使 5000 多种蔬菜、种苗以及 200 多种农特产实现网上销售;农产品流通现代化工作受到国务院督查激励,成为唯一入选商务部全国供应链创新与应用试点城市的县级市,蔬菜保供有关做法被中央深改办发文推广。

（四）实施"数字＋公共服务",推动社会治理智能化

深化网格化管理,运用数字化技术优化乡村社会治理模式,以信息化、智能化技术改造提升便民服务,全力打造便民惠民智慧服务圈。

一是建设智慧基层党建。创新推动"互联网＋党建",依托可视基层管理服务系统等信息化平台,每月对各村支部生活日、新发展党员、"三务"公开等情况在线展示和督查,开发了村"两委"班子群众满意度测评小程序,全面了解掌握群众对村干部的工作评价和意见建议。比如,每月 15 日组织开展初心讲堂,全市 3.6 万名农村党员"同上一堂课、聚力促振兴",搭建了"党建＋大数据＋乡村振兴"的数字乡村治理平台。

寿光蔬菜供应链综合管理服务平台

二是建设智慧平安乡村。整合 12345 热线、寿光民声等资源,在潍坊市率先成立社会治理服务中心,推出了"网格 E 通""一码通"等线上平台,打造了"秒接速办"群众诉求办理平台。目前日均受理各类诉求 400 余件,按时处结率达到 99.98％。整合雪亮工程、智慧警务、智慧交警等平台,打造

了"智慧警务大脑"，形成了"全息感知"的社会治安防控体系。今年以来，治安、刑事案件同比下降 21.6％、56.4％。比如，在 310 所学校门口新安装人像抓拍摄像机 1200 余台，当精神病人、有犯罪前科人员等进入学校周边时，平台会自动识别、实时预警，有助于民警、保安第一时间到达现场处置，筑牢安全屏障。

三是建设智慧满意民生。立足数字便民、数字惠民，搭建了一体化在线政务服务网、"寿光云"App 和"智慧云图"等服务平台，1200 余项政务服务事项一网通办、就近能办、多点可办，累计减少群众跑腿 80 余万人次。比如，疫情防控政策调整后，面向老年人等脆弱人群，推出了线上"互联网＋智慧居家医养"服务，实现了医院、卫生室、病人以及家属之间的 24 小时实时连线；面向全体群众，开通了电话诊疗服务，让群众在家中就能询症问诊，赢得了群众的纷纷点赞。

二、存在问题

一是智能设备性价比不高。设施农业专用传感器技术水平不高，精准化程度、稳定性、耐用性较差。在实际生产中，受大棚内高温、高湿等因素的影响，传感器一般在使用 3～6 个月左右就会出现数据偏差。同时，农业物联网设备专业性较强、种类较多，还需要专业技术人员维护，而设备安装公司的质保期有限，导致设备使用成本大大提高，从而影响了农户的使用热情，也限制了智能设备的普及和发展。

二是智能设备普及程度不高。目前机械、智能化设备应用场景，主要还是集中在温室环境监控、施肥灌溉、部分机械设施的控制等方面，在以茄果类为主的设施蔬菜生产领域，从种植到采收需要大量的人工操作和精细化管理，比如种植管理过程的整枝、点花、去叶、摘果等环节，占用劳动力较多，还没有很好的智能化设备能够解决这一难题。

三是缺乏政策和资金支持。农业物联网和农业大数据在农业领域属于新生事物，农户在接受过程中往往存在一定的疑虑。同时，当前物联网设备价格较高，在应用中需要较大的资金投入，例如在一个 100 米大棚内安装水肥一体机、放风机、视频监控、喷淋设施、环境参数传感器等全套智能设施，需要资金5～7万元，农户难以承担。

三、几点启示

（一）打造寿光蔬菜供应链综合管理服务平台

整合现有涉农数字平台，加快新一代综合管理服务平台改造升级，实现一网统管、扁平治理。年内完成平台所有功能开发，对运行规范的1350家农资门店和580个示范蔬菜大棚，实现视频监控设备全部安装与对接，基本建立农事行为人工智能识别库，实现生产环境数据自动采集与农事行为识别数据采集。

（二）推动"数字＋种业"创新发展

一方面，在种业研发上，依托国家现代蔬菜种业创新创业基地，建设高端蔬菜分子育种公共实验室，配备SNP分型检测仪等顶尖实验设备，建立分子育种电子信息数据库，加快品种选育进程，力争年内新增自主研发的蔬菜新品种10个以上。另一方面，依托寿光（国际）蔬菜种业博览会，开发完善"数字地展系统"，线上线下同步展示国内外参展企业品牌信息、地展种植品种信息，打造"永不落幕"的种博会。

（三）推动"数字＋农机"融合发展

依托寿光智慧农业装备交易中心，积极筹备山东（.寿光）智慧农业装备博览会，集中展示国内外先进智慧农业装备、品牌农机，以重点园区、合作社、家庭农场为核心，大力推广智能温控、物联网装备等智慧农机，带动全市80%的蔬菜大棚安装智能化装备。

（四）推动"数字＋基地"示范推广

加快国家数字设施农业创新应用基地建设，完成自动识别、农技服务等数据采集。结合合作社和家庭农场规范提升行动，率先对15家样板社和10家示范家庭农场进行数字化提升，推广自助过磅系统、财务数字化管理系统，在示范棚内安装可视化监管系统和水肥一体化、物联网温控等装备，建立种植数据模块，打造数字农业发展新高地。

（五）推进数字农业应用场景建设

按照《潍坊市数字农业农村应用场景建设实施方案》要求，争取上级资金支持，力争年内打造 14 个数字农业农村应用场景，包括 1 个数字粮田、6 个数字菜园、3 个数字种业、1 个数字监管和 3 个数字治理场景，通过应用场景的示范，形成一批数字化解决方案和先行样板。

下一步，我们将深入学习贯彻习近平总书记关于实施乡村振兴战略、做强做优做大我国数字经济的重要论述，以数字经济激活乡村振兴"新引擎"，努力为全面推进乡村振兴作出寿光新贡献。

（刁家宾 孙 霞 单连颖）

点评

2024 年中央一号文件指出，要持续实施数字乡村发展行动，发展智慧农业。在数字经济环境下，数据作为重要的生产要素，与生鲜农产品质量安全也密切相关。寿光发挥蔬菜产业优势，深入实施"数字＋农业"工程，以工业互联网思维和技术对农业产业链进行全方位重塑，打造了潍坊寿光市蔬菜智慧管理服务平台。该平台在帮菜农管大棚、帮市场管交易的同时帮政府管市场，助力寿光市主管政府部门针对各乡镇、街道的具体交易情况采取差异化的市场监管措施。寿光市依托互联网、物联网、云计算、5G 等数字技术，对农业进行全方位现代化提升，为农产品质量监管提供了数据基石，为乡村振兴注入了新动能。

山东科大集团：邹平乡村数字化实践

一、项目背景

我国农业进入高质量发展新阶段，乡村振兴全面推进，为农业生产经营、管理服务数字化提供了广阔的空间。习近平总书记强调："可以瞄准农业现代化主攻方向，提高农业生产智能化、经营网络化水平，帮助广大农民增加收入。"近年来，我国实施数字乡村战略，加快 5G 网络建设，推动物联网、大数据、云平台等新技术与农业深度融合，数字技术在农业领域得到广泛应用，成为提升农业生产效率、推动农业绿色发展的重要抓手。

邹平市地处鲁中泰沂山区与鲁北黄泛平原的叠交地带，东接工业重地淄博，西临山东省会济南，南依胶济铁路，北靠黄河，济青高速公路横穿全境 26 千米。西距济南 90 千米，距济南国际机场 62 千米，东距海滨城市青岛 240 千米，距淄博市 37 千米，北至首都北京 550 千米。现在全市辖 11 个镇、5 个街道，共 858 个行政村，面积 1252 平方千米。邹平南部长白山区为山地丘陵，是重要的林果产地。邹平水杏、礼参葡萄、长山山药、红芽香椿、金星山楂，久负盛名，远销四方。中北部为黄河冲积平原，土壤肥沃，黄河、小清河、孝妇河等主要河道纵横交织，有配套水利工程，历来是粮棉集中产地和国家重要的优质粮棉生产基地。

山东科大集团微机应用研究所有限公司成立于 1996 年，是一家集自主研发、制造、销售和服务于一体的高新技术企业。公司致力于通过物联网、云计算、大数据、卫星遥感等高新技术和传统农业结合，研发了智慧农业云平台，为政府、农业生产企业、农业科研院校和农业工作者构建起一个"从生产到销售，从农田到餐桌"的农业智能化服务体系，为用户带来一站式的智慧农业综合解决方案,从生产到售后全面辅佐,助力农业生产标准化、规模化、现代化发展进程。近年来,公司与邹平市农业农村局紧紧围绕"数字农业、智慧农服",以邹平市数字农业农村服务管理平台为抓手,在全市范围内应用物联网、卫星遥感、无人机、智能农机装备等,打造邹平智慧农业新范式,全面提升农业农村生产智能化、经营网络化、管理高效化、服务便捷化水平,以数字化引领驱动乡村发展,为乡村振兴注入新动能。

二、工作措施

(一)加强组织领导,建立统筹机制

建立邹平市数字乡村建设发展统筹协调机制,借助科研院所及高校专家学者做好规划设计,督促落实各项任务,形成工作合力。将数字乡村工作摆上重要位置,抓好组织推动和督促检查。建设特色"数字驾驶舱",通过大数据、物联网、卫星遥感、人工智能技术的整合运用,开展基于种植、养殖、生产、加工、流通、监管等全产业链的数据化应用建设,充分挖掘产业大数据价值,构建数据自动化采集监测体系,实现全产业链环节实时监测预警,服务政府监管和生产经营需求,进而推动产业模式与监管方式变革,助力特色高效数字农业发展,为乡村振兴提供坚强有力的信息服务和数据支撑。

(二)发挥科技赋能,产业示范引领

智能物联提升作业感知,精准数据赋能农业生产。智慧农业是传统粗放型农业向现代精准型农业发展的一次深刻变革,是农业信息化发展从数字化到网络化再到智能化的高级阶段。在数字赋能乡村振兴的背景下,项目以乡村产业发展为核心,将农业与大数据、云计算等数字化技术有机结合,以无人机械化、无人农场建设为契机,不断提升农业生产的机械化、现代化、智慧化水平,促进农业生产模式和消费模式转变,推动农业走向新型标准化、智能化、绿色化生产。以山东科大集团微机应用研究所有限公司作为技术平台,邹平市农业农村局建成县级数字农业农村服务管理平台,涵盖种植业、畜牧业、渔业、农业机械化设备以及农产品质量安全等多个方面;建成数字农业平台指挥中心，包含农业数据分布、智慧农机作业监管、农业生产智能监控、全产业链数据分析、畜牧养殖、农业农村业务数据、安全溯源7大模块单元，为全市数字农业应用提供基础支撑。镇级层面，各镇街道建立分平台，为种植户和各服务组织提供更加及时、高效、精准、优化的农情分析及管理决策服务，在全市90余万亩的土地上应用卫星遥感监测，实现田块级"一对一、点对点"管理与精准服务。自2021年智慧农业服务平台投用以来，仅玉米一季平均每亩就增产200斤以上，一个乡镇便能因此增收千万元以上，这为乡村产业振兴提供了新解法。

掌上智农尽在掌握，农机共享不误农时。针对广大农户，推广"梁邹智农"微信小程序，使智能手机成为农户的"新农具"。通过数字农业农村服务管理平台，借助卫星遥感系统、作物生长记录仪与巡田无人机，从"天地空"多角度监测小麦成熟情况，为农户精准提供夏收数据和信息，足不出户就可实现农事管理、发布机械作业需求订单、专家问询答疑等农业管理活动，建立起"县—镇—农户"三级数字农业发展体系，让农业生产更精准、更高效、更轻松。

借助信息化手段，运用北斗授时定位、GIS技术、物联网技术，形成农机态势"一张图"。科学调度农机作业，使供需有效对接，随时根据农户的需求调配农机，保证农户夏收、夏种需求，确保小麦及时丰收、颗粒归仓；使每亩减少5元农机生产成本、20%的农药使用成本，实现机收减损0.3%；实现区域内12千米半径农机救援及维修作业，能有效解决农业机械维修距离远、成本高的问题，为合作社和农户带来实实在在的好处。

着眼农业全产业链数字化提升，助推农业提质升级。加强农业全产业链建设是发展乡村产业、促进农民增收的重要举措。邹平市数字农业农村服务管理平台通过加强重要农产品生产和市场监测，推进农产品批发市场、商超、电商平台等关键市场交易环节信息实时采集、互联互通，有效提升农业生产经营的抗风险能力。加强食品农产品认证全过程信息追溯，升级完善食品农产品认证信息系统，平台汇集一亿余条相关溯源、检测数据，推动实现农产品从田间地头到百姓餐桌的全过程监管。

以"数"为擎，数智结合助力农业社会服务。平台展示提供面向政府的行业监管服务，具备各类涉农数据接入、多元数据挖掘分析和数据建模的功能，为管理部门产业规划、行业管理提供数据支撑；提供面向基地的生产管控服务，具备基地生产协同管理、环境监测预报、设备控制、产品溯源、统防统治等数据分析建模及决策的能力，可拓展到其他农业产业基地，打通辖区应用系统数据，实现农业产业政策和信息数据的及时发布。

（三）坚持以人为本，培育新型农民

乡村振兴，关键在人。新农人是新时代乡村振兴中的一股新力量。他们有情怀、懂技术、会经营，是新形势下发展现代农业新业态、新模式的先行者和探路人，是乡村振兴的中坚力量和重要依托。科技助力，产业兴农。农业现代化的关键在于农业科技现代化。推动农业高质量发展，必然要求高质量推进农业科技现代化。"新农人"要懂得应用大数据、物联网、云计算、5G通信、人工智能等新技术，不断赋能现代农业生产，让农业发展插上现代科技的"翅膀"。山东科大集团有限公司以充足的技术资源为依托，为新农人打造农业数字化工具和数据基座，以"高起点、高要求、高标准、高效率"为工作导向，以"顶层设计、统一规划、集中管理、分步实施"为指导思想，坚持"安全可控、资源整合、决策支持、智慧应用"的建设原则，建立新农民创业培训服务体系，并针对邹平市种植产业特点重点建设完善远程诊断系统与信息交流系统，建立基于智能专家系统的自助查询和多重模式的专家咨询。以农业数字化、网络化、平台化引导专业大户、家庭农场、农民专业合作社、优秀企业等新型农业经营主体发展壮大或相互联合，实现农业生产经营现代化，不断推进现代农业发展。

三、项目取得的主要成效

"梁邹智农"智慧管理系统，可以对地块进行精准分析，优化生产计划投入，农户可实现每亩节肥20％、节水30％～50％，亩均降低农资成本180元以上。"农机滴滴"可以提升耕种收割效率，实现亩均降低农机成本80元以上。此外，通过推广农机精准作业、精量播种全覆盖，邹平全市每年可节约种子1800万斤，极大地提升了农业生产的效率和产业回报率。

四、项目难点

一是农民数字素养亟待提升。我省第三次农业普查数据显示，36～54岁中年人是山东农民的主要群体，90%的农民仅有初中以下教育水平，山区、丘陵地带农村人口老龄化最为严重。这就意味着在推行数字农业的过程中，"看不懂""学不会""不想学"等因素会影响产品的使用深度。

二是监测网络建设成本太高。建设监测网络需要布设大量的传感器等农业监测设备，希望政府可以针对性地划拨资金或者出台补贴政策。

五、经验做法

（一）基础设施很关键，智慧农业也要"因地制宜"

至2022年底，全国农村已有1.76亿户宽带用户群体，增速高于城市。山东省乡村数字化基础设施建设处于全国第一方阵，截至2023年8月底，累计建成开通5G基站19.3万个，行政村5G网络通达率超过80%。山东省既是农机装备制造业大省，也是应用大省，农业生产全面进入机器换人的新时期。截至2023年6月份，全省农机总动力达到1.15亿千瓦，主要农作物耕种收综合机械化率达到90.55%，远高于全国平均水平。农业农村遥感中心、"天空地一体化"观测网等信息支撑平台得到推广应用。得益于如此强大的基础设施建设，智慧农业建设才能因地制宜顺利开展。

（二）打通数字乡村路径，推动县域数据湖建设

智慧农业的核心就是把数据作为新的农业生产要素。一方面，我国幅员辽阔，地情、农情差别很大；另一方面，农业和其他产业不同，不仅涉及种植、畜牧、渔业、农机、加工等众多细分领域，而且内部的链条长、环节多、差异大。由此产生的数据总量庞大、种类繁多，数据的采集上存在困难。从近年来各地智慧农业建设采集的数据来看，各地虽然探索出台了部分地方标准和管理办法，但仍存在数据壁垒多、整体逻辑性不强、时效性不足等一系列问题，甚至有的地方因管理平台升级、变更合作方等原因，面临着旧

平台数据迁不走、新平台要从零开始的困局。从根本上看，造成这类尴尬情况的主要原因是缺乏统一的数据采集、整理和使用标准与机制，这导致好东西长在地里头，却不知道何时收、怎么收、谁来收。因此，要以市场需求为导向，加强政府引导，发挥科研单位、协会等的作用，健全完善与数字农业相关的数据规范标准等，制定数据管理办法，建立数据采集机制，打通以县域为单位的数字乡村数据湖建设。

（三）提升农民数字素养，深入推行高包容性数字产品

推动数字乡村发展，必须清醒地认识到，农民作为乡村振兴的主体，必须触网、懂网、用网，努力成为新时代的网民，向着"网络达人"迈进。这就需要培养农民数字意识和能力，提升农民数字素养与技能，增强农民利用数字技术的能力，使其更积极地投身到数字乡村建设中去。要根据农民的实际情况，为他们量身定制更多的培训课堂，引导他们从思想上转变思维认识，明确数字是新时代推动农业发展的重要工具，让更多的农民成为新时代的"新农人"，增强乡村振兴的"造血能力"。同时也要提升数字产品的包容性。当前农民普遍存在文化程度低、年龄大的问题，他们作为"数字弱势群体"在使用数字产品时存在天然的短板，这就要求我们在建设的时候多多考虑加入"老年模式""语音模式"等便于农民使用的功能，在建设过程中不断探索，提升数字产品的友好度、易用性。

邹平市数字农业农村服务管理平台

土壤

时　间: 2022.07.05 17:26
地　点: 邹平市·山东博泰水利设施有限
公司
经纬度: 36.885710°N,117.836813°E

建成的田间农业监测基地

（曲盛林　李　帅　于爱芹）

> ## 点评
>
> 　　"乡村兴则国家兴。"建设数字乡村既是乡村振兴的战略方向，也是建设数字中国的重要内容。如今在邹平，数字乡村建设的新场景、新业态正不断涌现，不断融入农业发展各领域各环节。以数字化赋能乡村产业发展、乡村建设以及乡村治理能力和水平，数字的魅力正在邹平广袤的土地上展现。邹平的经验表明，高质量促进数字乡村建设，能够在推动农民富、农村美、农业强领域有所作为，能够提速乡村振兴建设。这对致力于乡村振兴齐鲁样板打造的山东而言，有极大的借鉴意义。

聊城莘县：构建电商"四个一"模式探索乡村振兴新路径

一、项目建设背景

近年来，莘县王庄集镇将农村电商作为"稳就业、促就业"的重要举措，立足镇农业资源优势、区位优势、人才优势，以建设电子商务强镇为目标，以培育特色农产品为重点，紧紧抓住人才、平台、资源这三个关键要素，以人才为核心、以平台为支撑、以资源为依托，充分利用王庄集镇现有"万亩山药"这一内在发展优势，进一步延长产业链条，放大品牌效应，做足做实山药等特色农产品的深加工与精加工。该镇以"电商园＋合作社＋特色产品＋农户"为纽带，积极打造建设了电商产业园及仓储物流园，充分利用基地自身优势，逐步打造成为莘县周边地区示范性综合性物流中心，并大幅度提升物流运作水平，节约物流运营成本，切实打造了一整套设施齐全、配套完善、人才充足、运营规范的电商链条体系，逐步探索出符合本镇实际的农村电商发展模式，切实推动了电商发展与乡村振兴相结合，打造了王庄集镇乡村振兴新业态。

2021年，王庄集镇抢抓农村电商蓬勃发展的政策机遇，在全县率先建立了电商产业园，依托电商产业园与仓储物流中心平台，整合村庄资源优势，实现农产品品牌化、农村互联网化、全民电商化。电商产业园提供电商培训、创业孵化、产品对接、品牌建设、网络推广、登记注册咨询等服务。产业园坚持"政府推动、市场运作、因地制宜、突出特色、示范引领、全面发展"的原则，积极整合各类资源，本着"统一规划、统一建设、统一管理、统一服务、统一平台"的思路，立足王庄集镇，放眼看全县，依托王庄集镇和莘县丰富的农特产品优势，引进有实力的电商企业和平台。产业园建筑面积共

2000 余平方米，建有产品展览区、网络直播区、接待办公区、电商培训区等。通过打造特色产业全网营销模式，将农副产品、特色产品有机融合，进一步提高品牌影响力和市场竞争力，带动产业升级增效，促进农民增收致富。在王庄集镇党委政府精心谋划下，王庄集镇乡村振兴"三农"电商物流综合体项目实施建设，在原有电商产业园基础上新扩建仓储物流中心一处，一期建设仓储车间两座，占地 7000 余平方米。依托万德福量贩有限公司 52 家实体店和电商销售网络，以及 2000 余平方米电商综合管理中心两大平台，着力打造电商综合体仓储物流产业链基地。仓储物流中心项目涵盖商品的库存、分拣、包装、配送及信息处理等五个方面，充分发挥县、乡、村三级电商平台作用，实现了农村电商与乡村振兴的有机结合。

二、项目效果

自电商产业园建成后，王庄集镇聘请专业的电商运营团队进行管理，同时将本土电商资源集中整合，通过培训培养一批本土电商人才，着力打造一流的镇级电商产业园，逐步探索出一条可持续发展的农村电商发展道路。截至目前，总计开展电商培训 15 期，培训电商人才 2430 人次，培育网红 85人，入驻电商企业 19 家，辖区电商店铺 40 余家，辐射带动村级客运物流服务站 45 家，网络销售额达 1 亿余元，打造农村电商直播基地 5 处，其中网红直播基地 2 处，国家主流媒体报道 7 篇。

在镇电商产业园引领带动下，王庄集镇电商产业发展迅速，先后涌现了网红鸽子蛋、山药粉条、富硒韭菜、水族箱等一大批明星产品，同时新兴电商企业也如雨后春笋般不断涌现，如嘉士丰电子商务有限公司、莘县远谦电子商务有限公司、莘县佳润电子商务有限公司等。其中嘉仕丰电子商务有限公司作为其中的佼佼者，王庄集在镇众多电商企业中尤为瞩目。王庄集在镇党委的统一引领下，以电商为纽带，谋划了电商党建联合体，促成东沙村、崔庄村、李官村、前侯庄铺村、后侯庄铺村 5 个村支部成立联合党委，5 位支部书记联合成立莘县嘉仕丰电子商务有限公司，将各村现有的家庭农场、冷链物流、瓜果蔬菜合作社、观赏鱼养殖基地、水族制品厂、饲料厂、藤编制品厂等企业联合起来，立足直播带货、助力"三农"，探索出一条"电商＋合作社"的产业发展道路。目前，公司开设了3个直播间，带货主播均在镇电商产业园经过专业培训，早、中、晚轮流直播，销售鱼缸、鱼料、阿胶、精品水杯、山药制品等十几种产品。目前每天的销售额均在5万元以上，且销量节节攀高。本地的很多产品通过电商渠道走向全国各地，带动了产业发展。同时，5个村庄集体分别占股5%，有效带动了各村的集体收入。

三、存在的困难和发展制约因素

（一）农产品的标准化、品牌化程度低

莘县是农业大县，王庄集镇也是典型的农业乡镇，王庄集镇电子商务经营产品很大比例上为本地农产品。由于无法面对面检验产品质量，电商农产品需要有更高的辨识度和品质保证，这就要求农业生产的标准化和品牌化。但目前王庄集镇仍以分散的小农生产为主，难以建立起涵盖生产过程控制、质量检验、清理筛选、分级包装、冷藏保鲜等环节的一整套质量管理体系。以山药种植为例，规模化种养大户和专业合作社发展滞后，导致组织货源非常困难，山药的电商销售规模甚至大大落后于其他地区，市场上鱼龙混杂，品牌难以树立。

（二）基于电商的新型供应链组织者尚不成熟

电商压缩了农产品流通的中间环节，但对供应链两端的组织能力提出了更高的要求。线下的供应组织能力是农产品电商发展的关键。目前，虽然农产品电商的创业非常活跃，但电商供应链各环节的互动联合与分工协作机制尚未形成，线上与线下的融合还存在很多障碍。面对农业生产和农产品运销的特殊性、农村关系型社会的复杂性，大量新型的互联网创业者进入农村后无所适从，而产地又缺乏专业化的组货供应者和服务团队给予充分支撑。传统农业生产者和经销商缺乏互联网运营技能和营销经验，难以维持稳定的网上客源和对接规模化的农产品电商和网络卖家。主要农产品电商平台以渠道为王的战略加强供销一体化布局，面临及时送达与自建渠道成本高、品质保障与生产基地控制难的矛盾而不堪重负。大量离散的农业电商创业者之间的供需信息不能整合，供应链的前端与后端无法形成规模化的供应集聚和需求集合，产

地与销地之间网络卖家未能有效联合，电商的效率与成本优势难以显现。

（三）参与的被动性致使农民增收效益不明显

由于缺乏上网技能和开设网店的经验，普通农户很难进行互联网创业。相当一部分居民对电商的认知度非常低，镇政府虽然进行了大力宣传，但是概念比较模糊，个别知道电商的也总以为电商就是在网上买东西，都是年轻人的事，80％以上的人不关心电商发展。成为网络卖家的主要是返乡创业者、下乡"新农人"、转型的经销商或农产品经纪人、合作社等。在电商进农村的过程中，大多数农户只是被动性卷入，未能积极参与并享受农村电商带来的增值收益。

四、经验做法

（一）配强当家"头雁"，党建引领培育"一批新农人"

王庄集镇党委谋划了电商党建联合体，促成发展势头好的村支部成立联合党委。几个支部书记联合成立莘县嘉仕丰电子商务有限公司，将各村现有的企业联合起来，立足直播带货、助力"三农"，探索出一条"电商＋合作社"的产业发展道路。王庄集镇党委在村"两委"换届选举前谋划了一批有学历、有见识、有本事的年轻村干部，并在换届选举中全部成功实现"一肩挑"。这些"带头人"发挥各自优势，在各自村庄开办家庭农场、冷链物流、瓜果蔬菜合作社、观赏鱼养殖基地、水族制品厂、饲料厂、藤编制品厂等企业，实现了村集体经济收入的大幅度提升。

（二）夯实硬件"底盘"，"一个平台"提供集成服务

近年来，王庄集镇坚持"政府推动、市场运作、因地制宜、突出特色、示范引领、全面发展"的原则，做到农村电商"统一规划、统一建设、统一管理、统一服务、统一平台"。王庄集镇高标准建设了镇级电子商务服务站2处、村级电商服务站点45处，打造了"互联网＋冷链＋物流＋仓储"一体化的电商产业园，在全县率先建立了电商产业园综合服务平台，形成了特色农村电商集聚区，引入大数据等新技术，建立统一的产品追溯体系。产业园目前建有产品展览区、网络直播区、接待办公区、电商培训区等功能分区，积极接洽快递物流企业，提供电商培训、创业孵化、产品对接、品牌建设、网

络推广、登记注册咨询等集成式服务。电商园仓储物流中心涵盖商品的库存、分拣、包装、配送及信息处理等五个方面，充分发挥县、乡、村三级电商平台作用，实现了农村电商与乡村振兴的有机结合。王庄集镇政府协调金融机构推出涉农小额贷款审批绿色通道，优化审批流程，提高放款效率；鼓励金融机构利用互联网技术，为农村电商企业和农业经营主体提供小额贷款等金融服务，提高农村电商金融服务水平。

（三）打通产业"经络"，"一个纽带"促进联动发展

以"电商园＋合作社＋特色产品＋农户"为纽带，立足当地的山药及山药深加工特色农产品，整合各村现有的家庭农场、冷链物流、瓜果蔬菜合作社、观赏鱼养殖基地、水族制品厂、饲料厂、藤编制品厂等企业，引导电商企业入园。产业园区实行带货主播早、中、晚轮流直播模式，销售鱼缸、鱼料、阿胶、精品水杯、山药制品等产品。目前每天销售额均在 5 万元以上，销量持续增长。由电商串联产品的设计、生产、销售环节，实行网上接单、企业生产、定向销售，推动农产品、工艺品产业创新发展，促进农户增收，使电商园建设与当地特色产业发展相辅相成、相得益彰。

（四）知名网红"赋能"，"一个讲堂"打造特色品牌

王庄集镇建立直播培训孵化室，在电商产业园区组建了电商培训基地，积极引导电商企业、农户通过淘宝、快手、抖音、微信等平台直播带货；坚持以培训引导为先，瞄准想要创业的年轻人群，整合电商培训师资力量，制订培训计划，完善企业营销渠道和思路，助推镇域商贸业态转型升级。定期开设电商公益培训班，聘请电商优秀人才进行直播电商培训。培训现场，通过电商直播演示进行现场教学，介绍电商直播技巧。近年来，王庄集镇组织开展电商培训 15 场，共计 2430 人次，培育网红 85 名，全镇电商从业人员500 余名，先后打造了网红鸽子蛋、山药粉条、富硒韭菜、水族箱等一大批明星产品，有效拓宽了电商产品线上与线下销售渠道。

近年来，王庄集镇充分依托农村电商"四个一"发展模式，促进了本地产业的提档升级，打造了乡村振兴新业态，实现了农村电商全面助力乡村振兴。截至目前，这里已入驻电商企业 19 家，现有电商活跃店铺 20 家、镇级服务站 2 家、村级服务站 45 家，全镇电商销售额 1 亿余元。

专业电商运营团队开展电商应用、网店开设、直播带货、短视频制作等技能培训

部分电商产品

（曹洪朋　孙庆阳）

点评

　　农村电商是当今"稳就业、促就业"的重要举措。王庄集镇抢抓农村电商蓬勃发展的政策机遇，在全县率先建立了电商产业园，依托电商产业园与仓储物流中心平台，整合村庄资源优势，实现农产品品牌化、农村互联网化、全民电商化，其创新实践具有重要启示和借鉴意义。一是突出党建引领。王庄集镇党委谋划了电商党建联合体，促成发展势头好的村支部成立联合党委，探索出一条"电商＋合作社"的产业发展道路。二是突出集成服务。王庄集镇坚持"政府推动、市场运作、因地制宜、突出特色、示范引领、全面发展"的原则，做到农村电商"统一规划、统一建设、统一管理、统一服务、统一平台"。三是强调联动发展。电商串联产品的设计、生产及销售，推动农产品、工艺品产业创新发展，使电商园建设与当地特色产业发展相辅相成、相得益彰。四是强调特色品牌。瞄准想要创业的年轻人群，整合电商培训师资力量，制订培训计划，完善企业营销渠道和思路，助推镇域商贸业态转型升级。

中以现代农业产业园：数字科技先锋

一、项目建设背景

该项目是山东省 2014 年 11 月份"山东—以色列科技合作对接洽谈会"的洽谈合作项目之一。"山东—以色列科技合作对接洽谈会"是落实山东省政府与以色列政府产业研发合作协议，持续推动双方科技交流与合作的重要活动之一。双方合作内容主要包括三方面：一是技术研发、项目合作，向中国引进以色列高新技术；二是学术交流及研讨，互派专家、技术员到对方访问；三是对中国农户、农业技术人员和部分政府人员进行培训。

该项目负责人为实现项目落地，多次赴以色列与以色列格普公司执行董事、科技发明人里奥，以及首席农学家杰弗瑞洽谈项目合作。2017 年 5 月，双方经过实地考察，决定落户莱芜农业高新技术开发区，实现互利共赢，加快促进莱芜农业高新技术开发区的农业现代化步伐。合作期间，企业派专人到以色列格普公司学习项目管理和种植技术，格普公司的里奥和杰弗瑞也多次到项目现场指导种植技术。其中，里奥董事一项发明专利在项目建设和生产过程中进行了注册和转化，取得了很好的成效。

二、项目发展情况

中以现代农业产业园，位于莱芜区杨庄镇大桥沟村南，北邻莱泰高速和341 国道，南邻牟汶河，西至黑阳山，东至闫桥村，由北京京鹏公司和以色列格普公司进行总体规划并设计，由山东艾绿吉泰农业科技有限公司投资建设。该产业园规划占地 300 亩，规划总投资 2.2 亿元，项目规划建设 6 栋智能化连栋玻璃温室，总面积 100,000 平方米，陆地全封闭仿生养鱼系统 5000平方米，工厂化种苗生产区及配套设施约 6000 平方米。规划建设农产品加工园和交易物流园，开展净菜加工、冷链物流业务，打造莱芜区绿色农产品交易平台及全省农产品现代流通体系；在牟汶河沿岸建设"瀛牟田居"，开发中高端养生养老产业。

　　项目主要围绕"果、蔬、鱼、智慧农业"四大产业，秉承为大众奉献绿色健康食品的初心，深耕有机健康农业，引进国际先进的农业技术设备，携手以色列、美国及我国山东农业大学专家团队，打造了一个以高端科技、高附加值为基础，以有机绿色认证为标准的生态农业种植园区。园区精心甄选优质蔬菜种子，使用智能水质净化系统、智能环境监测系统、智能气候控制系统，采用蜂群天然授粉，利用食物链自然防虫，全方位地保障了蔬菜的整个生长过程，使作物得以自然健康生长，确保了蔬菜的天然营养、鲜嫩口感。依托最先进的管理、技术和装备，高新技术与设施农业有机结合，实现农业智能化管理、精细化作业、规模化生产。同时，融合工、贸、游、创多种元素，不断拓展农业产业链条，提高农产品的附加值，最终建设成为集现代农业技术生产示范与展示、农业科普教育、物流销售、休闲康养于一体的，一二三产业融合发展的乡村振兴样板项目。

　　项目分两期建设。目前，项目一期已投入 4000 万元左右，建设了总面积1.25 万平方米的智能化玻璃连栋温室，用于高品质水果番茄和生菜的生产。项目达产后，年产水果番茄 16 万公斤、生菜等绿叶蔬菜 20 万公斤。

三、项目发展措施及成效

　　农业作为国民经济的基础和关系国家安全的战略性产业，要实现高质量发展，必须依靠科技创新突破资源环境约束，依靠科技创新拓展农业发展空间，依靠科技创新提高农业发展质量和效益，依靠科技创新抢占国际农业竞争制高点。正如习近平总书记指出的，"农业出路在现代化，农业现代化关键在科技进步。我们必须比以往任何时候都更加重视和依靠农业科技进步，走内涵式发展道路"。

（一）企业以科技创新提高产品质量，更好满足人民日益增长的美好生活需要

多年来，我国农业在实现产量快速增长、供给日益丰富的同时，也面临着产品质量不高、结构不优等问题。特别是随着生活水平的提高，人们对农产品的要求已经由"吃得饱"向"吃得好""吃得放心"转变。一方面是对农产品安全质量提出了更高要求，大众对农药等在农产品中的残留情况更为关注，对无公害标准要求越来越高，绿色食品已然成为人们的普遍追求；另一方面是对农产品的品质提出了更高要求，对农产品的营养成分、健康功效、加工用途等更加讲究。

基于以上原因，为满足人们对农产品的更高要求，企业不得不依靠科技创新来更好地推动种植技术突破。公司自成立之初，就多次到以色列、荷兰等国家考察现代农业发展，特别是在水培果蔬种植技术方面，不惜重金聘请以色列农业专家里奥作为企业发展的技术顾问，同时还引进了其专利技术指导企业生产，推进优质农产品生产技术进步，破解高产和优质之间存在的矛盾。

（二）企业以科技创新提高生产效率，提高企业综合效益和竞争力

在现代市场经济中，现代农业的综合效益和竞争力主要取决于全要素生产率，农业科技水平的高低也主要体现为全要素生产率的高低。实现农业高质量发展，要以科技创新推动农业效率变革，提高农业全要素生产率。为此，企业首先以育种育苗技术为突破口，建设了3000多平方米的育种育苗大棚，配备了温湿度监控系统和水肥自动调节系统，大大提高了生产效率。

（三）企业以科技创新培育壮大新产业新业态，为农民增收增添新动能

企业以科技创新促进一二三产业融合发展，催生农业农村新产业新业态，拓展农业产业链价值链。充分发挥"科技＋"的动力优势，开发农业多种功能，培育发展"农业＋"新兴产业和新型业态，拓展农业发展新空间，持续增加农民收入。一是以加工技术创新促进农产品加工业提档升级。企业重点围绕现代食品产业发展加强技术研发，提高加工质量，丰富加工品种。目前，企业依托周边的农民和合作社，不断加大食品加工业技术改造提升力度。企业围绕加强现代农产品的营养强化技术研究，分别与山东农业大学和山东中

医药大学合作，种植具有保健功能的食品。目前，企业生产的韭菜已获得有机认证，市场认可度很高。二是以多领域融合促进农业旅游业创新发展。企业计划面向济南市中区和莱芜区发展沉浸式农业旅游，着重开展以农业生产、农村风貌、农民劳动和生活场景等农耕文化为主要内容的旅游活动，开发农业旅游新产品新服务。三是以信息化技术应用促进周边农村农民电商发展。企业根据自身实际，积极推进"互联网＋"现代农业行动，促进新型农业经营主体、加工流通企业与电商企业全面对接融合，推动线上线下互动发展。目前，企业已根据种植产品特点开始开发适合农业农村特点的信息化技术和电商模式，帮助周边村建立和推广适合新农村发展需要的电子商务服务体系，创新农业电商经营模式。

企业通过采用数字化科技赋能，促进企业快速稳健成长，特别是在科技推广、科学种植、助农增收等方面取得了很好的成效。一是开展果菜工厂化技术研究推广。以"工业思维"为指导，开展工厂化技术研究推广，形成了果菜工厂化生产技术模式，生产水平达到国内领先水平。其中，推广使用果菜基质栽培营养液循环运行模式，针对设施基质栽培中回流液开放式或半开放式管理存在的水肥浪费等问题，依托潮汐灌溉栽培槽，研发了营养液循环栽培模式，实现了回液的零排放。目前，番茄产量稳定在 30 千克/每平方米以上，最高达到 41.4 千克/每平方米，较传统节水 1/2，劳动效率提高 2 倍以上，达国内领先水平。二是开展生态种植理念宣传。企业自创建之初，就坚持按照生态标准种植的理念和原则。其中种植有机韭菜的土地，休耕长达 8 年，以恢复土壤的自然生态；在种植过程中坚决不用激素、农药，创新使用发酵黄豆做底肥，坚持使用有机肥料。目前，企业种植的农产品大部分取得了有机认证，今年 8 月份，企业作为莱芜第一家取得了供港蔬菜资质。三是带动农民增收明显。企业目前常年聘用周边的村民近 20 人，带动周边农民增收 50 万元左右。

四、项目发展中的困难

作为现代农业科技产业园，项目在发展过程中也是遇到了很多困难。主要表现在以下几个方面：

一是项目规划科学性不够。项目在前期规划中考虑的因素不全面，特别是在园区的观赏价值和使用价值方面没有论证充分，片面追求了观光休闲功能，大量引进了国外的"高、精、尖"技术和设施，片面追求展示现代化的农业科学技术和先进设施，没有真正从实际发展的角度和科技发展农业的目标出发，造成了科技园区在后期使用中的诸多不便。

二是前期投入大，示范带动作用发挥不够。项目规划设计的标准要求高，对标国际和国内先进水平，无论是技术还是设施，投入的资金很大。项目建成后，由于技术推广的途径比较单一，乡镇和县级的农业技术推广体系没有和农业科技园区有机结合，导致其在指导农民使用科技从事农业生产上力度不够，带动不足，示范引导作用不明显。

三是缺乏农业科技人才。项目在发展过程中始终是和国外专家、国内的科研院所合作，企业自身没有科技人才，不能在短期内熟练掌握科学技术，市场竞争力不足，制约了自身特色产业的发展，更限制了农业科技的深度推广和发展。

五、几点启示

根据项目在建设过程中碰到的问题和制约因素，发展现代农业有以下几点值得重视：

一是高度重视农业现代化的发展。首先，当地党委、政府必须高度重视农业工作，必须坚持农业现代化的根本方向，这是做好做强农业的前提。其次，高度重视现代农业发展主体。在当今时代，现代化是农业发展的根本出路，也是农业发展的总规律，是绕不开的一条发展大道。对于农业企业来说，农业现代化与传统、特色农业的发展并不矛盾，传统农业可以注入现代性元素，而现代农业也应该秉承农业传统，二者要有机结合，才能相得益彰。

二是加大对现代农业发展的支持。为促进现代科技农业的发展，政府有关部门要增加对农业产业转型升级和技术革新的资金支持，包括引导金融机构增加对农业的信贷支持，吸引社会投资，完善相关政策，提供激励措施、补贴政策，鼓励农民和农业企业积极参与农业产业转型升级和技术革新等。

山东省艾绿吉泰农业科技有限公司优质产品品质检测报告

政府还可以引导开展农业科技示范项目，加强与农民的合作，通过示范效应推动农民采用新技术。

三是充分利用数字技术，发展智慧型绿色农业。农业科技园区的发展应以打造智慧生态农业为目标，充分利用物联网、云计算、精准农业技术，实现农产品从生产到销售各环节的智能化管理，培育绿色农产品。园区企业应建立园区农业物联网网络体系，运用无线网络、感知、控制、GIS 等技术，对园区土壤、水分分布、苗情、病虫等情况进行实时监测与控制，并对园区种植产品所有环节信息进行收集、传输、管理与控制。同时，通过物联网、云技术，对收集的信息进行数据提取、分析和评估，进而为农业技术人员、生产者、管理者提供决策依据和可行性解决方案，有效调整相应数据信息，实现园区农产品生产监管的智能化，推动园区农业生态、绿色、高效发展。

山东省人大领导到基地视察

（董立新）

" 点评

　　习近平总书记指出，农业出路在现代化，农业现代化关键在科技进步。中以现代农业产业园是现代农业发展的示范载体，是现代科学技术在农业上的综合应用。该产业园围绕"果、蔬、鱼、智慧农业"四大产业，携手以色列、美国及我国山东农业大学专家团队，打造了一个以高端科技、高附加值为基础，以有机绿色认证为标准的生态农业种植园区，具有较高的创新和借鉴价值。一是注重依靠科技创新突破资源环境约束，通过引进以色列、荷兰等国家专利技术指导企业生产，推动优质农产品生产技术进步，破解高产和优质之间存在的矛盾。二是注重依靠科技创新拓展农业发展空间，充分发挥"科技＋"的动力优势，开发农业多种功能，培育发展"农业＋"新兴产业和新型业态，持续增加农民收入。三是注重依靠科技创新提高农业发展质量和效益。现代农业的综合效益和竞争力主要取决于全要素生产率，而科技创新能够推动农业效率变革，提高农业全要素生产率。

临沂费县：打开数字村务"快通道"

近年来，费县县委县政府认真贯彻落实习近平总书记关于乡村治理的重要指示精神，积极应对农村社会的深刻变化和调整，用数字技术优势拓宽了基层乡村治理的新路径，打通了服务群众"最后一百米"，提升了乡村治理精细化、智能化水平。

一、改革背景

费县总面积1660平方千米，辖12个乡镇（街道）、1个省级经济开发区，有415个行政村（居）、895个独立核算经济组织，共93万人。随着经济社会的发展以及政府服务水平的不断提高，费县村居分散的现状（最远村庄距离乡镇驻地达20千米）成为制约构建现代乡村治理体系的主要因素。具体而言，主要表现在以下方面：一是用章事项跑腿多。盖公章虽是日常生活中的小事，却也是愁事，村民要想盖章，需先在村里办好相关手续，然后带着一堆材料到乡镇的相关窗口进行办理。一些偏远地方的村民为了给一张证明盖章就要跑十几千米，要是赶上公章管理人员外出公干，还得再跑第二趟，村镇往返跑成为常态，削弱了群众对政府的满意感和信任度。二是办理业务进门多。以往村级重大事项、经济事务、公共资源招投标等事务完成民主程序后，要向上级提出申请，村干部需要到乡镇逐级、逐部门、逐领导审批签字，既费时又费力，降低了办事效率。三是村务监督途径少。村务公开形式单一，过于依赖在村级公开栏张贴的传统方式。群众参与村务监督的手段有限，不能全面细致了解村居收支情况，同时反馈渠道不畅通，无法真正保证群众的知情权、参与权、监督权。四是民主决策参与难。在外流动党员、外出村民代表参与村级事务议事决策难，甚至表决人数达不到法定比例，使得决议结果不具有法律效力。

针对以上问题，费县以移动互联网为载体，以农村干部群众为主体，搭建"村情通"监管服务平台，探索建立"数字村务"乡村治理新模式，运用数字技术赋能乡村公共服务，做到"一键参与决策事、一章通办大小事、一网审批经济事、一码纵览全村事"，实现了"数据多跑路、群众少跑腿、服务零距离、管理无盲区"，有效推动社会治理重心下沉、基层事务办理效率提升、群众自治主体地位落实，打通了服务群众"最后一百米"，提升了乡村治理精细化、智能化水平。相关做法被中央、省、市各级肯定推广，入选《山东省乡村振兴典型案例汇编》，被《新华社》《农民日报》《农村工作通讯》等30多家省级以上主流媒体宣传报道。

二、创新做法

（一）村级公章智能化管理，群众用章"一次办好"

一是明确服务范围。出台《智能印章管理使用办法》，科学设定智能公章使用边界，编制线上实时办理用章清单，涵盖了为民服务、社会事务、民生保障、公益服务等18类、68个事项，让村级用章线上办理有据可依。二是规范服务流程。遵循便民高效的原则，全面梳理村级社会事务办理权限，分类归集为8个办事程序——"村级管理员指纹登录、申请用章—机器拍照上传材料、村支部书记远程初审—审核通过、加盖印章—自动拍照复审、后台监管"，实现了人章分离，申请审批过程全程监控、可溯可查，规范了村干部用权行为。三是提升服务质效。推行村级公章线上智能办理，群众将用章事项通过手机扫描上传至平台，系统自动推送给村支部书记进行线上审核，审批后系统自动盖章并留痕存档，有效提升村级服务效能和管理规范化水平。"智能公章系统"推行以来，群众用章实现了就近办、即时办，不但解决了原来"村镇往返跑"的问题，大大提高了服务的便利化水平。全县累计为群众提供用章服务27万余件次，直接节约交通、误工等费用1400余万元。

（二）村级事项在线管理，村务审批"一网通办"

一是整合各类平台系统。依托"沂农云"搭建"一网通办"监管服务平台，完善"互联网＋村级政务"服务体系，推行村级重大事项、经济事务、公共资源交易、招投标等事项联动审批监管，打破原来乡村来回跑、逐部门提交审核、涉及领导逐级审批模式，实现业务部门联动审批、村级业务实时办理、审核资料自动归集、办理过程全程留痕。二是统筹各类信息数据。建立信息化台账，将全县895个农村集体股份经济合作社的资金、资产、资源录入平台进行动态管理，全面实行农村财务管理、承包合同、经营性资产、扶贫资产等数字化、信息化管理，动态传递、在线查询信息。三是强化线上监督管理。建立村级集体资产卡片，将农村"三资"审批全部放在线上办理；将原始凭证扫描件和民主理财、财务公开照片及工作日志全部录入平台，以便实时在线监督查询；监管平台具备预警功能，实现经济合同提前预警、大额支出实时预警。"一网通办"线上审批施行以来，一部智能手机就可完成全部审批流程，不但大大缩短了办理时间，明显降低了村级非生产性开支，也更好地管护好了村集体的"钱袋子"。截至目前，全县累计办理线上审批事项15.4万件次，审批时限大幅缩短，村级非生产性开支压缩了22.3％。

（三）村级事务"码上公开"，村务村情"一码通晓"

一是建立公开机制。出台《费县村级三务"码上公开"实施办法（试行）》，编制涵盖党建政务、重大决策等7类、35项流程和主题党日、财务收支等27项事务的公开清单目录，进一步明确公开范围、公开内容和公开程序，使公开内容从"扁平单一"到"立体全面"，村级"三务"公开工作制度化、规范化。二是明确公开内容。每月10日线上定时上传村务收支情况，线下逐月"接龙式"公开；一般村级事务每季度公开一次；涉及村重大村务事项和重要活动开支随时公开；对群众关心的焦点、热点问题进行专项公开，线上与线下同步公开，实现了"阳光村务"，有效促进了党群干群关系和谐。三是创新公开形式。在充分利用村务公开栏、村情发布会等传统公开形式的基础上，依托"村情通"监管服务平台，设置党务、村务、财务、服务流程等9个板块，为每个村居生成一个"村情通"二维码，群众通过手机扫描，即可实时查看村级"三务"公开和小微权力清单内容，让村务公开方式从"贴上墙"到"挂上网"。"码上公开"，一方面，促使村务更加规范，倒逼基层干部作风持续好转；另一方面，群众动动手指、扫扫码，就能对本村事务一览无余，有效减少了干群之间的猜疑和矛盾，真正"给了群众一个明白，还了干部一个清白"，促进了党群干群关系和谐、村风好转、村情稳定。目前，"码上公开"已经实现全县村居全覆盖，累计公开事项 26.8 万件。全县通过"12345"政务服务热线反映基层干部作风问题的投诉 1184 件，同比下降 13.26%；全县万人诉讼比 43.82 件，比全市平均值少 9.96 件；全县第一次社会治安群众满意度调查访问平均成绩 97.75，较 2022 年抽测提升 0.36 分。

（四）推行村级事务在线决策，实现民主管理"一键直达"

一是民主决策线上参与。研发民主决策线上小程序，将"四议两公开"六项工作机制全部转化成数字化流程。提议前，村级通过小程序向乡镇提交申请，实现事前把关；过程中，在党员审议和村民代表决议两个阶段，自动生成会议二维码，在外人员利用视频会议模式线上参会，扫码参与表决、反馈意见、签名留档，在最大限度提升党员群众参与决策的覆盖面的同时，实现决策过程与结果全过程纪实、自动留痕；通过后，镇级纪委在线对全过程进行监督，让村级小微权力运行更加规范透明，村级民主决策水平不断提升。二是履职情况在线评价。出台《费县村民代表量化积分管理办法》《费县村务监督委员会管理暂行办法》等相关制度，明确工作职责，实现规范管理。建立线上履职评价平台，实行日常评价和评议考核相结合的评价体系，按照月提报、月量化，年中评价、年末测评相结合的方式，进行线上线下测评，线上履职全过程纪实，进一步保障了村级组织的作用得到真正发挥。三是"三资"管理在线监督。建立村级集体资产卡片，将农村"三资"审批全部放在线上办理；将原始凭证扫描件和民主理财、财务公开照片及工作日志全部录入平台，以便实时在线监督查询。全面实行农村财务管理、承包合同、经营性资产、扶贫资产等数字化、信息化管理，做到动态传递、在线查询信息。

三、工作成效

（一）提升乡村公共服务能力

一是盖章"不出村"。群众用章实现了就近办、即时办，大大提高了服务的便利化，解决了原来"村镇往返跑"的问题。二是审批"不见面"。群众提出用章申请后，村支部书记依据用章清单和权限规定，利用移动终端进行远程审批，实现了"不见面"审批。三是监管"不出门"。智能公章实现了人章分离，其申请审批过程全程监控、可溯可查，规范了村干部用权行为。

（二）提高农村"三资"监管质量

一是提高了工作效率。农村集体"三资"管理特别是财务开支等经济事务的办理，以往是先在村级完成"四议两公开"程序，再逐级、逐部门、逐领导签字审批；实行"一网通办"线上审批后，相关事项通过线上分级推送、在线审批，大大缩短了办理时间。二是规范了审批程序。"一网通办"线上审批打破原来乡村来回跑、逐部门提交审核、涉及领导逐级审批模式，实现业务部门联动审批、村级业务实时办理、审核资料自动归集、办理过程全程可溯、审核查询线上办理，管护好了村集体的"钱袋子"。三是降低了行政成本。推行线上审批，不出门、不跑腿、不动车，一部智能手机就可完成全部审批流程，明显降低了村级非生产性开支。

（三）激发群众主动参与活力

一是丰富了公开方式。传统的村级"三务"公开主要依托公开栏、村情通报会，方式单一、渠道狭窄。推行"码上公开"后，村务公开方式从"贴上墙"到"挂上网"，公开内容从"扁平单一"到"立体全面"，做到了线上与线下同步公开、"全景式"公开。二是拓宽了监督渠道。传统公开方式受时间和空间限制较大，而"码上公开"突破了这一局限，强化了基层公权力监督，扩大了群众的知晓率和知情权，打通了基层监督的"神经末梢"。以前不少群众往往碍于情面不想到《公开栏》去看，有时去看，因为张贴公告时间过久而字迹模糊甚至脱落，也看不清、看不到。自从有了"村情通"二维码，手机一扫就能全面了解，做到"一人知晓、全家知晓"，而且打破了时空界限，在外地的本村人员也能随时了解村情。三是促进了干群和谐。通过"码上公开"，实现了"阳光村务"。一方面，促使村务更加规范，全面提升基层监督治理水平，助推了清廉村居建设；另一方面，有效减少了干群之间的猜疑和矛盾，促进了党群干群关系和谐、村风好转、村情稳定。

四、经验启示

（一）数字化应用是构建现代乡村治理体系的必要手段

当前乡村治理的主要矛盾点在办事的不方便、信息的不对称、事务的不透明以及沟通的不及时。构建数字化乡村治理体系，搭建应用平台，能够有效应对乡村治理中人口老龄化、人才出走化造成的在家人员不愿参与、在外人员难以参与的治理困境，突破传统的治理模式和技术条件限制，实现跨时空、跨地域的交流与沟通，拓展与群众沟通、让群众参与、全方位监督的渠道，让基层管理服务方式发生革命性变化，有效提升乡村治理服务效能，降低群众办事成本。

（二）系统变革是推进数字化乡村治理体系的主要特征

党委领导、政府主导、村委落实、村民参与的多元化是乡村数字治理的主要特征。数字赋能下的乡村治理中，要树立开放性、系统性、整体性的思维理念，变革相关制度设计和体制机制，增强政府内部的协同联动，统一接口标准，使数据资源在各个职能部门之间畅通流动，打破"数据壁垒"和"信息孤岛"，实现数据共享。要完善网络安全等级保护体系，提升专业技术手段对隐私信息的保护力度，保障数据信息安全。要聚焦便民利民服务、"放管服"改革、小微权力监督等领域，统筹推进数字技术应用，深化职能部门之间和县、乡、村三级数据融合，推动政务服务"网上办、掌上办、一次办"，进一步丰富村民自治手段，推进村民在线议事、在线监督，通过数字方式充分参与乡村治理，确保乡村治理过程村民参与、治理成效村民评判、治理成果村民共享。

村民通过智能用章系统盖章

（三）推进数字化乡村治理体系建设需要坚持以人为本

数字化改革的出发点和落脚点在于让人民群众的生活更加便利、更加美好，让政府的治理效能更加高效。这就需要将传统乡村管理理念转变为数字乡村治理理念，激发乡村发展活力。对于政府部门而言，要坚持以人为本的价值导向，在引入数字技术时，立足当地村庄社会结构、风俗文化及村民生产生活习惯，实现技术的"在地化"应用，避免陷入"表面数字化"的陷阱。要充分考虑村民的实际需求和使用体验，聚焦民众需求和反馈，将村民视为终端用户，重视情感治理，提升公共服务供给的精准度。

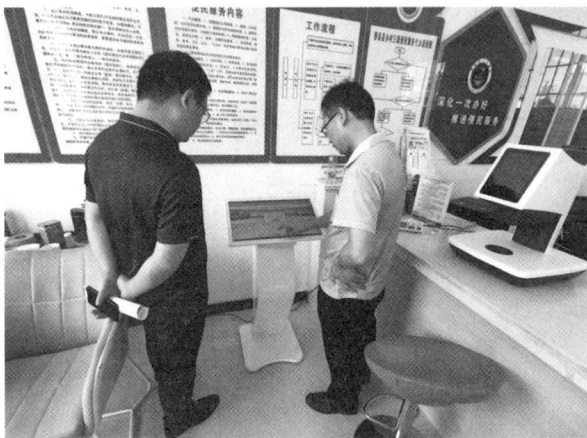

民众在查看"一网通办"线上审批流程图

（续利民　宋振昕　赵友生）

> **点评**
>
> 费县运用移动互联网、大数据、云服务等现代信息化技术，探索建立了以党建为引领、以移动互联网为载体、以村级事务为核心、以农民群众为主体的"数字村务"乡村"智治"新模式，实现了"数据多跑路、群众少跑腿、服务零距离、管理无间隙"。"数字村务"乡村"智治"模式的推行，从源头上规范了农村村务管理，较好地解决了事情"哪里办""谁来办"的问题，畅通了基层政府与农民群众之间的"连心桥"，真正做到了让群众少跑腿、服务更贴心，为实现乡村治理现代化探索了新路径，打通了联系服务群众的"最后一公里"。

泰安肥城市：农业生产托管"数智化"

一、项目背景

近年来，随着城镇化的发展、科技的进步和农业机械的广泛运用，农业生产经营面临一系列新形势、新问题：一是规模经营难。据统计，全国有将近70%的耕地分散在近两亿的小农户手上，"分"有余而"统"不足。肥城也和全国的情况一样，随着农业生产力水平大幅提高，传统分散种植模式阻碍了规模经营的发展和良种良法的实施，迫切需要实现"小田变大田"。二是服务提升难。近年来，肥城市积极推动农业社会化服务体系建设，大力扶持农业社会化服务组织发展，取得了一定成效。但由于缺乏严格的管理系统和制度规范，很多服务组织内部产权关系松散、服务功能单一、竞争实力不强，与农户之间的利益联结也不紧密，不同程度上存在着管理水平不高、服务不到位等问题。三是农民增收难。种子、化肥、农药等农资价格持续上涨推高了生产成本，增长缓慢的粮食价格挤压了增收空间，影响了农民种粮积极性。特别是随着农村劳动力加速向城市转移，年轻人不愿种地、老年人劳动能力丧失、农村"空心"现象愈发严重，抓好粮食生产、确保粮食安全面临更加严峻的考验。

为解决"三难"，肥城市认真贯彻落实习近平总书记"加快建设农业强国，推进农业农村现代化"的重要指示精神，围绕有效解决"谁来种地、怎样种地"的问题，积极创新完善工作机制，以推动土地规模流转、服务专业托管为抓手，实施以"坚持一个引领、搭建一个平台、实行两个流转、主推四种托管"为主要内容的"1124"新型农业生产经营模式。"一个引领"即发挥基层党组织对土地规模流转、服务专业托管的政治引领作用；"一个平台"

即建设市级流转托管服务平台，统筹协调资源要素，统领农业生产经营各环节；"两个流转"即农户将土地流转给村集体，村集体统一接受农户土地并流转给经营主体或党支部领办的合作社；"四种托管"即在市级平台链接下，创新形成国企助力服务、供销社托管服务、村集体自营服务、经营主体委托服务四种托管模式，有效促进农业增效、农民增收，为全面推进乡村振兴提供有力支撑。全市发展农业社会化服务组织 875 家，培育 50 亩以上种粮大户 1424 户，粮食全程托管面积达到 35 万亩。

二、项目情况

1. 党建引领，把好"方向盘"。发挥基层党组织在农村集体统一经营中的领导作用，持续推进党支部领办合作社，建设党组织领办合作社孵化中心，实行星级管理，打造一批班子有力、运行规范、效益良好的示范社。全市党支部领办合作社的村有 539 个，占行政村总数的 91.8%。以边院镇列入全省党组织跨村联建试点为契机，成立北部山区特色农业联合党委，总结经验，示范推广，通过土地集中利用、规模整合，增强集体增收活力。推进土地规模流转，发挥村级作用，鼓励引导农户采取转包、出租、转让及入股等方式流转承包地，解决承包地细碎化问题。全市土地流转面积 40 万亩，流转率超 50%。鼓励整村流转土地成立土地股份合作社，整村流转土地达 67 个。加大农田基础设施建设，为土地规模流转奠定基础，建成高标准农田 57.3 万亩，推广"减垄增地"10 万亩。

2. 创新模式，打造"新样板"。推行"1+4"经营服务模式，建设市级农业生产全托管数字化平台，整合全市经营主体和服务主体，为服务供需双方提供农业技术服务、农资集体采购、服务业务培训等线上与线下一站式、便捷化"保姆式"服务。镇街动员村集体成立土地股份合作社，在市级平台统一运作下，根据实际情况，自主选择四类服务模式。一是国企助力服务模式。肥城城资集团与孙伯镇合作，实施"市属国企＋镇联合社＋支部合作社＋农户＋专业第三方"五方合作模式。镇联合社负责土地集约流转、工作协调；城资集团负责工商资本注入，建设全程社会化数字托管基础设施，购买农机设备，委托专业服务公司运营；村级合作社负责同本村农户签订协议，纳入统一管理，做好劳务保障；专业服务公司负责提供耕、种、管、收、销全程托管服务。全镇 3.58 万亩耕地全部托管，粮食亩均产量 2400 斤，去除成本，每亩收益 2160 元。通过集中托管每亩节本增收 784 元（每亩降低成本 170 元，出售价格增收 110 元，减垄增地提高产量增收 504 元），由村级合作社与服务公司按 4:6 比例分红，村级合作社每亩可实现增收 314 元。这类模式充分发挥"五方"作用，市属国企发挥工商资本优势解决农业生产前期投入大的问题，镇联合社负责统筹协调，支部合作社把农户组织起来，专业第三方提供全程服务，农户实现收益最大化。二是供销社托管服务模式。村两委领办、创办土地股份合作社，组织村民以土地入股，村集体以溢出土地、机械和农业设施入股合作社，由合作社整理、整合本村土地资源，再委托给供销社农业服务公司实施全程农业托管服务。目前市供销社已与 7 个镇街、87 个村签订合作协议，全程托管土地 3 万余亩，"菜单式"服务托管土地 40余万亩次。以安驾庄镇南双村为例，亩产粮食 2000 斤，扣除全程托管成本 950 元/亩、农户保底 800 元/亩、村集体保底 100 元/亩、农业服务公司保底 200 元/亩，净利润 650 元/亩。净利润实施二次分配：第一次分配，按照 6:4 分成，村集体分 390 元，公司分 260 元；第二次分配，村集体将第一次分成的 60%给农户，40%用于村集体发展，农户得 234 元。该模式充分发挥供销社为农服务组织优势和农资供应主渠道作用，实现种植成本最低，相对增加了亩均收益，同时带动了土地流转和农民增收。三是村集体自营服务模式。安驾庄镇探索实施"一块田"改革，由村集体牵头成立土地股份合作社，通过土地流转、荒地复垦、化零为整，将全村土地集中流转到村集体合作社。手里掌握一块"当家田"，依托自种自收、土地托管、半托管等各种运营方式，种好管好"一块田"，集体由原先的单纯收取服务费变为自主经营、打粮得利，增加村集体收入。镇级成立现代农业发展有限公司，提供统一收储销售，确保价格高于市场。每亩种粮收益 2186 元，除去土地租金 900 元/亩，村集体可获得纯利润 1286 元/亩。该模式大幅提高村集体收入，村集体年可增收 40 万至 60 万元。四是经营主体委托服务模式。对不具备托管服务能力的村集体或普通小农户，采取市场化手段，根据农业生产需要，自主选择周边一家或者多家服务组织，签订服务协议，开展单环节、多环节或全程农业生产托管服务。新城街道金丰粮食专业合作社，服务沙沟村及周边 5 个村土地 3000 亩，村集体负责把土地集中起来，统一交给金丰合作社管理。粮食销售后进行收益分配，村民可以选择"每亩 400 斤小麦、500 斤玉米"或者根据销售价格折现，村集体每亩获得服务费 130 元，剩余收益归金丰合作社。该模式充分发挥市场优势，农民实际获得收益与粮食销售价格密切相关，有效避免了因价格波动较大在收益分配方面产生矛盾，同时提高了专业大户增产增效积极性，有利于优良品种及先进技术装备的推广应用。

3. 金融保障，激活"一池水"。农业作为天然的弱势产业，不仅面临较大的市场风险，还经常遭受严重自然灾害的挑战。针对目前农业融资难、保险险种少的难题，大力推进政策性金融产品，同时协调金融保险机构，创新金融服务，实现融资保险从难到易的转变。金融方面，大力推广"鲁担惠农贷"，市财政设立 1000 万元风险准备金，2023 年新增担保 1615 户，金额 8.2 亿元，在保 1994 户，金额 9.8 亿元，累计担保 4588 户，金额 22.2 亿元，均位列泰安市第一位。争取 5000 万元政策性补贴，撬动 20 多亿元金融活水流向农业农村，充分发挥了农担为农户增信、为银行分险、为乡村振兴赋能的作用。保险方面，大力推广小麦、玉米完全成本保险，参保率分别达到 96.2%、87.75%，2023 年保险赔付 1593 万元，有效保障了农户收益。积极协调人保财险等保险公司为农民量身定制农业保险新产品，使农民在国家政策性保险的基础上叠加商业补充保险。人保财险推出 50 亩以上规模种植户商业保险，附加在政策性农业保险基础上，保额 260 元/亩，保费 10 元/亩，2023 年小麦保险试点面积 6 万亩，实现规模经营主体"旱涝保收"。

三、项目效果

肥城市农业社会化托管服务做法被《新华社山东要情动态》刊发推广，得到省政府分工领导批示肯定，要求总结推广。

1. 农民少操心，托管能增收。通过全程耕种托管服务，既给予农民较高的耕地保底收益，也解决了外出务工人员"农忙回家抢种抢收"的后顾之忧。

农村富余劳动力得以从土地中解放出来，专心从事二、三产业，拓宽了农民增收渠道。通过实施农业生产全托管，可实现农民亩均增收 300 元、村均增收 20.3 万元、服务主体平均增收 22.6 万元。

2. 粮食产量高，亩均效益好。发展了规模经营，实现了农业增效，促进了农机社会化服务水平的提升，也增加了农民收入。在生产过程中还节省了施肥、用水，保护了生态环境。今年，在克服小麦冻害的不利形势下，全市夏粮丰产丰收，播种面积 45.57 万亩，亩产 470 公斤，总产 21.4 万吨，实现稳定"三增"。

3. 企业有利润，多方能共赢。通过开展农业生产全托管，深入推进新型农业经营主体提升行动，推进了组织企业化、经营市场化。全市农业生产托管服务组织达 875 个，家庭农场发展到 1649 家，农民合作社稳定在 2009 个。同时，托管服务兼顾了金融机构、社会化服务组织等各方利益。2022 年，全市金融机构累计为托管服务新增贷款 3.6 亿元，无一笔违约；保险公司新增粮食完全成本保费 3100 万元，赔付 1593 万元。

4. 加速规模经营，降本能增效。农业生产全托管充分考虑了农户的土地承包经营权的保护，在不改变承包权的基础上，鼓励村集体和服务主体推广"减垄增地"种植模式，以设施化灌溉取代大水漫灌，实现小田变大田，亩均增加有效种植面积 10%。目前，全市已推广"减垄增地"10 万亩，年增产粮食 2000 万斤以上。

四、困难建议

尽管肥城市农业生产托管工作取得一些成绩，但仍存在一些问题，如规模化与专业化程度存在不足，应对市场风险和自然灾害能力较差，服务组织人员素质有待提高，服务组织融资能力弱，等等。为切实解决以上问题，提出如下建议：

1. 加强宣传引导。充分调动市场在资源配置中的主导作用，让农业生产托管服务组织在市场探索中发展壮大，让广大小农户在市场作用下提高托管意愿，让两者在市场配置下建立较为稳固的利益联结机制，确保农业生产社会化服务长期有效运行。利用各种宣传方式宣传土地托管在增收致富、提高劳动效率等方面的重要意义和农业生产托管服务的政策措施，带动更多农民合作社、服务公司等加入农业生产托管服务的行列，推进托管服务工作健康有序开展。

2. 加大金融扶持。支持农业生产托管服务组织与金融、保险机构加强沟通合作，助其解决发展中的资源难题，降低生产风险，助力粮食稳产高产。积极创新金融支持方式，在加大农业政策性保险投入力度的基础上，积极探索商业保险运作模式，切实降低托管双方风险，提高农业生产抵御风险能力。

3. 重视基础建设。重视农业生产托管项目中基础设施建设，加大对农业设施用地建设的扶持，解决服务组织车辆停放、粮食存放场所欠缺的问题，加宽田间道路建设，切实解决农机作业成本高的实际问题，增强服务组织的发展信心，带动更多农户增收。

五、几点启示

1. 必须强化党建引领。实施农业生产托管服务，村集体的组织、宣传、发动是前提，也是关键。肥城市坚持把党建引领作为整个托管服务的核心，充分发挥基层党组织的政治引领作用，实现了筑堡垒、强队伍、促增收；通过推进党组织跨村联建，土地集中利用、规模整合，增强了集体增收活力，以组织振兴引领乡村全面振兴。

2. 必须坚持规模经营。土地规模流转是开展托管服务的基础。土地规模流转，可以收获三重效益：一是土地连片出租，有利于吸引工商资本注入，发展高效农业；二是土地租金能实现大幅溢价；三是能减少流转区域内的田间路、地堰和沟渠面积，增加土地使用面积。肥城市在稳定农村土地承包关系的前提下，鼓励引导农户采取转包、出租、转让及入股等方式流转承包地，解决承包地细碎化问题，发挥了土地规模化效益。

3. 必须创新服务模式。农村情况千差万别，必须针对镇村发展基础、土地规模、资源禀赋等方面的差异，因地制宜、因村施策，先行选择村级组织力量强、群众基础好的村实施，以点带面，逐步实现全覆盖。肥城市坚持因地制宜、突出实效，创新推出国企助力、供销社托管、村集体自营、经营主体委托四种托管服务模式，尊重群众和村集体意愿，由其自主选择适合自己的服务模式，推动实现农业生产经营服务全域覆盖。

4. 必须坚持数智赋能。数字是农业的未来。肥城市抢抓数字经济发展机遇，以实施国家数字乡村试点为契机，开发建设农业社会化服务数字平台。综合运用5G、大数据、物联网、人工智能等技术，高标准打造了集农情监测、农机共享、农资采购、指挥调度、托管服务等功能于一体的农业社会化服务数字平台，推动了农业产业的数字化发展。

农业社会化服务（小麦收割）

智能化浇水设备

（孙　辉）

> ## 点评
>
> 　　为有效解决"谁来种地、怎样种地"的问题，肥城市积极创新完善工作机制，以推动土地规模流转、服务专业托管为抓手，实施以"坚持一个引领、搭建一个平台、实行两个流转、主推四种托管"为主要内容的"1124"新型农业生产经营模式，拓宽了农民增收渠道，为现代农业发展提供了可持续、可借鉴的成功经验。一是坚持党建引领。发挥基层党组织在农村集体统一经营中的领导作用，持续推进党支部领办合作社，建设党组织领办合作社孵化中心。二是强调因地制宜。肥城市创新推出国企助力、供销社托管、村集体自营、经营主体委托四种托管服务模式，尊重群众和村集体意愿，推动实现农业生产经营服务全域覆盖。三是突出数智赋能。肥城市积极打造集农情监测、农机共享、农资采购、指挥调度、托管服务等功能于一体的农业社会化服务数字平台，推动了农业产业的数字化发展。

枣庄峄城区：5G 智慧石榴园

一、项目建设背景

峄城石榴园，位于山东省枣庄市峄城西十余里的群山之阳，种植面积达18 万亩，曾被农业部誉为"冠世榴园"。"石榴"是枣庄人民心中永远的情结，石榴产业是枣庄最有特色、最具优势、最有影响的农业产业品牌。农产品是农民增收的希望，也寄托着总书记对乡村振兴的殷切期望。在 2022 年中央农村工作会议上，习近平总书记指出，产业振兴是乡村振兴的重中之重，要落实产业帮扶政策，做好"土特产"文章。

在上千年的石榴种植史上，枣庄峄城石榴可谓是地地道道的"土特产"。《峄县志》记载："其阳多榴，味甘，久藏不腐，贾数千里，居人世擅其利。"如今在峄城，有 2 万余名农民从事石榴种植，2022 年石榴产业总产值达 29.3 亿元。2023 年 9 月，习近平总书记来到峄城区冠世榴园，视察石榴树种、石榴种植历史、资源收集保存和产业发展情况，得知当地农民因大力发展石榴产业而搭上了致富快车，总书记很高兴。总书记指出，人们生活水平在提高，优质特产市场需求在增长，石榴产业非常有发展潜力，要做好品牌、提升品质，延长产业链，增强产业市场竞争力和综合效益，带动更多乡亲共同致富。

（一）目的明确，打响石榴产业特色品牌

为深入推进枣庄石榴产业快速发展，山东移动枣庄分公司联合市委、市政府成立了由市长任组长的石榴产业发展领导小组，把石榴产业发展上升为乡村振兴市级战略，通过扩大种植面积，大力发展精深加工和生态旅游，不断延伸产业链、提升产业价值，进一步打响石榴"土特产"的特色品牌。

一是政府服务方面。为政府对石榴产业监管决策提供数据技术支持和安

全监管工具，为提高区域石榴品牌影响力提供信息化手段，为促进石榴产业发展提供线上数据化服务。二是农户和企业方面。贴近新旧经营主体生产实际，提供生产种植过程服务，如产销对接平台、产业信息服务和质量安全追溯服务，用物联网手段推动数字果园建设。三是科研机构方面。为省内以及全国石榴生产、养殖、加工等提供专家资源，促进产学研一体化。四是消费者和游客方面。建设质量安全溯源模块，有助于提升消费者的信心，解决信息不对称问题，有助于消费者和游客对石榴产业、产品信息的获取；在线评论等功能，有助于消费者对商家进行监督。

（二）直击痛点，解决石榴产业发展面临的问题

纵观石榴产业发展史，我们面临的痛点是：在石榴第一产业方面，主要存在果园管理粗放、标准化生产程度低、劳动力不足、品种老化等问题。在石榴第二产业方面，主要存在市场基础设施建设落后、产品标准和市场准入制度不完善、对消费者消费心理和消费行为把握不准、没有形成加工产业集群、没有形成有力的电子商务渠道、加工产品附加值不高、产业政策不稳定等问题。在石榴第三产业方面，主要存在石榴历史文化元素挖掘不足，文旅产品规模小，种类少，高精尖产品少、宣传推广少等问题。

为解决以上痛点问题，山东移动枣庄分公司基于 5G、物联网、大数据、云计算等技术，搭建石榴产业 5G 智慧大数据分析平台，通过"一个中心、三大平台、N 个应用"的平台系统，从石榴种植、加工、销售、信息发布等，打造"数智"石榴产业新模式，全面提升"农业＋观光＋采摘"的大数据应用公共服务能力，助推石榴产业整体产值再上新台阶。

（三）因地制宜，建设石榴产业 5G 大数据平台

基于枣庄土地的资源禀赋，将最适宜生长发育的石榴作为枣庄当地产业发展的排头兵，奠定了乡村振兴的好基础；打好了"特色牌"，不断强化石榴资源特色，融合一二三产，集聚多方资源，将"中国石榴之乡"的金字招牌越磨越亮；深化了产业链，通过壮大龙头企业，推进"5G＋"数智工程，推动产业转型升级；多维度塑造品牌力，成为引领中国农产品产业化的"潮榴"标杆。

近年来，枣庄市扎实稳步推进数字乡村建设，将数字乡村建设纳入全市社会经济发展"十四五"规划纲要和 2035 年远景目标。山东移动枣庄分公司

通过建立石榴 5G 产业大数据平台，共享科学创新资源与成果，集聚和整合创新资源，形成石榴产业技术创新链，避免"闭门造车"和同质化竞争；通过数据共享促进各方协同合作，集中智慧打造具有自主知识产权的核心技术，并形成持续稳定的产学研合作关系。在政府层面，便于监管部门宏观把控、掌握全局，有针对性地制定区域内石榴产业政策和发展方向；在企业层面，便于企业更好地了解石榴行业现状及自身的经营情况，以便更好地做出企业经营决策；在种植户层面，便于生产环境的监测和病虫害防治，也便于合理地制订生产和种植计划。据初步统计，石榴大数据平台的上线可将生产效率提升近一倍，使病虫害风险降低 60% 以上。

二、项目发展情况

山东移动枣庄分公司与枣庄市峄城区石榴研究院签约，合同签约金额 260 万元，投资方为枣庄市峄城区石榴研究院，主打产品为"峄城石榴产业 5G＋大数据平台"。

该平台总体架构为"1＋3＋N"，即"一个中心、三大平台、N 项应用"。"一个中心"即形成统一规划、统一标准、统一管理的"一套数"，搭建"一数一源、一源多用"的农高区石榴数据资源中心，集数据的集成、治理、存储、分析、挖掘、展示和共享交换等功能于一体。"三大平台"即石榴产业应用平台、石榴大数据展示平台、石榴大数据分析平台，主要作用是围绕石榴产业的监管需求、分析决策需求、产业服务需求、对外展示需求进行应用层设计。"N 项应用"即石榴三大平台中包含的具体系统功能，即针对石榴产业化的数据进行采集、分析以及存储，再根据大数据的统计分析使数据可视化，通过数据可视化大屏实现实时监测石榴大数据，洞悉数据变化，助力数字化石榴产业的高效发展。

三、项目效果

（一）主要成效

峄城石榴 5G 大数据平台的建设，体现了信息化、大数据的真正价值，提升了科技惠民、信息惠民和服务便民体验，在石榴的生产管理、销售、加工以及园区观光游览等环节上都给农户带来了实实在在的帮助与收益。主要成效如下：

一是带动果农增收致富。智慧石榴项目使用以来，在峄城有两万余名农民从事石榴种植，年产石榴约 1.2 亿斤；石榴生产合作社、加工企业成立了 77 余家，并开发了石榴汁、石榴酒、石榴茶、石榴化妆品、石榴煎饼等系列产品 20 余种；石榴盆景企业 200 余家，从业人员超过 4000 名，年销售盆景约 50 万盆，年产值 5 亿多元，带动农户平均收益同比提升 10%。2022 年，峄城石榴产业总产值达 29.3 亿元，切实将石榴数据红利分发给了每一个农户和每一家企业，提升了村民的幸福感、获得感。

二是降低农民人工劳动成本。移动 5G 网络技术实现了石榴产业大数据的实时、高效传输，物联网实现了石榴大数据的完整收集，云计算、边缘计算实现了大数据分析处理的海量计算，而人工智能实现了数据模型的智能分析、管理和决策。以上一系列智能化运作，为石榴产业全面覆盖、生态分析、环境监测、预测预警提供了保障，降低人工劳力成本约 50%。

三是推动当地文旅业发展。依托大数据项目汇聚的石榴资源，创建了国家 AAAAA 级"冠石榴园"名胜风景区。通过石榴大数据展示平台及时发布宣传信息，如火红的石榴花、寓意深远的石榴盆景、多子多福的石榴鲜果等，吸引了更多的游客前来观赏、采摘。2023 年 1～8 月份，"冠世榴园"接待游客 70 万人次，游客流量比以往高出 20%，实现了石榴产业与旅游业深度融合，为农民经济再创增收，并由此实现了泛农业全领域对枣庄国内生产总值的带动提升。峄城石榴带火了石榴文化，带富了当地农民，将来会带动整个石榴产业的"百花齐放"。

（二）获得的荣誉

山东移动枣庄分公司通过 5G、物联网、大数据、云计算等信息化技术，打造了石榴产业的生产管理、石榴销售、石榴加工、石榴盆景打造、石榴园区观光旅游等完整的产业链条，实现了一二三产业创新融合发展。该项目从 2020 年开始，同年 3 月份入选《中国移动数字乡村产品手册》；2021 年 9 月，获工业和信息化部颁发的第四届"绽放杯"5G 应用征集大赛先进制造专题赛三等奖；2022年1月，获山东公司乡村振兴最佳实践优秀案例奖。

四、项目发展中存在的困难

1. 项目建设方案定位难。该平台搭建之前无类似平台参考模型，平台的定位、架构、功能等问题难以确定。当地政府相关部门、峄城石榴研究院、枣庄分公司三方经多轮讨论，不断走访当地石榴产业开展情况，才最终解决，但仍需在后期搭建过程中不断更新完善。

2. 项目设备安装协调难。项目平台建设需架设虫情、气象监测及土壤环境监测等设备，平台需获取大量的当地石榴种植、生产数据。然而大部分设备安装位置以及数据来源均是当地的种植户、企业，存在协调难的问题。

3. 项目成果宣传和推广受限。项目平台搭建完成后要推广给当地企业、居民使用。当地种植户年龄偏大或农民认知能力普遍偏低，他们对信息化高科技不理解，学习能力低下，影响项目的宣传与推广效果。

五、项目经验与启示

山东移动枣庄分公司结合5G、物联网、大数据、云计算等技术打造"一个中心、三大平台、N项应用"的石榴产业5G大数据平台，从石榴种植、加工、销售到信息发布等，打造"数智"石榴产业新模式，全面提升"农业＋旅游＋科技"的大数据应用公共服务能力。该平台通过对全产业链数据挖掘、分析，为政府决策、农户种植、企业加工营销和旅游产业发展提供全方位数据支撑，提升整体产值与利润，助推石榴产业整体产值再上新台阶。

一是"5G＋物联网"赋能，提升石榴产业链价值。利用"5G＋物联网"技术，将监测站点的土壤肥力、电导率等信息进行汇总，并通过配方施肥模型算法，让用户填写现有产量和目标产量信息，然后根据某具体地点的土壤数据，系统给用户提供配方施肥的电子版方案建议。通过"5G＋物联网"设备线上指导用户测土施肥、监测病虫害等，实现对园区全域监控，汇聚有效大数据20余万条，为农户提供决策依据。运行以来，年产石榴鲜果约1.2亿斤，带动农户经济收入平均提高 10%，真正实现数据赋能，促进石榴产业链价值再提升。

二是"5G＋区块链"融合，增强石榴产业品牌优势。依托"5G＋区块链"溯源技术，实现石榴全产业链溯源、问题石榴溯源追踪，对石榴生产、加工、质检、仓储、包装、运输、销售等环节进行精细化管理，切实保障消费者对石榴种植、加工、流通等过程相关信息的知情权。通过石榴溯源，实现石榴质量相关信息的跟踪，即对石榴生产过程的信息进行记录存档；还可实现石榴质量危害的溯源，即能够根据产品生产记录信息逆向追溯到产品危害来源。通过区块链技术，把石榴种植、投入品、生产、包装、物流、销售等一系列的信息合一，溯源信息一旦公开就无法篡改、复制，做到 99.999%的数据防伪。将产品全生命周期溯源信息基于时间戳和特定算法生成的流转信息直接上链，人为无法直接修改。用户既可查询也可以反馈，消费者可直接对接企业，公开透明。消费者的反馈及使用信息可被企业归集，作为提高客户服务和产品体验的数据依托。生产交互基于区块链技术，打通了从石榴种植、生产、物流到销售等各环节的溯源信息，形成各环节一体化的信息数据链条。消费者通过扫码获取石榴果产地、品质等信息，提升石榴产业市场竞争力，进一步打响"冠世榴园 生态枣庄"品牌。

三是"5G＋智慧文旅"平台，打造石榴产业新文化。通过"5G＋产业＋旅游"融合，建立集服务提升、管理提升、营销提升和体验提升于一体的智慧文旅平台。开发了石榴知识库、石榴书法绘画、石榴故事、石榴摄影、文化交流、石榴游戏、石榴影视剧等文化娱乐方面的内容，丰富果业的文化内涵；通过"果业"休闲旅游观光和采摘管理系统发布信息，引导城市市民周末到果园进行采摘和体验生活。对多端一体的旅游体验营销官网与移动 App、微信公众号端信息统一管理、同步更新，不仅仅是介绍目的地旅游资源，更多的是开展直播、旅游节庆、事件传播等体验式营销；实现了针对多种终端的统一后台管理、信息推送服务，同时具备营销大数据分析功能的网络访问分析功能。通过智慧文旅平台发布信息，深度打造当地石榴产业新文化，吸引当地及周边游客前来观光旅游。当前，峄城石榴园区游客流量提升约 20%，枣庄石榴产业整体产值与利润再度提升。

　　山东移动枣庄分公司将继续扎实履行央企责任，积极发挥网络强国、数字中国、智慧社会的主力军作用，勇挑数字化乡村建设重担，进一步加快产业数智化工程的推进与发展，利用信息化高科技使齐鲁大地的农业产业转型发展再上新高度，开启数字乡村"智"富之路，助力我省绘就"农业强、农村美、农民富"的美丽乡村新图景。

枣庄移动工作人员在峄城石榴产业 5G 大数据平台展厅进行展示讲解

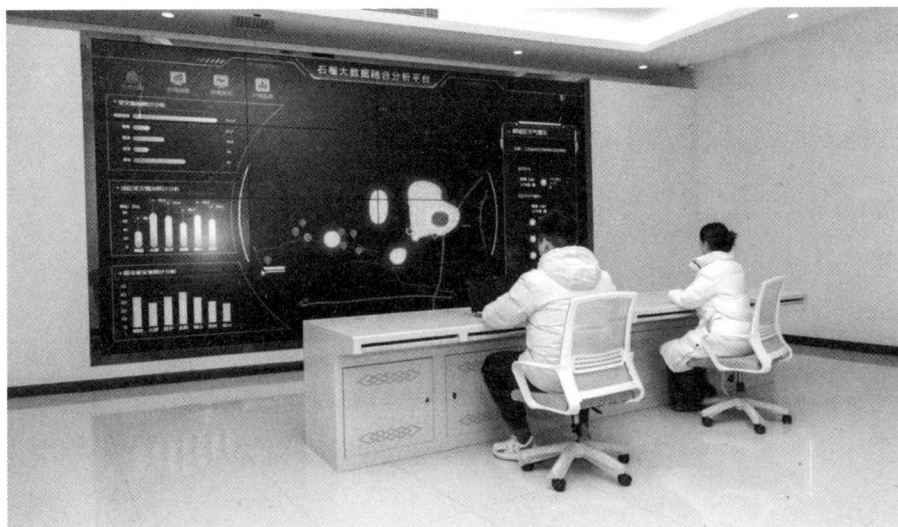

专业技术人员在石榴大数据分析平台前了解灾害预警、市场价格、产销监测情况，为农民、政府提供分析决策数据。

（李传梅）

> **点评**

峄城石榴是枣庄最有特色、最具优势、最有影响的农业产业品牌。作为农业部命名的"中国石榴之乡"，开发利用石榴资源是政府经济发展的重点。山东移动枣庄公司基于5G、物联网、大数据、云计算等技术，搭建的石榴产业5G智慧大数据分析平台，完善和丰富了峄城区石榴产业大数据的标准体系。峄城区依托石榴产业5G智慧大数据分析平台，对石榴全产业链数据进行挖掘、分析，为政府决策、农户种植、企业加工营销和旅游产业发展提供全方位的数据支撑，大幅提升石榴产业整体产值与利润，真正实现数据赋能，促进石榴产业一二三产业的融合发展，不断将石榴产业做大做强。

济南槐荫区：利用科技优势打造智趣农场

为深入贯彻落实习近平新时代中国特色社会主义思想，全面推进乡村振兴，根据习近平总书记作出的"给农业插上科技的翅膀""打造乡村振兴齐鲁样板"重要指示精神，济南市槐荫区加快构建现代乡村产业体系，发展新型农村集体经济，深入实施乡村建设行动，促进共同富裕。山东移动济南分公司积极响应党和政府号召，利用自身物联网、大数据等科技优势，聚智汇力，为群众办实事，助力乡村发展特色产业，拓宽农民增收致富渠道，深入贯彻落实以产业振兴助力乡村振兴。

济南槐荫玉清湖街道辖区面积 22 平方千米，拥有 22 个村居，因美丽的玉清湖水库而得名。新庞庄东靠经十西路，西临玉清湖水库和济西湿地公园，交通便利，自然生态环境优越。作为首批山东省景区化村庄，新庞庄村要因地制宜，推动乡村振兴工作。玉清湖街道办立足"水景扇形画，生态玉清湖"发展定位，高标准谋划"一轴两翼多点"乡村振兴发展布局，打破新庞庄村传统的农业生产模式和单一的管理方式，引入新的发展理念和技术手段，实现高效农业区、农文旅示范区等片区联动发展，确保玉清湖街道在全面推进乡村振兴道路上迈出新步伐。现在的新庞庄村通过现代科技与传统农业相结合，为农业插上科技翅膀，在"特色农业＋乡村旅游"上下足了功夫，逐一完善基础设施、产业结构、农业附加值、集体经济、民生事项等多个要素，推动高效农业种植、农事体验、农产品加工等与乡村旅游多元融合，实现农业现代化、信息化和智能化。

一、项目背景

喧嚣和忙碌的生活让人们更加向往诗与远方，更加希望贴近自然和村庄。

为了让城市居民能够直接参与农作物种植与收获，济南玉清湖街道办的新庞庄村建设了智能一体化感知体系，创新推出全方位智慧"云农场"。智慧农场不仅为城市居民提供了一种新的休闲方式，让他们能够在繁忙的生活中寻找到一处精神的栖息地，享受到亲近大自然的乐趣，缓解压力，增加幸福感，也让坐落于美丽玉清湖畔的新庞庄村插上科技的翅膀，在充分利用得天独厚的自然资源和土地资源的基础上，变得更加宜居宜业。

二、主要做法

绿水青山既是自然财富、生态财富，又是社会财富、经济财富。把绿水青山转化为金山银山，关键在于找准生态保护与经济发展的结合点。本项目为济南市槐荫区人民政府玉清湖街道办事处智慧农业服务采购项目，采购预算为73万元。山东移动济南分公司通过云计算、大数据、物联网、移动互联网等新技术，建设智能全面的一体化感知体系，给新庞庄村的农业、养殖赋能。其中为150块一分田加装"感知肌肤"，利用智慧农场App连接客户与农场，使认种的用户可以通过手机在线上操作和查看土壤湿度、动植物生长状况等信息，实现田间管理全程"云操作"。通过农作物"数字认养"等方式促进乡村新零售，帮助用户了解农业知识，感受农业文化氛围，收获健康放心农产品，形成农产品上行与游客下行相结合的农旅发展新模式。

（一）强化组织领导，打造"艾上新庞"

2023年年初，槐荫区召开区委经济工作会议暨全区"抓项目强产业攻坚提升年"推进大会，吹响了抓项目强产业的奋进号角，擂起了扬蹄催征的战鼓，确保全面推进乡村振兴迈出新步伐。近年来，新庞庄村坚持党建引领，围绕乡村五大振兴，实施了连片整治、人居环境综合整治、美丽乡村和乡村振兴齐鲁样板村等项目建设，与日俱新的乡村环境正在迈向多元化的发展格局。

新庞庄按照"一村一业、一村一策"工作机制，因村制宜，针对新庞庄特有的艾草创建产品体验和品牌宣传，做强了"屯里公社""艾上乐园""睿庭民宿"等合作社品牌，打造集康养、采摘、拓展训练、餐饮于一体的综合发展模式。开展"艾"文化体验、草莓采摘等"研学＋文旅"活动，打造"农业＋旅游"新的经济增长点，吸引更多游客前来，推动玉清特色的农文旅融合发展。

新庞艾上乐园

（二）建设数字底座，体验个性化云种养

济南移动高度重视玉清湖新庞庄村的数字乡村发展项目，通过人工智能、物联网、移动互联网，利用新技术赋能，提升农业数字化，促进农旅融合发展，整合建设集生态环保、实时种养、农产品销售等于一体的数字乡村智慧平台，推动乡村经济，实现乡村发展。

以"一分田"项目为基础，努力拓展"数字玉清·智慧新庞"数字应用场景，推进实现"数字乡村·艾上新庞"的发展目标。将150多块土地划分出来，每块土地面积约为66平方米，认种者只需支付400元即可获得一年的使用权。本项目的智慧农场为客户提供了租地种菜平台，让城市居民通过手机移动端App进行可视化监控，并远程控制电磁阀进行实时浇水、施肥、光照等操作，参与田地管理，体验种植乐趣。本项目还支持趣味养殖，通过指尖在手机屏上轻轻一点，全角度察看鸡棚，了解鸡舍里鸡的生长情况，自主选择远程一键投食，实现"云养殖"。

（三）搭建"智能平台"，学习农业知识点

本项目的智慧农场平台不仅可以利用先进的技术手段，实现农作物生产全流程的智能化管理，包括土壤监测、气象预测、水肥管理等，优化农作物的生长环境，提高产量和品质，还可以通过平台信息发布系统搭建信息公告栏，随时随地宣传辖区特色农产品。用户可自由选择喜爱的蔬菜进行种植，拥有一块自己支配的土地作为私家菜园，能在确保蔬菜符合个人口味的同时，最大化地推动寓教于乐。智慧农场提供种植所需的各种工具，用户可携带孩子在乡村直接体验种植的乐趣，不仅能学到更多种植知识，还能舒展身心，

享受乡村生活，亲近自然环境。

项目在建设和运营过程中，吸纳了大量当地村民和外来务工人员，为他们提供了稳定的就业机会。这些人员包括农业技术人员、智能设备操作人员、销售人员等，为当地就业市场带来了积极的影响。

（四）关联市场销售，打通供应链与配送

本项目的智慧农场App已形成销售网络，在App上可以选择售卖自家种植的蔬菜。平台分销系统是打开整个商品交易的核心板块，用户可以通过平台发布实现"云销售"。本项目的智慧农场已与多家物流公司合作，确保采摘下来的蔬菜能够马上进行配送，也支持指定时间进行配送，让用户收获最新鲜、最放心的蔬菜。该项目的发展，不仅为当地经济注入了新的活力，也为乡村振兴和农业现代化树立了榜样。

三、项目效果

该项目效果反应良好，"一分田"项目在网上一经推出，150块农田迅速被认养完毕。平台沉浸式认养农业不仅改变了农业生产经营方式，更让城市居民获得真实的农业体验，为村里带来了客流、信息流和资金流，真正实现了为农业插上数字的翅膀。

一是全流程追溯，推动农业高质量发展。本项目通过视频监控、物联网设备、种植和认养生产日志，实现了对农业生产过程的全面监控和数据收集，提升了新庞庄农业生产的可持续发展能力，提高了农业作物生产的质量和效率，更好满足了消费者对食品安全和质量的要求。

二是创造新零售，促进周边农民就业。通过农作物"数字认养"等方式促进乡村新零售，帮助用户了解农业知识，感受农业文化氛围，收获健康放心农产品，形成农产品上行与游客下行相结合的农旅发展新模式，为当地村民提供了更多就业机会，坚定了青壮年回乡创业的决心。

三是输出"智趣种植"，提升农业参与感。智慧农场的种植、认养和智慧运输，为在城市生活的人们提供了一种简单且参与感十足的种植体验，让他们在忙碌的生活中也能享受到大自然的乐趣，吃到自己种植的最新鲜

的蔬菜，在喧闹的城市生活之余享受宁静，让人们更加意识到绿色蔬菜的健康和珍贵，更加意识到绿水青山就是金山银山。该项目为城市居民提供了参与农业的机会，吸引他们前来实践学习，让更多人重视农业，注重粮食安全。智慧农场也成为对外宣传的重要窗口，提升了当地的文化品位和文化影响力。

"一分田"项目现场

四是"云农场"助力农业振兴驶入快车道。"一分田"项目的推出，直接带来近10万元收益。新庞庄在没有智慧平台时，每块地每年盈利400元，使用"云农场"后，每块地每年盈利可达600元，亩均收益由4000余元增加到6000余元。按照现有建设计划，智慧养殖板块一期开发9块，每块租金每年1200元，二期计划开发27块，预计每年收益近20万元，真正实现了"让科技带富乡村，让数字造福村民"。

五是"上云"带来农业增收新动力。新庞庄在执行"一村一业、一村一策"工作机制的同时，更吸引游客人数上万人次，让游客在享受农家乐美食的同时，也能尽情体验乡村生活的乐趣，极大地促进了当地农业及旅游业的发展。与此同时，新庞庄为满足村内服务的持续提升，继续开发民宿、研学、草莓采摘等项目，带动农民群众增收致富，推动了乡村振兴。新庞庄不仅入选了济南市乡村文化建设样板村，还被评为"省级文明村"，为打造乡村振兴齐鲁样板贡献了力量。

四、项目发展中遇到的困难

一是技术投入和成本。智能一体化感知体系项目需要大量的技术投入，包括传感器、监测设备、数据分析平台等，而这些技术设备的成本较高。特别是在项目初期，对于一些贫困地区的农村来说，资金不足可能是一个很大的制约因素。

二是技术应用难度。对于一些农民来说，智能化技术的应用和操作可能存在一定的难度，需要进行相关的培训和指导。另外，由于农业生产环境的复杂性，智能设备的适应性和稳定性也可能面临挑战。

三是农民意愿和参与度。一些农民可能对新技术持保守态度，缺乏对智能化农业技术的认识且接受度不高。因此，需要加强对农民的宣传和教育，提高他们的参与度和意愿。

四是政策支持和管理体系建设。智能化农业项目需要相关政策的支持和指导，如土地流转、数据安全、信息共享等方面的政策保障。同时，还需要建立完善的管理体系，确保数据的安全性和隐私保护。

五是市场推广和营销渠道。优质农产品的生产需要有良好的市场推广和销售渠道，这对于农业合作社或农户来说可能是一个挑战。需要建立完善的营销网络和渠道，提高农产品的知名度和竞争力。

五、项目的经验做法

（一）强化党建引领是核心

近年来，槐荫区高质高效推动"125510"发展思路深入落实，使产业兴、科创兴、文化兴、生态兴、教育兴交相辉映，走出了一条以"五兴"促"西兴"的高质量发展之路。新庞庄村能推动乡村全面振兴，最重要的"法宝"就是党建引领。先办好群众急愁难盼的事，才能带动全村致富。通过不断强化基层党组织引领作用，全面推行党员干部在群众面前先人后己、在利益面前先公后私、在奉献面前先人一步的"三先"原则，建立"一核引领，三级联动"工作机制，开展党员志愿服务和党员网格化管理，充分发挥党员干部的战斗堡垒和先锋模范作用，真正把党的政治优势转化成发展优势。村庄连续 13 年实现 12345 热线零投诉、零司法纠纷。

（二）数字化驱动是关键

该项目在规划和设计阶段就充分考虑了农业生产的全过程和各个环节，从土壤监测、气象数据采集到农作物生长监控和病虫害预警等多个方面进行了一体化整合。这种综合性的规划和设计使得整个智能农场的运行更加高效、协调和可持续。感知体系项目通过大量的传感器和监测设备，可以实时采集和分析农田的各种数据，如土壤湿度、气温、作物生长情况等。通过电磁阀等控制开关，认养的用户即使没时间到现场浇水施肥，也能远程操作。基于以上的技术与数据，所种植的农作物的产量和质量可以得到有效保障。

（三）高质量服务是支撑

要推动持续发展，在因村制宜发展特色产业及乡村旅游的基础上，更需要注重提供高质量的公共服务。首先在基础设施建设方面，新庞庄加大了投入力度，改善了道路交通、供水供电等基础设施。这些举措不仅有效地满足了当地村民的生活需求，更提升了人们对村庄的体验感。其次，针对消费者需求，新庞庄在商品质量、售后服务等方面进行严格监管，确保客户能够购买到安全、优质的商品和服务。此外，新庞庄还注重提升行政服务效能。通

新庞庄村

过推行便民办事服务、优化行政审批流程等举措,新庞庄提高了政务服务的便捷性和效率,为企业和居民提供更加高效、便利的行政服务。新庞庄为居民创造了更好的生活环境,为城市的可持续发展奠定了坚实基础。

新庞庄村智慧"云农场"与智能一体化感知项目的成功经验,可以为其他地区的农业项目提供借鉴和参考。其综合性的规划与设计、数据驱动的精准农业管理以及可视化监测和预警系统等创新做法,具有较高的推广和复制的可行性。山东移动济南分公司也将继续深化智慧云农场的应用探索,为农业发展和农业文化插上"智慧翅膀",助力新庞庄村一二三产业建设、发展与深度融合,为打造乡村振兴齐鲁样板提供科技支撑。可复制的推广项目也能不断满足广大群众对美好生活的需要,真正实现"碧水环湖映新庞,乡村风光尽宜居"。

（张静 杨松 耿广波）

点评

绿水青山就是金山银山。山东移动济南分公司找准生态保护与经济发展的结合点,依托"云计算、大数据、物联网、移动互联网"等新技术,建设智能全面的一体化感知体系,创新推出全方位智慧"云农场",使得新庞庄得天独厚的自然资源和土地资源得到充分利用,激活了一片区域,带动了一方农民,具有较高的推广价值。一是突出特色。新庞庄按照"一村一业、一村一策"工作机制,针对特有的艾草创建产品体验和品牌宣传,做强"屯里公社""艾上乐园""睿庭民宿"等合作社品牌。二是突出体验感。"一分田""云养殖"等项目能够让城市居民通过手机移动端 App 进行可视化监控,体验种植、养殖乐趣。三是突出可追溯性。通过视频监控、物联网设备种植及认养生产日志,实现对农业生产过程的全面监控和数据收集,提高了农业作物生产的质量和效率。

和美乡村篇

HEMEI XIANGCUN PIAN

济南历城区：打造沿黄"水美乡村"风光园

2021 年 10 月，伴随着习近平总书记"山东行"的脚步，全国的目光再一次聚焦到母亲河——黄河的身上。在实施乡村振兴战略、打造乡村振兴齐鲁样板的时代浪潮中，山东土地乡村振兴集团历城公司（以下简称"历城公司"）总投资三亿元，分三期建设，实施历城区黄河战略示范区项目，打造黄河国家战略示范样板，开启了再造良田万顷、水美乡村的新时代发展图景。

一、项目背景

在国家战略层面，2021 年 10 月，习近平总书记在山东考察时提出深入开展黄河流域生态保护和高质量发展的国家战略，为项目建设提供了遵循、指明了方向。追随习近平总书记的黄河足迹，山东土地乡村振兴集团立足国家战略大局，心怀"国之大者"，确立六大业务板块为发展方向，深耕黄河流域生态保护、乡村振兴、现代农业和科创绿能产业，为黄河流域发展注入新动能。

在国企担当层面，黄河国家战略是国有企业勇于担当、主动融入国家战略、服务地方经济发展的"先行区""样板区"。作为省属国有企业，山东土地乡村振兴集团具有多方面的资源和优势。深度参与国家战略、服务黄河流域乡村振兴事业，是其使命与职责所在。集团秉持"两个服从服务于"宗旨，发扬"真情、真投、真帮、真担"的企业性格，经实地考察调研，选定荷花路街道项目为双方合作切入点，共同打造黄河战略示范区。山东土地集团将紧紧围绕打造"齐鲁样板"这一中心工作，充分依托集团资源优势和政策优势，注重做好县域统筹谋划和顶层设计，积极助推乡村产业、人才、文化、生态、组织振兴，为全省实施乡村振兴战略探索一揽子解决方案。集团输出了乡村振兴"五化"标准体系，深度参与黄河流域国家战略项目，率先打造济南市落实黄河国家战略的样板，高高举起、牢牢扛起打造乡村振兴齐鲁样板的旗帜。

在地方发展层面，近几年，济南市历城区经济迅速发展，各类建设用地需求显著增加。一方面，新增建设用地的供应因受土地利用总体规划、年度农用地转用指标不足等原因的限制，无法满足经济建设用地需求；另一方面，存在着城乡用地结构不合理、黄河流域耕地利用率低等严重问题。2018年以来，根据中共中央、国务院《乡村振兴战略规划（2018－2022年）》的要求，历城区全面启动了乡村振兴齐鲁样板建设工作。2022年3月，由历城公司投资的历城区黄河战略示范区项目（现代农业示范区项目）如期开工建设，打造乡村振兴齐鲁样板黄河战略示范区的"历城实践"，也由此实现了高点起步。

二、项目发展情况

（一）瞄准地方高质量发展需求，选定历城区荷花路街道共同打造黄河战略示范区

济南市历城区荷花路街道北靠黄河，南临小清河，辖16个行政村，总面积约25.1平方千米。区域内拥有两万亩农林用地存量资源及众多水系，地好、水好、位置好，有桥、有路、有政策，具备得天独厚的生态化开发、集约化利用的优越条件。2022年，历城公司经实地考察调研，顺应本地群众对土地整治的强烈要求和迫切愿望，优化历城区农村"三生"（生产、生活、生态）用地空间，解决"四化"（耕地碎片化、空间分布无序化、资源利用低效化、生态质量退化）问题，选定荷花路街道为工作切入点，规划农林用地约21,000亩、水域及其他用地约2500亩、集体建设用地约13,600亩，结合荷花路街道资源禀赋和发展需求，通过耕地提质改造、农田防护、生态环境治理和产业园区建设等，实施历城区黄河战略示范区项目，实现"土地＋文旅＋现代农业＋产业园区"的综合提升。

（二）瞄准现代智慧高效农业产业链条，打造水稻规模化种植和智慧化管护样板项目

历城区黄河战略示范区项目计划分三期建设。一期建设现代智慧高效农业项目，总规模约 6000 亩，与专业化农业公司共同构建精品水稻"良种＋良境＋良技＋良方"核心生产技术体系，进行大规模优质食味水稻的机械化种植和智慧化管护，打造山东土地特色的现代智慧高效农业样板。目前，已完成一期土地整理和 1000 亩水稻的规模化种植。二期建设田园综合体项目，以水美乡村为主题，通过水稻栽培、农旅融合、产研结合等，打造富硒稻米、特色菌菇、精品果蔬示范基地，实现作物生产、加工、农旅、研学一体化，推进农村一二三产融合发展。目前该项目已申报第二批济南市级田园综合体和国家农业标准化示范区项目，备受政府及社会各界关注。三期根据当地政府的产业规划，整合零散、低效工业厂房，集约化利用土地资源，打造产业集聚园区，促进当地产业规范化、规模化发展。通过项目实施，该区域实现耕地连片和规模化发展。

（三）瞄准区域三产融合，推动黄河流域产业振兴高质量发展

在项目一期高标准水稻种植基地的基础上，同时打造特色菌菇和绿色蔬果种植基地，利用资源优势和市场需求，大力发展农产品精深加工业；借助整体规划，发展当地特色的休闲农业和乡村旅游，结合水稻种植，建设水稻产业创新服务综合体为产业链条赋能。围绕稻田打造研学基地、团建基地，丰富景区业态，带动周边餐饮、住宿、交通、小商品销售。通过"农业＋文旅"来探索助农惠农、企业—农民利益联动机制，促进周边农民增收，实现强产富民的良性循环，实现一二三产的融合。同时大力推行智慧农业设施、全程机械化生产、五大体系认证、美丽乡村建设，助力科技农业、安全农业、美丽农业发展。通过街道整体规划，整合土地资源，实现大田制、标准田、田保姆模式的改革，对整村全域土地进行流转。统筹规划农村产业用地，委托合作社统一管理，可有效降低农业生产成本、壮大村集体经济，最终带动农民致富增收。项目依托黄河之畔、水系环绕的生态优势，再现荷花路街道万亩良田，打造济南市田园综合体和国家农业标准化示范区。借助水稻种植，在农旅、产业方面创造效益，改善村庄环境，提升村集体收入，为打造乡村振兴齐鲁样板省会标杆贡献力量。

三、项目效果

该项目紧紧围绕历城区"4433"工作推进体系，以"乡村振兴"为引领，以"城乡融合"为目标，以"一二三产融合"为抓手，深耕历城沃土，协同片区建设，在历城区建设城乡区域协调发展促共富先行区工作中，贡献山东土地的智慧和力量。该项目的实施可使历城区荷花路街道实现土地集约、农业发展、生态提升、固碳减排，提升粮食产能，助力国家粮食安全，助力乡村振兴，率先打造黄河国家战略示范样板。

1. 盘活区域资源，实现集约发展。项目在实施中通过环境综合整治，有效新增、扩大了耕地面积，完善了项目区内的灌排条件及交通设施，解决了耕地碎片化、空间分布无序化、资源利用低效化等问题，最大限度地提高项目区的资源利用率，促进农田"高产、高效"。最终可实现增加耕地约500亩、农业设施用地约2000亩、农业用地增量约2500亩，耕地占比由68%提升为92%，推动土地集约化、种植规模化、管理智慧化，打造现代高效农业的乡村振兴典范。

2. 提升区域环境，实现生态振兴。通过项目一期6200亩水稻种植，同时对引黄灌区水利及生态进行修复，对街道的田、水、路、景观等进行整体规划并治理，加强生态、农业及乡村景观的整体建设，使项目区周边环境大为改善，既防止旱灾和洪涝灾害与风害，保持水土和植被，又解决生态质量退化问题。

3. 涵养一方水土，助力固碳减排。水稻土比旱地土壤碳容量高30%左右，水稻土的独特性在于土壤中有机质可支撑更多微生物生物量，碳利用效率高于旱地。因此，稻田固碳减排潜力高于旱地农田，稻田的固碳减排也对农业"碳中和"作出了贡献，成为固碳减排的生态保护标杆。

4. 建设田园综合体，叫响"黄河大米"品牌。围绕历城区委区政府"荷花水美乡村"片区建设的工作思路和部署，在荷花路街道打造水美乡村主题生态农场，通过优质水稻栽培，培育"黄河大米"品牌，发展农产品精深加工业，构建作物生产、谷物加工、产研结合、农旅融合的一体化产业格局，推动乡村产业全链条升级。

5. 深度融入黄河战略，助推历城乡村振兴。对标黄河重大国家战略，强龙头、补链条、兴业态、树品牌，通过"补充耕地＋高标建设""生态农场＋粮食安全"两条实施路径，谋划土地利用及产业导入的"一揽子"解决方案。在实施土地整理、提高土地集约化利用水平的基础上，深挖当地特色农业，打造特色农业基地和产业园区。通过协助历城区整合草莓、观赏鱼、种业等特色产业资源，形成合力优势，以产业振兴为乡村发展赋能蓄力；同时配套乡村治理、农村金融、智慧农业等信息化平台，数字赋能历城区乡村振兴，推进一二三产全链条、数字化融合发展。

6. 为城市更新提供要素保障。紧紧围绕历城区"4＋8＋N"城市更新体系，结合全市新出台的城市更新专项规划，通过推动土地、资本等要素的双向流动，围绕洪楼广场片区、东风片区、全福立交桥东片区和宋刘片区4大片区，8个更新单元，多个重点项目，积极寻找合作发力点。以洪楼广场片区城市更新项目为例，历城公司聚焦以土地要素为核心的要素整理，深入参与到土地一级熟化整理、二级开发建设、三级商业运营等环节中。如，通过乡村土地整治为城市更新项目产出用地指标，通过农业特色产业培育为城市商超提供优质产品供应，城市的发展更新也为农业产品提供更大的销售市场，实现乡村振兴和城市更新的有机融合，助力历城区城市更新与新区建设发展。

7. 统筹三区共建，服务城乡发展。以深度参与并做好荷花"水美乡村"片区建设为出发点，推动农民进城、市民下乡，产品进城、产业下乡，开拓了融合发展思路。在港九"美丽乡村"、彩石"五朵金花"、唐王"种业总部基地"等片区建设中，推动集体经营性建设用地入市改革，进一步优化历城区城乡结构，协助完善历城区城市功能，改善人居环境和生态环境，打造济南特色的乡村振兴样板区、城乡融合示范区以及城市更新的先行区，形成了三区共建、城乡区域协同发展的城乡融合新格局。

四、项目经验与启示

一是项目推进离不开科学的前期谋划和市场定位。历城区黄河战略示范区项目是典型的以"三产融合"为标志的落实黄河流域生态保护和高质量发展的乡村振兴项目。一是现代智慧高效农业建设。进行大规模优质食味水稻的机械化种植和智慧化管护，打造山东土地特色的现代智慧高效农业样板。通过土地整治，实现生态环境提升，实现耕地集约化、规模化、高效化发展。二是建设田园综合体项目。通过水稻栽培、农旅融合、产研结合等，利用水稻资源优势，布局稻田小火车、田间栈道、游客研学及体验区，实现作物生产、加工、农旅、研学一体化的农旅整体空间格局。目前，该项目已申报第二批济南市级田园综合体和国家农业标准化示范区。三是结合当地激光雕刻等产业，集约利用500亩产业土地资源，打造产业集聚园区，以促进地方激光雕刻及农产品精深加工业的规范化、规模化发展，实现产业发展新提升。

二是项目推进离不开深入扎实的一线工作。群众路线是党的根本路线，是我们解决一切问题的法宝。项目前期调研阶段，充分了解群众对土地整治、区域开发的强烈要求和迫切愿望。在项目实施过程中，工作人员充分践行"一线工作法"，做到情况在一线掌握，问题在一线解决，能力在一线锤炼，形象在一线树立，可以说工作推进到哪里，问题发生在哪里，矛盾出现在哪里，哪里就是一线。

三是项目推进离不开强大的事业心和责任感。在推进工作的过程中，要始终把做好公司的项目当作自己的使命和责任，发扬"拧螺丝"精神，培养责任意识，把工作负责到底，把乡村振兴事业当成自己毕生的追求，把国家的形象当成自己的眼睛来维护，把群众的利益当成自己的使命去保障。从水稻种植起步，培育高品质富硒大米，培育黄河大米的地理标识，塑造黄河大米的产品品牌，继而深化田园综合体建设，打造稻田文化主题的农旅田园风光，叫响黄河稻米田园的农旅品牌。

四是项目推进离不开坚持不懈的恒心和毅力。在项目推进的过程中，难免遇到一些挫折，走一些弯路。因此，要始终坚守初心、坚定信心、永不言弃，怀着愚公移山的信念，努力把工作做到极致，赢得人民和社会认可。以打造黄河国家战略的济南样板为抓手，培育一二三产融合的现代农业产业示范园；在实现土地集约化、种植规模化、管理智慧化、农民共同富裕的乡村振兴产业典范的基础上，对当地环境进行综合整治，实现"三区"（园区、社区、景区）共建、"三生"（生产、生活、生态）融合，为当地群众打造"绿水青山"的美丽家园，为当地发展点燃"金山银山"的发展引擎。以"占补＋产业化""土地利用集约化"为发展方向，结合乡村特点，通过"历城经验"为乡村改善人居环境、产业结构优化、生态环境优化提供助力，全方位提升合作乡村的经济、政治、文化、社会和生态环境。

乡村振兴集团将深耕精拓，以"一二三四五"工作思路，引领历城区黄河战略示范区建设发展。"一个核心"，聚焦以土地为核心的要素整理；"两个融合"，实现一二三产全链条融合、乡村振兴和城市更新的有机融合；"三区共建"，打造乡村振兴样板区、城乡融合示范区、城市更新先行区；"四化同构"，构建农业产业化、城市现代化、工业信息化、产品品牌化的发展格局；"五型社会"，即建设和谐、文明、生态友好、资源节约和循环经济的社会。该项目将推动历城区经济社会高质量发展，以"历城实践"的星星之火掀起黄河流域生态保护和高质量发展的燎原之势。

水稻丰收时节，少先队员们在稻田里参加实践活动

（亓　伟　王延苏　李　慧）

点评

历城区黄河战略示范区项目的显著特色体现在其全面的规划和多维度的实施策略上。通过结合现代智慧高效农业、田园综合体建设和生态环境治理，项目实现了农业、旅游、产业的融合发展。这种综合性的规划不仅提高了土地利用效率，优化了资源配置，还推动了区域生态环境的显著改善。取得的成效具体表现如下：通过实施土地整治、优化用地结构以及推进现代农业和生态治理，成功地解决了耕地碎片化、资源利用低效等问题，为当地打造了一个集生产、生活、生态于一体的现代化农业示范区。通过现代智慧农业技术的应用和大规模水稻种植，项目不仅提升了当地粮食产能，助力国家粮食安全，还通过农旅融合和产业园区建设，促进了当地一二三产的深度融合发展。该项目还特别注重生态环境的修复与保护，通过水稻种植和生态治理，有效地提升了区域内的生态质量，并为农业"碳中和"作出了贡献。

该项目为其他地区"和美乡村"建设提供了宝贵经验：一是要注重科学规划和顶层设计，综合考虑区域的资源禀赋和发展需求，制定切实可行的实施方案。二是要注重生态环境的保护和修复，通过合理的土地整治和现代农业技术的应用，实现生态效益和经济效益的双赢。三是要推进一二三产的融合发展，通过农旅结合、产研结合等方式，打造完整的产业链，提高农业附加值，推动乡村经济的全面振兴。四是要发挥国有企业在乡村振兴中的担当和引领作用，整合资源，形成合力，共同推进乡村振兴事业的发展。

聊城茌平耿店村："人才＋产业"双驱动

2018 年的全国两会上，习近平总书记在参加山东代表团审议时赋予了耿店村"鲁西小寿光"的美誉。以耿店村为中心的耿店新村包含 11 个网格自然村，位于山东省聊城市茌平区贾寨镇东部，人口 8800 余人，党员 300 余名，拥有 21,000 亩土地，其中耕地 16,000 余亩（含蔬菜大棚 3000 余亩、果园 400 余亩）、林地 5000 余亩。新村南临东邢蓄水库（也叫如意湖），交通便利，位置优越，环境优美，各项配套设施齐全，产业发展基础雄厚。新村腹地建设有聊城市乡村实用人才培训学院及"棚二代"实训基地，建有国内高标准玻璃温室大棚。其中耿店村作为省级美丽乡村示范村，已实现村民全部搬迁入楼，各类基础设施完备，先后被授予"全国乡村振兴示范村""全国乡村治理示范村""全国文明村"等荣誉。

一、产业建设背景

耿店村位于鲁西平原一隅，作为典型的农业村曾经面临农村空心化、农田无人种的困境，男性青壮年劳动力大多进城打工，村内留守妇女、儿童、老人居多，农村人口老龄化严重，乡村劳动力不足。同时，乡村人才流失严重，农村基层干部和技术人才短缺，难以满足乡村振兴需求。耿店村的蔬菜大棚种植产业由来已久，但产业结构单一，缺乏创新和发展动力。同时，发展过程中面临大棚技术含量低、蔬菜品牌弱、蔬菜产品附加值不高等难题，难以实现产业升级和可持续发展。

二、产业发展情况

（一）突出"一村一品"产业发展优势

着力打造一个市场潜力大、区域特色明显、附加值高的主导产业，实施"一村一品"，是帮助农民增收致富、推动乡村振兴的重要途径。耿店村瞄准大棚蔬菜支柱产业，前有智能育苗、试种基地，中有蔬菜大棚、合作社，后有蔬菜批发市场、精包装加工厂，形成了一条完整的蔬菜产业链条。现在，耿店村家家户户种大棚菜，拥有"耿店""棚二代"商标品牌，拿到了"辣椒""黄瓜""西红柿"等绿色食品认证书，建有蔬菜大棚700余座，占地3000余亩，日销大棚蔬菜10万多斤，三年后有望实现年产销20,000吨。2018年，耿店村投资7000万元，注册成立山东绿隆农业科技有限公司，助力发展现代农业，真正实现高产量、高品质、高效益。2022年，投资3000万元，建设了标准化蔬菜加工车间，发展中央厨房、预制菜等深加工农产品，大大延伸了产业链条，提升了农产品附加值。

（二）加快转型升级，实现产业振兴

围绕农民增收致富，瞄准农业转型升级，大力推动高标准农田建设。2022年，耿店新村通过多次研究，商定开展土地流转继续种植小麦、玉米的先行试点。一是充分复制并创新耿店网格村领办合作社流转土地建大棚的组织架构。新成立的聊城市茌平区诚赢农业专业合作社，与意向农户签订合同，流转了600亩土地，将这600亩土地分为6个片区，每个片区在本村安排1个负责人、1个监督员，给予一定的费用，负责600亩土地的耕种。二是贯彻以人为本的发展理念，即让老百姓真正得到实惠。新村两委商定了每亩地给农户800斤（一类地）或700斤（二类地）麦子的政策，粮补归农户。农户向新村合作社提供土地进行流转，可获相应土地的流转金收益。而且，为了解决农户的后顾之忧，新村合作社向贾寨镇农商行进行贷款，同时与第三方担保公司合作，向合作社提供贴息担保，在与农户签订合同的同时，就支付承包费。2023年1月，耿店新村注册成立了聊城市茌平区诚赢农业发展集团，注册资金5000万元。耿店新村在产业发展上实现了北有果蔬产业、南有高标准农田的纵深推进。

（三）实施"归雁工程"，提供人才支撑

从2010年起，耿店村就大力实施"归雁工程"，通过帮助流转土地、拉电排水、资金支持等措施，吸引年轻的"棚二代"回村创业。截至目前，返乡年轻人共计116人。返乡"棚二代"不仅带回了资金、技术、市场，还带

动了其他人才到耿店投资兴业，很大程度上解决了本地人才匮乏问题。新村成立以来，整合资金6000万元，建设了聊城市乡村实用人才培训学院，通过柔性引进、聘请技术顾问、产学研合作等形式，吸引农业科技人才、大学教授、两院院士等来村搞技术指导、经营策划，为耿店新村发展注入了勃勃生机。

三、项目效果

（一）聚焦特色产业，充盈和美乡村产业之实

一是构建"育苗到卖菜"完整产业链条。围绕棚菜产业"精耕细作"，全力推动产业提档升级、做大做强，形成前有智能基地提供育苗、试种服务，中有合作社提供全方位蔬菜种植服务，后有批发市场、精包装加工厂、预制菜工厂提供销售、深加工服务的产供销"一体化"产业链条。二是探索"支部＋合作社＋农户"生产经营模式。创建绿冠蔬菜农民合作社，实行统一种苗供应、统一管理指导、统一化肥农药、统一技术培训、统一品牌销售的"五统一"模式，实现棚菜产业规模化种植、标准化生产、集约化经营。目前，村党支部与合作社联合经营蔬菜加工厂、恒温库、批发市场等企业10家，辐射吸引周边5000余户村民从事大棚蔬菜种植和服务，每户年均增收超万元。2021年，耿店村又联合周边10个网格村成立耿店新村，以抱团发展的形式紧紧围绕老百姓关注的"菜篮子、粮袋子、果盘子"的民生问题，组建诚赢农业发展集团，开创"党委领办合作社，农民以地参与入股，托管专人管理"的土地托管新模式。目前已完成土地托管600余亩，为新村带来集体收益30余万元。三是为棚菜产业插上"科技翅膀"。以改革创新思维改旧棚、建新棚，成立绿隆农业科技示范园，引进先进生产理念，发展智能玻璃温室大棚，推广应用水肥一体化、椰糠无土栽培等现代技术，引进智能轨道车、自动控制中心、蔬菜分拣系统等先进设备，推动棚菜产业提档升级。如今，耿店村又立足资源禀赋，实施蔬菜深加工、冷鲜储存、粮食仓储等农业项目，增设预制菜加工生产线，进一步增加蔬菜的附加值。截至目前，耿店村共建有温室大棚700多座，日产销蔬菜可达10万多斤，村民年人均纯收入4.6万元，村集体公共积累资金超过3000万元。

（二）吸引人才，优化服务，激发和美乡村活力之源

一是制定出台优秀人才支持政策。结合自身实际，耿店村采取了补贴学习锻炼、提高政治待遇、解决住宿及子女上学等一系列优秀人才扶持发展措施，鼓励在外优秀人才返乡干事创业。二是搭建人才创新创业发展平台。建设返乡青年创业园、蔬菜育苗场、实用人才培训基地、科技示范棚等，畅通了各类人才干事创业渠道，为"棚二代"和优秀人才提供了广阔的舞台。三是为人才创业提供保姆式精准服务。优化服务环境，提高创业效率，强化对人才返乡创业扶持的深度和广度，在土地规模流转、水电路等农业基础设施建设、信用合作和职业农民贷等资金借贷、生产技能培训、蔬菜销售、蔬菜精深加工等农业生产性服务方面，构建了完整的创新创业生态系统，为返乡创业"棚二代"提供了有针对性的一条龙、点对点精准服务，营造了良好的生产软硬环境。

（三）文明创建，共建共享，塑优和美乡村文化之形

一是文体活动竞相绽放。组建了"舞蹈队""秧歌队"，办起了"我们的村晚—黄河大集"春节联欢晚会，为群众营造欢乐、祥和的文化氛围。文化活动中心内农家书屋全时段开放，结合重大节日、重要时间节点开展各类主题阅读活动，深受群众喜爱。二是树典型立标杆。每年定期开展"四评"活动，以"科技致富带头户""好婆媳""好媳妇""五好家庭"为主要内容，村民踊跃参评，树立群众可敬、可亲、可学的典型，避免空谈虚无，用发生在每个村民身边的经典感人事例，警示和感化群众，使村民在潜移默化中提升道德素养，全村上下形成家家争当典型、人人争当先进的良好氛围。三是倡树文明新风。移风易俗志愿者与新村红白理事会牵头组成文明迎亲队，对婚礼现场进行宣传监督，充分利用宣传车、村村响广播、悬挂横幅等形式，引导新人在文明婚礼条幅上签字承诺，杜绝出现陋俗婚闹现象，坚决反对婚礼现场悬挂低俗内容条幅，破除婚丧嫁娶中铺张浪费、愚昧落后的习俗。文明迎亲队引导广大青年杜绝高额彩礼、带头简办婚嫁喜事、带头抵制攀比之风，为青年树立一种积极健康的婚姻价值观和婚庆消费观，倡导结婚新风尚。2023年，耿店村共举办文明婚礼3场，简办丧事2场，发动移风易俗志愿者100余人。

四、项目发展中遇到的困难

1. 在土地整合方面离理想目标还存在距离。主要原因是有些群众持观望态度，存在对比心态，有的村干部缺乏"一盘棋"的理念，在工作中过多考虑原村利益。班子合但干部未合，面上合但心未合，形成不了合力，缺乏认同感。部分干部认为新村只是村名发生改变，对于新村认同感不强，对于新村集体经济发展认识程度不够。

2. 在高标准农田产业链条发展方面还需进一步加强。目前新村在耕、种、管、收方面已做到全程管理，但储存、加工、销售方面还有所欠缺，主要在于缺少相应的晾晒、存储场地，缺少土地指标，在申请土地指标程序上存在困难，导致出现随产随销，无法进一步拓展农产品附加值。

3. 缺乏农业方面经营性管理人才。尽管返乡青年的人数大为增加，但普遍文化程度低且管理能力欠缺，达不到农业农村现代化发展的需要。

五、项目启示

耿店村作为华北平原农村的典型代表，无水可依、无山可傍、远离城区，依靠纯农业实现产业发展、农民增收，其实践经验具有可复制、可推广性，对各地推动乡村振兴有借鉴意义。

（一）盘活土地资源、选准发展路子是乡村振兴的关键

像耿店村这样无特色资源禀赋、以大田种植为主的村居在中国农村占相当大的比例。对此类村居而言，要实现乡村振兴，关键是做好"土地"文章。镇村两级党委要加强指导，积极稳妥地做好土地流转和配套管理服务。在确保耕地红线前提下，永久基本农田可重点发展为高标准农田，种粮的收益比以往能多出一倍。发展设施农业，则需因地制宜，既不能一刀切、千篇一律，也不能一味求大求新，应将重心放在选准品种、加强管理、科技赋能上，在提高亩产效益上下功夫。

（二）对接大市场、提升价值链是提高农业竞争力的关键

耿店村注重用产业思维抓大棚蔬菜产业，逐步形成产前有育苗场、产中

有合作社、产后有蔬菜批发市场的产、供、销一条龙服务，靠蔬菜大棚做大产业。由党支部领办的合作社提供育苗、托管大棚等服务，降低农业生产成本；与科技企业合作，开发符合当地土壤的有机肥，提高农业产量、质量；村里的蔬菜交易市场有较大的区域影响力，

山东省聊城市茌平区贾寨镇耿店新村育苗场内，村民忙着管理培育蔬菜苗。

有助于提高蔬菜议价能力，可充分反映当地蔬菜的实际价值。特别是，种苗培育、试验推广对农业产业发展十分重要。耿店村为此专门建设了高标准育苗试验基地，凡是新引进的蔬菜品种，都必须先在试验棚适种两年，经试验证明能够适应本地土壤气候、产量高、品质好的品种，才能推广种植，由此极大地降低了种植风险。

（三）良好的经济收入和生活环境是吸引人才回流的关键

山东省聊城市茌平区贾寨镇耿店村绿隆农业科技有限公司智能温室内，村民们在忙着采摘草莓。

耿店村吸引"棚二代"回乡创业的一个重要原因，就是让年轻人一方面"有账算"，工厂打工1年收入6万元左右，而承包5个大棚1年就能收入20多万元，另一方面"住得惯"，基础设施配套比较齐全，"吃穿住用行"与城里生活差距不大，让年轻人心甘情愿回到家乡。

同时，注重适应新农民的精神需求，多举办一些文体娱乐活动，让年轻人有归属感；让年轻人参与乡村治理、融入党支部，为年轻人提供更大舞台，增强荣誉感、成就感。

（吴欲晓　张子洋）

点评

　　耿店新村作为中国乡村振兴的典范，以"人才＋产业"双引擎驱动，实现了产业兴、人才优、文明美、村居靓，成为全国乡村振兴和乡村治理的示范村。耿店新村推动乡村振兴发展的特色有三个方面：一是产业特色鲜明。以"一村一品"为导向，着力发展大棚蔬菜产业，形成了完整的产业链条，其蔬菜在市场上具有较高的竞争力和附加值。二是人才引领发展。实施"归雁工程"，吸引"棚二代"返乡创业。通过土地流转、资金支持、技术培训等措施，吸引大量外出务工人员和技术人才回村创业，形成了人才和产业相互促进的良性循环。三是创新发展模式。探索"支部＋合作社＋农户"的生产经营模式，实行"五统一"管理，降低了生产成本，提高了生产效率。

　　耿店新村的成功实践，展示了现代农业与和美乡村建设的新路径，为全国乡村振兴提供了宝贵的可借鉴的经验。其成功经验具有很强的可复制可推广性，主要经验如下：一是有效盘活农村土地资源。通过土地流转和高标准农田建设，盘活土地资源，提升农业生产效益，是耿店新村成功的关键。二是注重产业链的延伸和提升。从种植到深加工、销售，全过程进行科学管理和技术升级，提高了产品附加值，增强了市场竞争力。三是注重人才的吸引和培养。实施"归雁工程"，不仅解决了农村劳动力不足的问题，还带回了资金、技术和市场。通过人才培训和技术指导，为农业现代化发展提供了强大的人才支撑。四是政策和组织的保障。以党支部为核心的基层组织，发挥了重要的领导和协调作用。通过合作社等形式，将农民组织起来，共同发展，提高了农业生产的规模效益和组织化程度。

烟台莱阳市：打造镇域"和美乡村"

近年来，姜疃镇紧紧围绕莱阳市委、市政府"11349"总体工作思路和"一极引领、多片示范、全域推进"乡村振兴工作路径，创建"六 He"乡村振兴区域品牌和"红舟逐浪·He舟共济"党建品牌，精心谋划了"一心、一带、五区、多点"的总体布局，致力打造全省巩固脱贫成果的"示范区"、乡村振兴的"先行区"、共同富裕的"样板区"和共享幸福的"试验区"。在"六 He"乡村振兴区域品牌赋能下，集全市之力规划实施 6 大类、52 个重点项目，有力促进了农业高质高效、农村宜居宜业、农民富裕富足，为创建新时代"和美乡村"齐鲁样板贡献了"姜疃实践"。

一、坚持高站位设计、高精提炼，
凝聚推进区发展品牌共识

姜疃镇总结近年来在深入贯彻落实乡村振兴战略中的实践经验，不断探索改革新路径，在成功创建全省首批、烟台首个省级衔接乡村振兴集中推进区的基础上，创立了"六 He"乡村振兴区域品牌。

一是深化强基固本、持续激发活力，以高质量党建的"核"心作用夯实组织保障。高标准创建"红舟逐浪·He舟共济"党建品牌，加快创建更高标准的以党建引领乡村振兴的"姜疃模式"。精心培育鲁花、濯村两个中央、省级基层先进党委，先后获评"全国先进基层党组织""全国脱贫攻坚先进集体""全省干事创业好班子"等 21 项省级以上党建荣誉。

二是主攻特色产业、打造链条经济，以勤则不匮的锄"禾"精神加快富民增收。姜疃借势莱阳"中国预制菜之乡"建设，依托农业产业化国家级、省级重点龙头企业，布局投资 30 亿元的鲁花科技创新园、禾丰莱阳预制菜产

业园和青青大地现代农业园三大产业园区，形成了以大花生、白羽肉鸡、莱阳秋月梨三大产业为主导，"一村一品"、濯村樱花节等 N 个特色产业为增长极的"3＋N"产业发展新格局。

三是践行两山理念、建设美丽乡村，以风景如画的大好"河"山彰显生态底色。依托莱阳五龙河，以城镇基础框架、配套设施、全域治水、乡村环境综合整治"四提升"为抓手，创建省级美丽乡村示范村 10 个，其中濯村获评"中国十大最美乡村"；完成三条国省道和镇主干路大修，改造升级电网 14.5 千米、燃气管网 25 千米，建设 5G 基站 30 个，建成 2 万吨的污水处理厂，姜疃镇获评"山东省百镇建设示范镇"。

四是弘扬文明乡风、注重启智润心，以清正高洁的"荷"花品格全面培根铸魂。重视挖掘并传承红色、非遗、武术、英雄、饮食、民俗等中华优秀传统文化，通过"五有五为五聚"的各类新时代文明实践活动，创建文明家庭、美丽庭院、清廉村居。目前已创建文明家庭 260 户、美丽庭院示范户 430 户，组织 40 余支戏曲班队送戏下乡，每年开展各类文化惠民活动 200 余场。

五是推行网格政务、强化数字赋能，以"姜"心比心的"和"谐互助共建和美乡村。按照莱阳"五润融合、善治梨乡"基层治理要求，与省联通公司联合打造山东首家 5G 乡村智慧云平台，建设公安局南部综合警务站，以"网格化""智能化""常态化"为抓手，加快形成共建共治共享的乡村社会治理新格局。

六是明确幸福指标、聚力融合发展，以共享幸福的"合"心合力实现群众满意。推动村企联建、强弱共建，坚持"产业联盟＋龙头企业＋合作社＋农户"模式，引导 11 个村庄和鲁花等 15 家重点企业抱团发展，推动要素互换、需求互补、发展共享，带动 1000 多农户增收 300 多万元，村民人均收入突破 3 万元，形成多主体参与、多业态打造、多要素集聚、多价值实现的乡村振兴新格局。

二、坚持高品质建设、高水平打造，推动推进区创建提质提效

1. 在产业发展上当标杆、创样板。以"龙头企业＋合作社＋基地＋农

户"的农业产业化发展模式为引领，培育形成了以鲁花大花生、禾丰白羽肉鸡、青青大地莱阳秋月梨三大产业为主导，以"一村一品"、濯村樱花文化节等 N 个特色产业为增长极的"3＋N"乡村产业发展新格局。做强"烟台大花生"产业，以创建国家级大花生产业集群为契机，支持鲁花延伸产业链做大做强，全力推进投资 10 亿元的鲁花科技创新园，推进高端食用油产业链产能倍增，实现年产突破 240 万吨。2023 年鲁花集团实现营收 430 亿元，莱阳纳税 10.2 亿元。做大白羽肉鸡产业，加快推动禾丰食品产业园区第二条屠宰线建设，同时推进总投资 10 亿元的禾丰食品山东预制菜产业园建设，达产后实现年加工白羽鸡 1 亿只、纳税 3000 余万元。2023 年禾丰食品产业园区全年产值突破 10 亿元，同比增加 40％。做优莱阳梨产业，总占地 4500 余亩的青青大地现代农业产业园为全省最大秋月梨生产基地，联合 16 家秋月梨种植的党支部领办合作社成立党委联合社，打造集生产、技术、品牌、销售于一体的秋月梨产业共同体，年产高品质有机梨 1 万吨以上，创造产值 5 亿元以上，每年增加就近就业用工岗位 5000 余人次。

2. 在项目建设上当标杆、创样板。总投资 5000 万元的鲁花生物蛋白项目已竣工投产，达产后可实现年销售收入 2.4 亿元、纳税 500 万元。总投资 1000 万元的宁德街鲁派民居示范项目，26 栋民宿主体建筑工程已经完工。衔接资金投资的 400 万基础设施配套工程已全部完工，宁德路老街高端民宿已与山东农旅集团达成战略投资合作协议，力争在 2024 年濯村樱花节前投入运营。总投资 1200 万元的农村生活污水治理示范项目已经全部完工，推进区村庄实现雨污分流。行业资金投资 2000 万元的五龙河湿地项目已完工投用，配套资金投资 4800 万元的大郭线大修项目竣工通车，推进区生态水准和交通能级进一步提升。推进区核心项目莱阳姜疃乡村振兴赋能中心仅用时 252 天就建设完成，刷新了"姜疃速度"。8 月份，圆满完成烟台市上半年经济发展暨乡村振兴观摩任务，助力我市荣获烟台市乡村振兴项目门类第一名的好成绩。全镇先后获评"省小城镇创新提升行动特色专业试点镇""全省乡村振兴突出贡献集体"等荣誉称号。

3. 在乡村建设上当标杆、创样板。一是加快基础设施提档升级。以提升推进区内乡村产业配套设施和村庄基础设施建设为抓手，扎实推进农村"七改"工程,所有村庄房屋均达到"三洁三亮"标准,实现自来水改造、"户户通"、污水处理、农村改厕、清洁取暖全覆盖。投资 4000 万元的农村供水一体化工程建设项目,已完成濯村、董格庄等 7 个村庄、4157 户管网敷设,实现城乡供水一体化全覆盖;投资 3200 万元开展玉带河、丰台河河道治理共3.1 千米,新建河道护砌 6.2 千米,改造漫水桥 2 座,有效保障了旱季灌溉和汛期安全。二是不断提升公共服务水平。聚力提升教育、医疗、文化、养老等民生服务保障:建设了莱阳市规模最大的农村学校鲁花中心小学和鲁花丰台中学,目前在校学生达 1300 人;莱阳乡村振兴赋能中心安雅堂社区诊所通过"1+6+3"模式,与山东中医药大学、莱阳市各大医院合作,定期开展爱心义诊活动,推动市级医疗资源下沉,让群众在家门口享受市级医疗服务;建设莱阳乡村振兴赋能中心便民服务大厅,可以为群众集中提供工商、民政、人社、医保等 77 项镇级基础业务、55 项市级下沉业务和帮办代办服务,推进区内村庄及全镇基本公共服务水平显著提升。三是深化人居环境整治。高标准打造"陌上花海·香飘齐鲁"乡村振兴示范带,总投资 3800 万元的生活污水治理、五龙河人工湿地工程、农村垃圾分类试点项目均超额完成年度任务。投资 600 万元的乡村道路绿化美化建设项目已累计种植各类绿化苗木 4万余株,打造各类景观节点 70 余处,镇域面貌显著提升。

4. 在乡村治理上当标杆、创样板。一是丰富文化惠民活动。加强精神文化阵地建设,新建扩建文体广场 5 个,投资 20 余万元建设"振兴书吧"、配备图书 4 万余册,先后组织开展了"喜迎二十大"广场舞大赛、乡村振兴摄影展、送戏送电影下乡等农村文化活动 110 余场次,依托邻里广场演出基地、群艺馆和阅读室,先后开展"百姓大舞台·幸福舞起来"消夏文化节暨夏季村晚、"中国梦·劳动美"职工慰问演出等各类文化活动 10 余场,群众文化获得感、幸福感不断提升。二是培育和谐文明乡风。围绕"美德莱阳、尚德梨乡"建设,以时代先锋、乡贤名士、最美家庭、道德模范、廉政典型家庭等为展示内容打造清廉家风馆和青莲公园,常态化开展"身边的榜样"宣讲、好家风学习、好人发布仪式、"好婆婆、好儿媳"评选等活动 60 余场次。培养了本土创客 6 人、土专家 27 人、土秀才 44 人、好婆婆 156 人、好媳妇 130人,乡风文明培育效果显著。三是持续推进法治乡村、平安乡村建设。构建综合治理体系，追求社会治理"零矛盾"；以"姜"心比心·"疃"结和谐基层治理模式为指导，统筹信访接待、综治中心、矛盾纠纷调解等资源，建立"一站式"综合治理中心，为群众提供法律咨询、矛盾调解等服务；邀请法律顾问、签约律师开展法治讲座，通过案例讲解、观看法治视频等方式向群众宣讲法律政策，探索总结"初心、公心、耐心、爱心、决心、真心"的"六心"工作法，及时化解、处置矛盾纠纷和信访案件，赋能构建共建共治共享的乡村社会治理新格局。

5. 在人才培养上当标杆、创样板。牢固树立"人才驱动创新，创新引领发展"理念，先后邀请清华大学、同济大学、江南大学等高校专家团队就乡村振兴战略、省级美丽村居、企业发展等课题开展座谈交流 10 余次，高标准编制了镇域发展规划；依托国家农业产业化重点龙头企业鲁花集团，积极搭建才企、校企合作交流平台，聘请河南省农业科学院经济作物研究所张新友院士为"鲁花花生产业院士工作站"特约院士，重点指导 3 个前沿研究方向，联合申报国家、省级科技项目 3 项。目前推进区共有本科以上 422 人，研究生以上 134 人，企业本科员工达到 43% 以上，相关政策、待遇按照《烟台市重点人才政策一本通》要求全部落实到位。

6. 在巩固成果上当标杆、创样板。目前，推进区共有脱贫人口 315 户、500 人，严格落实"四个不摘"、防返贫动态监测和帮扶机制。在防返贫动态监测方面，建立镇级抓信息办理、村级抓风险排查的监测机制，安排 98 名机关干部对重点群众"点对点"帮扶。在政策帮扶方面，在落实上级帮扶政策的基础上，镇财政每年支出 150 万元，给予困难群体代缴医保、代买保险、临时资金救助等政策帮扶。在就业帮扶方面，充分发挥鲁花、禾丰等大企业社会责任，为脱贫人口提供就近就业岗位 20 个，健全乡村公益性岗位兜底机制，共开发乡村公益性岗位 600 余个，安置脱贫享受政策者 70 人，所有脱贫享受政策人口家庭收入和人均可支配收入全部超过监测线。在巩固成果基础上，我们紧抓村集体经济增收。目前，衔接推进区共培育市级以上农业产业化龙头企业 12 家、农民专业合作社 71 家、家庭农场 133 家。通过村企联建和强弱共建两条共富主线，引导推进区鲁花等 15 家企业和 11 个村庄抱团发展，带动 11 个村集体增收突破 50 万元。

三、坚持高精度保障、高效能推进，形成推进区创建强大合力

一是压紧压实工作责任。成立推进区工作专班，抽调业务骨干集中办公，制订施工工期表、工序图，确定责任人，倒排工期、挂图作战，一周一通报、一月一考核。在保证安全和质量前提下，千方百计加快施工进度，根据项目进度及时保障落实衔接资金，保障推进区各项工作有序推进达到目标。

二是全民参与共创共建。统筹社会力量和帮扶资源向衔接推进区倾斜，鼓励龙头企业发扬社会责任。鲁花集团捐资 2500 万元，按照山东省规范化学校的标准设计重建丰台中学；鲁花大花生、禾丰白羽肉鸡、青青大地秋月梨三大主导产业流转土地 4400 亩，用于建设上下游产业链配套项目，带动就业 2500 人次，人均增收 8000 元；鼓励引导农民群众通过投资投劳、以工代赈、务工就业、志愿服务、献计献策、出资出料等形式参与乡村建设，通过以工代赈吸纳农村劳动力 2600 余人参与人居环境整治、美丽乡村建设；招引在外能人回报家乡，投资 1500 万元修建村庄跨河大桥等。赋能中心已帮助辖区内承接中央及省市县调研活动 55 场、1100 余人，成功举办赋能主题活动 130 余期，带动 40 余家市直机关与 5000 余名推进区党员群众共同参与。2023 年推进区相关典型经验被《人民日报》等中央媒体刊发 24 次，被《大众日报》等省级媒体刊发 46 次，被《烟台日报》等市级媒体刊发 25 次。2022 年，推进区的产业代表鲁花集团被省委领导在《好客山东·好品山东》致辞中向全国推广，村庄代表濯村作为莱阳乡村振兴代表被中央电视台《新闻联播》报道，实现了聚人气、凝合力。

下一步，姜疃镇将坚持"顶格推进、高频调度、全力保障"，进一步强化力量配备，坚持工作项目化、清单化，提早谋划、提早部署、提早行动，确保推进区各年度目标任务如期完成。同时，积极发挥乡村振兴赋能中心赋能核心作用，充分利用好"红舟"党员教育中心、便民服务中心、7 点创客厅、青莲公园、家风馆、5G 智慧云平台、"五为"新时代文明实践所等赋能场景，发挥省农村产权交易中心、省乡村振兴服务联盟等 14 家服务平台作用，为镇域群众提供 43 项高频公共服务和产业发展、项目孵化、品牌打造、人才培

育、非遗研学等 27 项特色服务。不断提升软实力，将"六 He"打造成省内领先、全国知名的乡村振兴区域品牌，力争在省内率先建成位居前列的"和美乡村"齐鲁样板，争创国家级乡村振兴示范乡镇、全国"一村一品"示范镇和全国农业产业强镇，努力争创全省、全国乡村振兴工作的示范标杆，奋力实现一域增光、全局添彩。

中国最美乡村——濯村

姜疃镇乡村振兴赋能中心

（李海波　李振兴　王振聪）

" 点评

姜疃镇的"和美乡村"建设有以下特色：一是高质量党建引领。通过创建"红舟逐浪·He舟共济"党建品牌，充分发挥了党组织在乡村振兴中的核心作用。二是打造链条经济。主攻特色产业，打造链条经济，形成了以大花生、白羽肉鸡、莱阳秋月梨三大产业为主导的"3＋N"产业发展新格局。通过建设现代农业园区，推动预制菜产业和现代农业的发展，提升了农业的附加值和竞争力。三是打造生态宜居环境。依托自然资源，践行"两山"理念，通过乡村环境综合整治和基础设施提升，打造了美丽乡村示范村和生态宜居的生活环境。改善基础设施，如道路、污水处理和公共服务设施，使得村庄环境焕然一新。四是塑造文明乡风。通过文化活动和文明创建，弘扬中华优秀传统文化，塑造和谐文明的乡风。开展多种文化惠民活动，提升村民的精神文化生活质量，培育了文明家庭和美丽庭院。五是数字赋能治理。推行网格化治理，利用5G智慧云平台提升乡村治理的智能化和精细化水平，构建共建共治共享的社会治理新格局。六是坚持共享发展理念。通过村企联建和多主体参与的发展模式，提升了村民的经济收入和生活质量。

姜疃镇的"和美乡村"建设展示了乡村振兴的美好前景，其在党建引领、产业发展、生态宜居、文化文明、数字治理和共享发展六个方面的做法与经验为其他地区的乡村建设提供了借鉴与启示。

淄博沂源县：艺术活化乡村

一、项目建设背景

实施乡村振兴战略是解决新时代我国社会主义主要矛盾、实现"两个一百年"奋斗目标和中华民族伟大复兴中国梦的必然要求，具有重大现实意义和深远历史意义，是建设现代化经济体系的重要基础，是建设美丽中国的重要举措，是传承中华优秀传统文化的有效途径，是健全现代社会治理格局的固本之策，是实现全体人民共同富裕的必然选择。国家要复兴，乡村必振兴，中国要美丽，农村必须美丽。建设宜居宜业的和美乡村是全面推进乡村振兴的一项重大任务，是农业强国的应有之义。党的二十大报告提出，"全面推进乡村振兴"，"统筹乡村基础设施和公共服务布局，建设宜居宜业和美乡村"。这是新时代新征程中对乡村发展作出的重大战略部署，为全面推进乡村振兴、加快推进农业农村现代化指明了方向。

沂河源艺术田园乡村振兴项目全面贯彻落实乡村振兴战略，在全面推动乡村产业振兴、人才振兴、文化振兴、生态振兴和组织振兴方面持续发力，以"五个振兴"为引领全力打造新时代宜居宜业宜游的和美乡村。

二、项目发展情况

沂河源艺术田园乡村振兴项目由山东桃花岛艺术乡村文化旅游发展有限公司发起打造，由企业家董方军自筹资金建设，主要以教育培训、研学教育、文化旅游、艺术乡村为主打产品。项目在乡村多元业态发展方面作出了有益探索。

项目以"艺术活化乡村，产业富民兴民"的发展理念，邀请法国著名建筑大师保罗·安德鲁先生统筹规划村庄的基础设计建设，结合乡村原有的文化、生活方式以及蕴含的艺术开发价值，邀请了北川富朗、宫岛达男等世界级艺术家进行乡村艺术重塑，山东财经大学等高校师生与当地村民共同参与创作，通过引入现代艺术，打造艺术与人、自然共生共融的文化旅游新格局。

通过统筹村域规划，将现代艺术引入乡村，实现传统观赏旅游向研学式、体验式、艺术化全域旅游新业态转变，强化艺术文化的服务功能；世界级艺术家参与，实现齐鲁文化国际影响力与乡村文化消费升级双提升；以公益的心态、商业的模式，通过整合多种业态资源，实现由单一的乡村建设到构建综合性文旅产业的新生态链的转变。

在推动艺术活化乡村工程、建设文化繁荣的乡村方面，"艺术活化乡村"理念，得到了保罗·安德鲁等世界知名艺术家的大力支持。保罗·安德鲁与盐田千春、宫岛达男等众多国际知名艺术家深度合作，将村内荒废的旧房屋改造、建设成编织系结、时间之花等艺术、文化馆群落，囊括现代装置艺术、乡土文学、红色文化、传统雕塑、音乐、书画等艺术品类。连续举办了 29 届汇泉桃花节，不定期举办音乐会、戏剧节、艺术展、体育赛事等各类文体活动，让乡村变得更加新潮，不仅让年轻人有回来的欲望，更有效促进了乡村文化和旅游融合发展。在推动乡村人才培养和引进、建设人才汇聚的乡村方面，2020 年，联合山东财经大学共同发起建立了山东财经大学乡村振兴学院，将大学办到了田间地头。创建了"鲁村论坛"乡村振兴论坛品牌，并创新实施了"校园＋田园""学院＋书院"的学院发展模式。2023 年，国内首个"乡村振兴学"交叉学科获教育部备案，标志着乡村振兴学院在推进乡村人才引流、回流方面打下坚实基础。同时，引进了中国农业科学院王汉中院士、许村计划发起人渠岩老师等十余位高层次人才。在推动农业高质量发展、建设产业兴旺的乡村方面，在项目区内打造了 1.87 万亩高标准农田，修建农田、水、电、路基础设施。发展引进多家产业企业，让更多村民在家门口实现就业。在推动乡村人居环境整治、建设生态优良的乡村方面，实施了水系道路整治、村庄绿化亮化、污水集中处理、水肥一体化等一系列基础设施改造工程，通过补植补造、小流域治理、小田整大田等方式，保护生态人居环境，建设生态宜居的和美乡村。在推动党建引领发展、加入党建共同体方面，加入"沂河源党建共同体"，以党建引领推动乡村振兴发展。推动钢城区汶源街道龙巩峪村与沂源龙子峪村建立"同心源"党建联盟。

三、项目效果

艺术活化乡村项目创新性地引入现代艺术进乡村，不仅蕴含着具体景观设计，更将成为农村发展模式的新探索、可复制可推广的新思路、保护农村文化的新手段。艺术家将艺术作品放在田间、村庄，让落寞的乡村首先在形象上进行修复，让乡土因为艺术而重新恢复活力，更让当地居民因为艺术而重建对乡土的希望、自信和自豪感。

沂河源更是将产业、文旅、教育融入乡村发展，探索艺术赋能、产业支撑的乡村发展新路径。依托艺术乡村项目的建设，拓展研学旅行、教育培训、文化旅游等产业项目，吸引越来越多的年轻人回归乡村、建设乡村，带动乡村人才的培育，从而促进农民共同富裕、推动农村产业转型升级、改善农村公共服务、加强基层治理，激发乡村的新活力与内生动力。

建设宜居宜业的和美乡村是一项长期任务、系统工程。近年来，沂河源艺术活化乡村项目统筹实践乡村振兴战略，全面致力于"艺术赋能乡村振兴"，创新提炼打造乡村的人文记忆轴，持续提升乡村旅游的吸引力和影响力。项目将龙子峪村、刘家坡村等村庄打造成集文化、旅游、教育等多功能于一体的文旅IP，全面开启新时代乡村振兴新征程，在乡村振兴实践工作中取得有效的经济效益与社会效益。

2021年艺术活化乡村项目园区人均可支配收入为24,069元，高于全县人均可支配收入20.85%；2022年园区人均可支配收入为24,478元，高于全县人均可支配收入21.35%；2023年园区人均可支配收入为26,986元，高于全县人均可支配收入21.08%。村集体经济收入均达到10万元以上，刘家坡村集体收入更是从0发展至近30万元。

项目引进了汇泉河食用菌、源河菌棒加工、华盛科沃云数字果业等现代农业产业园5个，形成了果品种植、菌棒生产、香菇养殖、果蔬加工的闭合产业链条。其中，企业可提供 1500 余个工作岗位，可帮助周边村 1500 余名劳动力实现"家门口"就业。

依托独有的乡村文化、田园文化资源，开展重塑乡村风貌、传承乡村文化记忆活动，常态化举办汇泉桃花节等各类节庆、民俗、展演活动，解决偏远乡村"没有故事、缺乏吸引力"的问题，赋予田园乡村"望得见山、看得见水、记得住乡愁"新的内涵。同时，拓展乡村研学、教育培训、文化旅游等活动，每年接待游客约 6.1 万人次，实现文旅年经济收入达 3200 万元，年接待研学学生 1.2 万人，研学收入可达 200 万元。沂河源整合乡村优质资源，将乡村的发展产业逐步扩大，带动乡村的经济增长。

坚持积极探索、循序渐进。牢牢抓住村党组织这一乡村振兴的"主心骨"，依托省委乡村振兴服务队帮扶指导，按照"组织先行融合，带动合村发展"的思路，突破村级行政区划和党组织管理界限，创新推行"党建共同体"工作模式，全面打造坚强战斗堡垒，引领各村抱团融合发展。

项目先后获评全国文化和旅游投融资优选项目、全国乡村文化和旅游能人支持项目、山东省新旧动能转换优选项目、首批山东省乡村振兴齐鲁样板示范片区，创建了全国乡村旅游重点村、中国美丽休闲乡村、省级景区化村庄、美丽村居——龙子峪村，打造了省级乡村振兴示范村、景区化村庄——姬家峪村等，人民群众文化获得感、幸福感不断提升。

四、项目发展中遇到的困难或发展制约因素

我国人民日益增长的美好生活需要和不平衡不充分的发展之间的矛盾，在乡村更为突出。沂河源艺术田园乡村振兴项目位于淄博市沂源县西南边境的小山村，项目涉及周边 7 个村、4500 余口人，其中包含刘家坡、鹿角山、西徐家庄、北徐家庄 4 个省级重点贫困村。乡村基础建设薄弱，村庄道路狭窄；村里资金短缺，产业单一，以简单传统的农耕为主；人才流失严重，极少年轻人在家。不仅没有新来的人群，更没有外来的思想进入，村庄活力与发展动能不足。缺乏人才、资金、理念的支持，村庄形成恶性循环，日渐衰落。

五、项目突出之处或经验做法

（一）与艺术家联手，将艺术带到百姓身边

与众多艺术家合作，现已邀约福武总一郎（日本濑户内海艺术节发起人）、保罗·安德鲁（国家大剧院设计者）、北川富朗（越后妻有大地艺术节展策人）、宫岛达男（后物派装置艺术家）、盐田千春（装置艺术家）等世界知名艺术家参与设计建设，并且与刘玉堂、李心田、六小龄童、宋冬、尹秀珍、李怀杰等国内知名文学家、艺术家合作。在艺术创作过程中，艺术家驻地设计，村民全程参与。艺术家带来的不仅仅是艺术作品的呈现，更多的是在与村民互动、交流中的思想碰撞与融合，这让乡村文化能够包容更多元素。编织系结艺术馆、时间之花艺术馆、相互依偎之家艺术馆、刘玉堂文学馆、李怀杰艺术馆、美猴王田园书屋等文化、艺术馆群落已建设完成。丰富的文化与艺术元素为乡村带来全新的文化资源，为乡村百姓带来多元的艺术气息。艺术馆群落与乡村遥相呼应，百姓在家门口就能感受艺术，游客走进乡村就是走进艺术殿堂。

（二）丰富旅游业态，挖掘乡村的资源禀赋

以桃花岛景区为核心，辐射周边 7 个乡村，挖掘不同村落的资源特色，因地制宜发展乡村旅游，丰富旅游业态，提升文化和旅游品质，完善景区周边配套基础建设。启动了通用机场建设，并配套建设塔台、机库等。机场四周开阔，地势平坦，与乡村的自然资源景观有机结合，有利于进行通航旅游、飞行培训、应急救援、飞行科普、飞行研学等活动。开发了艺术民宿、网红民宿等乡村旅游业态，建设桃花岛露营地，增设 20 余座露营天幕、帐篷等设施，并配套完善周边基础设施建设，形成了集吃住行娱购于一体的乡村旅游资源。

（三）统筹谋划，规范实施创新的乡村文化建设

对核心区域进行统筹谋划布局，首先由保罗·安德鲁先生进行了总体的概念规划，后与同济大学、山东财经大学、山东建筑大学等高校合作，深化规划设计。聘请了观筑设计院、文清园林专家对民宿改造和村庄绿化进行了设计，并组织了专业队伍施工，对周边村落进行了绿化和清理工作。中央电

视台、山东电视台、新华网、新华社等众多新闻媒体及自媒体平台，对项目进行多次专题报道。

（四）建设乡村振兴学院，助推人才与文化振兴

小朋友在艺术馆参加研学活动

2020 年 12 月，与山东财经大学联合共建乡村振兴学院。国内首个"乡村振兴学"交叉学科成功完成教育部备案，首批同等学力申硕研究生完成招生工作。创建了"鲁村论坛"品牌，每年 6 月中旬组织开展乡村振兴鲁村论坛，来自全国各地的专家、学者相聚在乡村"论剑"，在乡村进行文化与智慧的"碰撞"。项目以乡村振兴学院优质的办学资源、沂河源田园乡村振兴示范区丰富的实践内容为依托，在培养乡村振兴人才、推进教育服务乡村振兴等方面，作出有力探索。

居民幸福感提升

（付　晓　王光明　桑明远）

点评

    沂河源艺术活化乡村项目的特色做法主要包括：一是艺术赋能乡村。引入现代艺术家和建筑师，与村民共同打造独特的艺术乡村。艺术创作和文化活动，提升了乡村的文化内涵和吸引力。二是多元业态发展。项目不仅注重传统农业的发展，还大力推动教育培训、研学旅行、文化旅游等多元业态。通过建设通用机场、露营地、艺术民宿等，丰富了乡村旅游的业态，提升了游客的体验和参与度。三是统筹规划设计。邀请国内外知名设计师和高校参与乡村规划设计，确保乡村建设的科学性和美观性。通过系统的规划布局和专业的施工管理，提升了乡村的整体环境和基础设施水平。四是建设乡村振兴学院。与山东财经大学联合建立乡村振兴学院，推动"乡村振兴学"交叉学科建设，开展多层次的人才培养和研究活动。不仅提高了乡村的人才储备，还通过学术研究和论坛活动促进了乡村振兴的理论和实践创新。

    沂河源艺术活化乡村项目取得重要成效：经济效益显著，文化旅游繁荣，乡村环境改善，社会效益凸显。该项目展示了一条艺术赋能、产业支撑的乡村振兴新路径，为全国乡村振兴提供了宝贵的经验。通过多元业态发展、科学规划设计、人才培养引进和党建引领，沂河源项目实现了经济、文化、社会和生态效益的全面提升，成为新时代乡村振兴的典范。

临沂平邑县：用农业文化遗产撬动乡村全要素振兴

一、项目背景

习近平总书记多次在中央农村工作会议上强调：农耕文化是我国农业的宝贵财富，是中华文化的重要组成部分，不仅不能丢，而且要不断发扬光大。走中国特色社会主义乡村振兴道路，必须传承发展提升农耕文明，走乡村文化兴盛之路。为深入贯彻习近平文化思想、生态文明思想和总书记打造乡村振兴齐鲁样板重要指示精神，深入实施《中华人民共和国乡村振兴促进法》，一体推进农业强省和文化强省建设，自 2021 年 5 月起，平邑县立足当地资源特色，秉持"横向联合、纵向延伸、优势互补、资源共享"的发展理念，坚持求真、务实、创新、引领，与中国中药协会金银花专委会、山东省金银花行业协会、浙大山东农研院携手，坚持在发掘中保护、在利用中传承，不断推进农业文化遗产保护实践，共同探索走出一条"以农业文化遗产为支点，撬动乡村全要素振兴的'平邑模式'"。2022 年 12 月，山东平邑金银花—山楂复合系统被山东省农业农村厅认定为山东省农业文化遗产；2023 年 9 月，该系统被农业农村部认定为中国重要农业文化遗产，成为全国 189 个之一、山东省 10 个之一、临沂市目前唯一。

平邑的先民们在区域内水土流失严重、不利农作物生长的岱崮地貌土壤条件下，创造发明了一种独特的岱崮地貌土地利用方式，由此形成了金银花—山楂复合种植与产业系统。平邑县注重发挥农业文化遗产的活态性、多元性、复合性、共享性和可持续性，增强农业文化遗产独特的价值和应用潜力，在保护生物多样性、传承传统文化、促进农村经济发展和改善生态环境等方面发挥重要作用。如今在平邑的岱崮地貌丘陵山地，金银花和山楂呈镶嵌式斑块状分布，极大地提高了环境资源的利用效率，形成了独具特色的金银花墩和山楂块状复合山地景观类型，生态、经济、社会、文化、科研、示范、教育等多重价值得以凸显。平邑县以农业文化遗产为支点，促进了产业持续发展、生态环境改善、文化成风化俗、乡土人才兴旺、基层组织振兴全要素乡村振兴，走出一条"创新驱动、文化传承、生态优先、标准引领、品牌赋能"的具有鲜明区域文化特色的乡村振兴"平邑模式"。

二、项目发展情况

（一）夯实农遗支点作用，撬动产业持续发展

一是科学制定保护与发展规划，打造农遗公园。县里成立山东平邑金银花—山楂复合系统保护与发展规划领导小组，编制发布《山东平邑金银花—山楂复合系统保护与发展规划》，保护范围涵盖1个核心区、3个保护区、1个一般保护区，重点对生态农业、农业文化、农业景观进行保护，发展规划涵盖一轴、二翼、九体，以打造农遗公园为抓手，开发生态产品，发展休闲农业，将中国传统村落"九间棚村"打造成AAAA级景区，让山东平邑金银花—山楂复合系统"活"起来。二是实施地标品牌培育工程，打造农遗优品。山东省金银花行业协会是"平邑金银花"地理标志证明商标专用权持有人，为让"沂蒙一枝花"平邑金银花香飘千万家，成立了平邑金银花地理标志运用促进工程领导小组和商标品牌知识产权指导站。至2023年共授权43家会员单位地标许可，并在国家知识产品局备案，并大力实施"平邑金银花"品牌规划与建设项目，从品控、品宣、品效多环节入手，全力唱响"平邑金银花""平邑山楂"农遗优品。2022年，平邑金银花入选第一批"好品山东"区域品牌，"母子品牌"模式成为品牌建设典型范例。平邑金银花入选中国品牌价值区域百强、全国名特优新农产品名录，被省市场监督管理局确定为地理标志运用促进工程项目并推荐到国家重点培育项目；协会创建的平邑县优质金银花基地品牌价值达322亿元，居山东省优质产品生产基地十强第4位。2023年10月，平邑县被列为国家地理标志产品保护示范区筹建名单；12月，"平邑金银花"被2023全国"土特产"推介活动组委会列入2023年全国"土

特产"推介名单。三是强力孵化"园中园",打造省级现代农业产业园。为深入推进三产融合,夯实产业链,提升价值链,平邑县通过打造创新驱动型平邑金银花省级现代农业产业园,实行"双轨化协同、数智化转型、科技化支撑、标准化引领、品牌化赋能和普惠化共享""六化"举措,加快一二三产业深度融合,带动更多农民增收致富,蹚出乡村共富新路。通过深化省级现代农业产业园"母园"作用,推进数字化、智慧化建设,孵化了平邑金银花大数据平台、金银花价格指数、智慧煎药共享中心、金谷供应链交易、物联网系统、金银花种质资源库、金银花标准数据查询库、"农安平邑"溯源信息管理平台等"子园"小中心、小集成,建设运行金银花网和微信公众号,实现金银花产业"来源可溯、价格可询、流向可追、信息可查"的全过程无缝隙监管,有效保障了平邑金银花道地属性,促进产业转型升级。

(二)夯实农遗生态功能,促进环境持续改善

一是道法自然,放大农遗生态功能。山东平邑金银花—山楂复合系统,具有丰富的金银花、山楂种质资源,并且金银花、山楂的固碳能力比一般植物都强,具有"耐寒、耐旱、耐瘠薄"特性。多来年,平邑县秉持"上山不下滩,不与粮争地,不与菜争田"发展思路,在岱崮地貌山地丘陵探索出金银花—山楂复合系统,不仅使石质瘠薄的山地丘陵土地利用效用最大化,而且具有增加土壤有机质含量、蓄水保墒、熟化土壤的作用,减少土壤风化剥蚀和水土流失,发挥保持水土的生态功能,创造了亚洲小流域治理"平邑模式";同时,该系统通过森林植被、土壤动物和微生物固定碳素及释放氧气,充分发挥固碳作用,巩固了平邑县国家重点生态功能区地位和作用。二是标准引领,打造绿色生产生态长廊。平邑通过承担实施国家金银花标准化区域服务与推广平台项目,制定发布《平邑金银花病虫害绿色防控技术规范》等20余个标准,编制《山东平邑金银花生态原生区高质量发展规划》,探索建立"三项机制,夯实平台运行基础",搭建"三个平台",提高平台推广力度,完善"三个体系",深化平台服务质效,形成"333＋N"质效模式,引领打造了平邑金银花绿色生产百里长廊,提高了农民的"生产、生活、生态",促进了产业绿色生产及"和美乡村"建设。目前形成"绿水青山红瓦房"沂蒙山区新形象、"山顶松柏戴帽,山下湖光闪耀,山间花果缠腰"新画卷。三是

建标准化溯源基地，提升农遗产品质量安全水平。近年来，平邑县和山东省金银花行业协会引导支持各类生产经营主体建设了30余个平邑金银花标准化种植溯源基地，其中5个入选2022年山东省中药材生态种植基地创建单位名单，4个获得有机产品认证基地。同仁堂收购的有机金银花与普通金银花相比，价格高出一倍多，每公斤达360元，打造了农遗优品，实现了价值提升。2022年，平邑县被评为全国农作物（金银花）绿色防控示范县，平邑金银花被认定为全国"名特优新"农产品。

（三）夯实传统知识与技术体系，促进文化成风化俗

一是传承精华，以文化人。历经世代相传，山东平邑金银花—山楂复合系统已形成较为完善的知识与技术体系。为做好传承创新，县人大常委会将金银花命名为"平邑县花"，县城建有"金花路""银花路""金银花广场""银花大桥"、金银花雕塑。平邑广播电视台以金银花形象设计台标，建设金银花实验学校，编撰出版《平邑金银花志》，建设金银花博物馆。二是丰富乡村文化，成风化俗。为唱响农耕文化，连续举办十四届中国（平邑）金银花发展峰会（节），2023年被省农业农村厅认定为全省乡村特色文化艺术典型案例。同时，带动"花乡美"金银花暨乡村振兴主题摄影大赛系列文化艺术活动、"曾子故里金银花乡"文化艺术节、梨花节、山楂节、樱桃节、农民丰收节，极大丰富了乡村文化。三是鼓励文艺创作，唱响文化品牌。为唱出金银花的美丽、抒发花乡人民的热情，山东省金银花行业协会制作《平邑金银花宣传片》，创作的中国金银花之乡——山东平邑主题歌《花乡美》和会歌《金银花香飘漫天》均收入中国当代50位著名作曲家最具代表性的作品集《中国当代作曲家作品经典》。拍摄放映电影《金银花开》，启动电视剧《金银花开》创作。2023年，县委宣传部、县文明办、县文联、县教育和体育局、县农业农村局、县文化和旅游局联合印发《关于举办首届"我的农遗故事，我的乡村振兴"宣讲比赛暨农遗推广人评选活动的通知》。

（四）夯实农遗科教功能，促进乡村人才振兴

一是创建乡村振兴专家服务基地，挖掘科教价值。近年来，平邑县依托农业文化遗产科研、教育价值，由山东省金银花行业协会成功创建山东省乡村振兴专家服务基地，获得山东省人力资源和社会保障厅授牌。基地通过实

施人力资源和社会保障部专家服务基层示范团、国家金银花标准化区域服务与推广平台等项目，积极探索招才引智新路径，成立国家金银花标准化区域服务与推广平台专家服务团，引进国内知名专家130余位，组建10个专家组，涵盖金银花全产业链。二是立足农业文化遗产种植、加工、研发、流通等产业链，孵化乡土人才。近年来，通过开展全国金银花标准化区域服务与推广高级研修班、泰山科技论坛、"人才来临沂定能赢"、金银花产业论坛等系列活动，举办"我的农遗故事，我的乡村振兴"宣讲比赛暨农遗推广人选拔活动，推动技术成果转化50余项，培养各类人才5000余人次，辐射带动周边5万人实现创业就业。成立"归雁"人才返乡创业服务站，推送创业扶持政策，实行"1＋N"帮扶，新招引156人返乡创业，让"归雁"人才既引得来，又能扎下根。坚持"需求导向抓培育、产业分层抓实施"，新培育"鸿雁"人才525名，培训"会开网店、会拍视频、会做直播"电商人才217名，夯实了智力支持和乡土人才振兴。平邑县农业农村发展服务中心农业技术推广研究员付晓，33年奋斗在"三农"工作一线，推动山东平邑金银花—山楂复合系统农业文化遗产的挖掘、申报、规划与发展工作，被当地称为"沂蒙山的田秀才"，荣获临沂市2023年业务突出好干部、沂蒙精神优秀践行者、临沂市星火带头人、临沂市市长质量奖、平邑县十佳党员先锋等。三是集成"五位一体"服务模式，能够去做农民生产难题。山东省金银花行业协会牵头组织成立平邑金银花专业合作社联合社，集成的"协会＋联合社＋合作社＋基地＋农户""五位一体"集约社会化服务模式，能够去做一家一户、合作社、家庭农场、企业做不了或者做了不合算的事情，初步探索出一条解决小农户与大市场、现代农业发展矛盾的路径，夯实岱崮地貌水土涵养与金银花、山楂产业协同发展。山东省金银花行业协会直播电商分会和数字农业与市场信息服务部、平邑金银花专业合作社联合社，组织部分会员企业成立山东金花银花传媒有限公司，打造直播电商人才孵化基地，开发运营"金银花网"官方网站、"金银花之声"公众号、平邑金银花价格指数、平邑金银花防伪溯源体系，指导会员单位建设运营平邑金银花旗舰店、京东中国特产平邑扶贫馆，配合市场监管局规范沂蒙道地药材交易市场，配合县农业农村局开发运营平邑金银花大数据平台。

（五）夯实基层组织建设，发挥党建引领作用

一是成立产业链党委，发挥党建引领作用。在推进产业高质量发展过程中，只有加强党组织引领，促进党群同心，才能真正让政策落地扎根。二是夯实村级党组织堡垒，发挥党员先锋作用。为更好地保护和发展山东平邑金银花—山楂复合系统，平邑县郑城镇四合村党支部书记燕如成带领群众围绕金银花—山楂产业，打造市级美丽乡村四合，2021年被评为全国优秀共产党员。三是发挥第一书记作用，深入实施"四雁工程"。锚定提升农村党支书履职能力和带富能力的目标，打造乡村振兴头雁孵化基地1处、"共富车间"37家，调整优化"头雁"56名，4名村党支部书记被评为"王传喜式好支书"，4个支部被评为"代村式好支部"。至2023年，平邑县涌现齐鲁之星35名、沂蒙之星62名。

三、项目效果

（一）促进了保护与发展双向奔赴

山东平邑金银花—山楂复合系统具有完整的知识和技术体系。为做好传承精华、守正创新工作，深入挖掘农业文化遗产的科学价值，引领产业高质量发展，平邑县归纳总结出"立项研究、技术成果、标准制定、贯彻实施、跟踪评估和标准修订"标准创新"六步走"工作机制和"协会（基地/平台）＋联合社＋合作社＋基地＋农户"五位一体技术标准实施机制。通过两个机制的有机结合，有效地推动了金银花—山楂标准化工作开展，标准引领作用日益显著。先后参与或主持制定金银花和山楂国际标准、行业标准等各类标准20余项，涵盖金银花和山楂种植技术、商品规格等级、气调养护、有机种植、绿色防控等领域，数量占现有全国金银花标准的1/4（不含企业标准），平邑金银花价格指数成为全国金银花市场风向标。金银花标准数据库建立以来，服务金银花各类市场主体170余家，点击量10万余次，帮助社会团体制定和发布团体标准6项，制定企业标准7项，对促进标准研究制定和查询服务发挥了重要作用。通过举办各类培训活动，进一步提升从业人员标准化意识和标准化管理水平，同时积极开展中药材生态种植、产地初加工等研究与

推广，促进产业技术交流和行业进步。平邑金银花专业合作社联合社获得"临沂市农业科技星级社会化服务组织"称号。山东平邑金银花标准化区域服务与推广专家服务活动，被人社部列为专家服务基层示范团活动。2021年6月，平邑县"中花一号"金银花种子乘坐神舟十二号载人飞船在太空漫游3个月后返回。金银花航天诱变育种走出历史性第一步，夯实了平邑县国家级区域性良种繁育基地。2022年、2023年，"金银花关键技术创新及应用示范""道地药材高值化关键技术创新及应用示范"项目，被山东省科技厅列为省重点研发计划（乡村振兴科技创新提振行动计划）项目。累计发展市级以上示范合作社83家、家庭农场35家、示范服务组织6家。目前，全县从事金银花产业技术研究推广的科研机构5个、合作机构单位17个，其中国家级5个、省级10个；研发金银花茶、金银花酒、金银花酵素、金银花护肤品等新产品及科研成果35项。2022年3月，平邑金银花入选第一批"好品山东"品牌。2023年10月31日，中国农业电影电视中心在平邑拍摄的大型中医药文化纪录片《道地寻踪：金银花开》在学习强国、中国新闻网、央视网等官方媒体播出。

（二）实现了"政产学研服用"六位一体

"政"即县里成立了山东平邑金银花—山楂保护与发展工作领导小组、县金银花中药产业专班、县金银花产业链党委，山东省政协创建"金银花开·界别同心汇"，统筹推进金银花产业发展。"产"即金银花特色产业。"学"即山东中医药大学、山东农业大学、山东省农科院药用植物研究中心、山东省科学院、山东省中医药研究院、临沂大学等大专院校、科研院所。"研"即成立浙大山东农研院平邑金银花产业研究院。"服"即成立山东省金银花行业协会、中国中药协会金银花专业委员会、平邑金银花专业合作社联合社。"用"即成果转化增效。

（三）发挥了联农带农共富作用

平邑县通过创新实施省级现代农业产业园项目，促进土地、资金、信息、科技、人才、政策等各类要素融合，以"育园"和"增值"为途径，增强金银花上下游链条咬合力，筑起产业振兴发展新高地。目前平邑金银花产业链条不断延伸，推动金银花产业向品种培育、深加工及文化旅游方向转型升级，呈现出特色加工业、现代农业、休闲旅游业"三产融合"的发展态势。投资1.1亿元建设金银花省级现代农业产业园项目，投资3亿元建设可溯源现代中药材加工仓储物流中心项目，投资5.5亿元建设中国（平邑）金银花集成创新孵化基地项目。金银花产业已成为平邑高质量发展和乡村振兴的支柱优势产业、农民脱贫增收的新亮点，吸引了国药、上药、广药、九州通等10余家知名企业在平邑县投资延链，推动金银花产业由卖"原字号"向中药制剂、智慧煎药、凉茶灌装、日化用品等转变。至2022年，平邑金银花种植面积66.8万亩，年产量2万吨，占全国60%以上，山楂12.08万亩，年产量30万吨，占全国30%以上，产值过100亿，孵化全国"一村一品"示范村镇、全国乡村特色产业过10亿元镇，带动30余万人创业就业。对从事生产经营的群体发放"四雁振兴类"贷款13.37亿元，惠及4930家经营主体。平邑县创新驱动型省级现代农业产业园被临沂市委改革办列为2022年共同富裕示范项目；《平邑县：智慧农旅助力产业发展　数字治理引领乡村振兴》成为山东省数字乡村发展创新实践典型案例。2023年，《平邑：探索"园中园"集中孵化　模式助力共同富裕》被省委改革办专栏刊发。

四、项目发展中遇到的困难

在探索打造以农业文化遗产为支点撬动全要素乡村振兴"平邑模式"过程中，深感社会各界对农业文化遗产的重要性认识不足，对农业文化遗产撬动乡村振兴的支撑作用、培育"土特产"的基础作用认识不足，支持重要农业文化遗产的配套项目相对缺乏，对"道地药材"发展规律认识不足，生产中乱引乱种现象较为普遍，源头治理工作机制亟待创新。

五、项目的突出之处

平邑县以农业文化遗产为支点撬动全要素乡村五大振兴，形成"1＋5＋N"平邑模式，走出了一条"创新驱动、文化传承、生态优先、标准引领、品牌赋能"高质量发展之路，并探索推广了"N"种机制创新，包括"政协

＋协会"双轨协同产业机制、"W 型"产业发展机制、"母子"品牌培育机制、"五位一体"社会化集约服务机制、"政产学研服用"六位一体共享机制、"六统一"标准化种植溯源基地创建机制、"六步走"标准创新工作机制，创新作为第一动力赋能成效明显。

中国重要农业文化遗产山东平邑金银花—山楂复合系统

"绿水青山红瓦房"乡村振兴齐鲁样板平邑印象

（杨 波 田 伟 王 晨）

点评

平邑县以农业文化遗产为核心，打造了一个独具特色的乡村振兴模式，即"平邑模式"。这一模式的独特性主要体现在以下几个方面：一是注重农业文化遗产的保护和利用。通过金银花—山楂复合系统的保护和发展，成功将传统农耕文化与现代农业发展相结合，形成了具有地方特色的农业文化遗产体系。二是多层次发展规划。制定了详细的发展规划，包括保护范围的明确划分、发展轴线的设置以及农遗公园的建设。这些规划为农业文化遗产的保护和利用提供了科学的指导。三是产业链延伸与品牌建设。通过品牌培育工程和现代农业产业园的打造，不仅保护了农业文化遗产，还通过品牌建设和产业链延伸，提升了农产品的附加值，带动了地方经济的发展。四是注重生态环境的保护。通过金银花—山楂复合系统的推广，改善了区域的生态环境，实现了可持续发展。五是文化传承与创新。通过丰富的文化活动和文艺创作，平邑县不仅传承了中华优秀传统文化，还不断创新，提升了地方文化的影响力，营造了浓厚的乡村文化氛围。

"平邑模式"的经验启示：一是坚持多元化发展路径。农业文化遗产的保护与利用需要多元化的发展路径，既要注重对传统文化的保护，也要与现代产业相结合，推动产业链的延伸和价值链的提升。二是发展规划科学合理。科学合理的发展规划是成功的基础，平邑县通过详细的规划和明确的目标确保了各项工作的有序推进和落地实施。三是注重品牌建设与推广。品牌建设是提升农产品附加值的重要手段。平邑县通过地理标志品牌的建设和推广，提升了地方农产品的市场竞争力和影响力。另外，注重生态优先、绿色发展，文化传承与创新并重，政府引导与社会参与并行。

济南莱芜大王庄镇：打造"和美姜山"

大王庄镇是莱芜生姜核心种植区域，素有"大王生姜，生姜大王"的美誉。衔接推进区，立足大王庄镇生姜产业以及文化优势，将空间与时间叠加布局，擦亮特色"农"字号品牌，以"和美姜山，幸福大王"为发展定位，紧扣群众对生活环境、生活品质等的需求，对空闲宅基地、街道、河道以及产业等进行全方位规划提升，全力提高乡村"颜值"，全面涵养乡村"气质"，全链推进乡村"产值"。

莱芜区"和美姜山"衔接乡村振兴集中推进区标识

一、项目背景

大王庄镇位于莱芜区西北部，嬴邑古城之西，泰山连脉香山东麓，历史上是著名的军事重镇。大王庄镇是典型的山区农业型乡镇，辖62个行政村、

103 个自然村，人口 4.6 万。

莱芜区"和美乡村"衔接乡村振兴集中推进区包括大王庄镇 10 个行政村，分别为顺天街村、复宁街村、四合街村、前张街村、龙亭峪村、东王家庄村、小王庄村、接驾埠村、白炭坡村、胡家泉村，总面积 36618.6 亩，共3361 户、8959 人。

项目内产业特色突出，生姜产业基础雄厚，大樱桃、山农酥梨等现代林果产业蓬勃发展；生姜养生文化氛围浓厚；交通及经济区位条件优越——位于京津冀经济圈、环渤海经济圈、长三角经济圈之间。

在调研中发现，推进区内产业及生态基础较好，但大部分村庄内基础设施和公共服务设施不足，人居环境有待提升，并且闲置宅基地等闲置资源利用率低，有待充分挖掘、活化利用。

此外，生姜产业在品种、品质、品牌、规模化、标准化等方面存在发展瓶颈，产业联动及第三产业发展动力不足，个别村集体经济薄弱，建设力度有待提升。

为确保工作落地，工作组注重群众意见，经过多次恳谈，围绕"莱芜生姜"特色产业，确定"和美姜山，幸福大王"发展定位，并提出"一核一带、三区多点"规划布局。"一核"即依托大王生姜产业园发展核心，构建集育种、种植、加工、冷储、物流、销售、服务于一体的全产业运营体系。"一带"指以生姜产业为龙头，建成集现代林果、生态园林、乡俗文旅于一体的协同发展示范带，由此延伸链条，做强产业。"三区"包括产村融合示范区、生态文旅探索区、宜居宜业发展区，结合各村禀赋和发展愿景，形成相互支撑的产业协同体系。在此基础上，发掘各村主导产业，优化田园、产业空间布局，通过"一村一业、一村一策"建成"多点"特色增长极，做到"村村有项目、户户能致富，串联一条线、处处有亮点"。

顺天街村、复宁街村、四合街村、前张街村、龙亭峪村、东王家庄村等多个村庄因此受益。借助衔接资金硬化村内道路，将废弃的砖头、瓦片、竹节、酒坛变废为宝，沿路修建景观带，利用闲置的宅基地和撂荒地，建成小菜园、小果园、小花园。经过整治，农家烟火气成为致富新引擎，在改变乡村面貌的同时，重新树立起村民的发展信心和村集体的组织威信，为长久振兴涵养底气。

农民是乡村振兴过程中的主体，他们的利益直接关系到农业农村现代化的推进。在规划建设中，始终坚持以人民为中心的发展思想，让农民在农业农村现代化建设中发挥主体作用，坚持群众视角，始终把农民需要作为思考问题、谋划政策、推动工作的出发点和落脚点，健全自下而上、农民参与的机制，真正把好事办好，把实事办实。

二、发展情况

衔接推进区总投资 14,104.9 万元，其中财政衔接资金 4015.3 万元，整合行业资金 3779.6 万元，镇村自筹资金 110 万元，撬动社会资本投入 6200 万元。

（一）产业方面

为进一步补齐生产设施短板、夯实产业基础、健全产业链价值链资源链、带动村民就业及村集体增收，规划在衔接推进区内推动红芽生姜生态大棚、高标准大樱桃种植配套设施、高标准山农酥梨种植配套设施、前张街村农产品集贸中心、特色种植区农田设施、生姜产业会客厅、生姜加工车间等建设提升项目。项目共投入 7890 万元，其中，中央衔接资金 1610 万元，行业部门资金 80 万元（农业农村局），社会资本 6200 万元。

（二）乡村建设方面

目前衔接推进区内农村人居环境总体水平不高，与群众期盼还有差距，仍然是经济社会发展的突出短板。为补齐基础设施短板、完善公共服务配套，共投资 6058.1 万元推进道路、排水、亮化、闲置宅基地整治、教育、养老等基础设施及公共服务设施建设工作。

（三）乡村治理方面

为解决部分村庄新时代文明实践中心基础设施建设滞后、乡村治理体系不健全等问题，衔接推进区共投入资金 55 万元，整合现有资源强化乡村治理基础支撑，加强农村基层党组织建设，促进"四治"有机结合，激活乡村治理内生动力。

（四）人才培养方面

通过优化提升干部结构、加大人才政策扶持力度、开展内部人才培育，为衔接推进区建设注入动力之源。创立"1＋1＋N"产学研发展模式，依托衔接推进区专业合作社、龙头企业及高标准种植基地基础，组建综合性的"现代农业产学研联盟"。根据产业发展现实情况，组建3个产业联盟，每个联盟由"1个高校院所专家团队＋1个本地农技推广小组＋若干个经营主体"组成，推动农业科技进乡村、进企业、进农户的行动。

（五）就业带动方面

充分发挥衔接推进区龙头企业、重点项目、公益岗位带动作用，提高衔接推进区乃至全镇就业活力，带动村民致富增收。依托泰禾、伟祥、香山田园等为代表的农业产业化龙头企业，采取党组织领办、合作社规模经营的方式，大力推进"订单农业""配套种植"，打造规模化、标准化、专业化、优质化的绿色高效生产基地，实现衔接推进区特色种植规模率达到70％，带动就业600余人，将农业生产、农产品加工、产品销售有机连接，组建完整的产业发展平台，从而打通农业种植业上下游，实现企业村庄"双发展"。红芽生姜生态大棚、高标准大樱桃种植基地、高标准山农酥梨种植基地、生姜产业会客厅、生姜加工车间、前张街村农产品集贸中心等重点项目建成后，可在种植、管理、运营等方面带动周边群众参与就业，计划设立工作岗位590个。深入贯彻落实党中央关于强化就业优先政策、扩大公益性岗位安置的决策部署，大规模创设城乡公益性岗位，积极吸纳农村剩余劳动力和城镇长期失业人员，着力提高城乡低收入群体收入，巩固拓展脱贫攻坚成果，并同乡村振兴有效衔接，全力打造乡村振兴齐鲁样板，探索共同富裕有效路径。全镇围绕脱贫享受政策人口（含防止返贫监测帮扶对象）、农村低收入人口、农村残疾人、大龄人员四类人员，计划设立扶贫专岗。每年投资71万元

姜来文创规划设计

开发邻里互助、光伏电站保洁、村庄环境整治等 30 个扶贫专岗，开发扶贫公益性岗位 70 个。同时扎实推广以工代赈，带动当地监测对象、脱贫人口等务工就业。

（六）巩固成果方面

1. 健全动态监测工作组织体系。严格落实"四不摘"工作要求，对衔接推进区脱贫人口持续开展帮扶，保持帮扶政策总体稳定。在开展日常工作的同时，对帮扶责任再明确，对帮扶力量再加强，对工作推进再深入。一是每个村成立以第一书记与村党支部书记双任组长的村脱贫攻坚领导小组，确保帮扶责任进一步落地落实落细。二是对已脱贫的贫困户逐户开展"回头看"。三是组建"镇、党建工作区、村"三级监测网格，进一步健全动态监测工作组织体系。以"主题党日＋阳光议事"制度为抓手，通过农户自主申请、部门筛查预警，对存在返贫致贫风险的困难群众，及时纳入监测、给予帮扶，坚决守住不发生规模性返贫的底线。

2. 扶贫资产管理。持续深化扶贫资产"四权分置"管理模式，明确所有权，放活经营权，保障收益权，落实监督权。一是为扶贫资产购买财产保险。二是建立巡查制度。镇振兴办、经管站，每半年对扶贫资产现场巡查一遍，在资产清单上签字。村干部、扶贫理事会成员等每半年巡查一次，在资产清单上签字。两种巡查交叉进行。三是设立扶贫资产管护基金。每年从扶贫资产收益中提出管护基金，主要用于扶贫资产的日常管护、维修工作，确保扶贫资产长期良性运营、持续发挥效益，进一步巩固脱贫成果。

3. 壮大村集体经济，发挥带动作用。一是加强村级班子建设，注重培养事业心强、懂经营、会管理的村集体班子成员，加强班子成员的培训和教育，发挥"头雁"作用，积极为发展村集体经济谋思路、想点子。二是依托衔接推进区各村党组织领办合作社，利用扶贫项目资金，发展村级经济。收入资金除小型公益设施建设外，差异化分配至脱贫享受政策户，确保其稳定增收。创新"基地＋合作社＋农户"利益联结模式，依托生姜种植，充分调动群众积极性，带动村集体经济壮大。三是拓宽收入渠道，充分利用村集体优势资源，与需求资本合作，充分发挥集体土地、水资源、文化资源等优势，杜绝"一卖了之"。充分利用大王生姜产业园、红芽生姜生态大棚、大樱桃种植配套设施、山农酥梨种植配套设施、前张街村农产品集贸中心等项目优势，带动享受脱贫政策户就业增收，壮大村集体经济，完善村级服务，有效巩固脱贫攻坚成果。

三、项目效果

（一）经济效益

通过衔接推进区建设扶持特色产业发展，进一步巩固了一产基础，提升了二产层次，深化了三产内涵，一二三产业融合发展水平得到进一步提升。到 2024 年，以政策资金撬动社会资本资金 3 亿以上，可建成 300 亩的高标准种植园、600 亩的生姜种植示范园、500 亩的精深加工园区，姜蒜年储藏加工能力达到 100 万吨，通过种植、销售、加工等新增销售收入 50,000 万元以上。衔接推进区建设的合作社项目形成资产归各村集体所有，由村集体领办的合作社运营或出租运营，以发展壮大村集体经济。至 2023 年底，衔接推进区内集体经济收入 30 万元以上。

（二）社会效益

1. 优化产业结构，提高建设水平。通过项目建设、辐射扩散和产业链带动，可进一步优化产业结构，提高标准化、规范化建设水平、增加农民收入。通过完善交通路网体系等基础设施，不断提升群众生活的舒适度、便利度、安全性，进一步提高群众的获得感和幸福感。通过提升幸福院、党建工作区阵地等配套公共服务设施，加快完善社会保障服务体系，保障困难群众基本生活。

2. 组织培养一批新型职业农民，培育农业发展新动能，助力人才振兴。以新农人培训计划为基础，通过讲座、办培训班等形式，向农民和农业技术人员传授现代农业知识与技能，培养一批优秀的带头人，带动一大批农民走上现代化农业生产的道路。

3. 提供就业机会，增加农民收入。以就业培训、吸纳就业、鼓励创业等方式，促进高校毕业生、农村转移劳动力和退役军人等就业，营造良好的就业环境。

（三）生态效益

1. 推进健康乡村建设，改善农村人居环境。通过实施雨污分流、坑塘治理，提升农村人居环境。全面扎实推进农村人居环境整治，扭转了农村长期以来存在的脏乱差局面，村庄环境基本实现干净整洁有序，农民群众环境卫生观念发生可喜变化、生活质量普遍提高，为全面建成小康社会提供了有力支撑。

2. 大王庄镇以循环农业为发展方向，将生态理念贯穿各个环节。通过推动生姜初加工产业园、食品加工产业园等具有示范引领作用的项目建设，以项目化推进的方式进一步加快农业结构调整步伐；通过土地的连片开发和资源的进一步整合，采用智慧水肥一体化和绿色产品生产技术手段，大大消除农药残留对大气、水体和土地的破坏。

3. 建设蔬菜生产基地，均按照绿色食品的标准生产。通过建设推广新型农业种植技术，开展新型种植技术培训，进一步提升绿色种植技术的操作性，全面优化转变广大群众传统种植理念；通过实施水体防治、污水治理、小流域治理等项目，进一步恢复生态环境，实现微循环生态恢复，促进生态保护。

四、发展困难

1. 大王庄镇果丰林茂、景色秀丽，经过多年扶贫，"绝对贫困"早已消除，但仍有不少低收入人口散落乡间。

2. 推进区建设点多面广、任务繁重，问题和矛盾相对复杂。各村通过"胡同会议""老头会议""百姓拉呱议事"等方式，鼓励村民因地制宜解决问题。

3. 部分村庄破旧，乡风文明有待进一步激活。

4. 生姜产业在品种、品质、品牌、规模化、标准化等方面存在发展瓶颈，产业联动及第三产业发展动力不足，个别村集体经济薄弱，建设力度有待提升。

5. 推进区内产业及生态基础较好，但大部分村庄内基础设施和公共服务设施不足，人居环境有待提升，并且闲置宅基地等闲置资源利用率低，有待充分挖掘、活化利用。

五、项目启示

（一）农民视角

倾听农民声音，探究农民视角，并进行多元分析。在呈现现阶段中国乡村振兴总体样貌的同时，也能了解农民群体如何理解乡村振兴，在政策和实践层面对乡村振兴有何需求与期待，以及他们参与乡村振兴的意愿与能动性等。这在一定程度上弥补了现有政策设计、学术研究和行动实践中农民视角的缺乏，有利于识别农民群体的迫切需求和乡村振兴的有效着力点，增强乡村振兴政策的实践效能。在大王庄镇规划建设中，主动服务大局，坚持惠民利民，推动解决了一大批人民群众"急难愁盼"问题，让农民群众在乡村建设中"唱主角"，极大调动了广大农民群众参与乡村建设的积极性、主动性、创造性。

（二）主导思维

农村要发展、农民要致富，无论加大基础设施建设、争取政策支持，还是寻求能人治村，绝大多数村庄单凭自身力量难以解决。"党建引领带动民建、民管、民享"是个长远课题。因此，区镇两级党委政府要深入调研、超前谋划，明确思路、聚合资源，从农村最薄弱环节入手，发挥好基层党组织的主导作用和引路作用。

（三）服务思维

做好新形势下的农村工作，基层党委政府必须转变理念，从单纯执行上级任务的管理型模式转为满足群众需求的服务型模式。只有从"父母官"变身"服务员"，才能赢得信任、站稳脚跟，让可用财物发挥最大效应。

（四）主体思维

2023 年中央"一号文件"指出，要发挥农民主体作用，调动农民参与乡村振兴的积极性、主动性、创造性。群众的力量是无穷的。区镇两级的政策和资金帮扶终究是外力，帮得了一时，帮不了永远，关键还在于激发农村党员干部和群众的内生动力，凝聚起他们的智慧和力量。如此，和美乡村建设才能长久和谐、充满活力、持续美丽。

（李卫东　王　锐　闫　禹）

点评

　　济南莱芜区大王庄镇的和美乡村建设有以下特色：（1）产业为基，文化为魂。大王庄镇依托其生姜产业和深厚的生姜文化，构建起独具特色的乡村产业体系。以"和美姜山，幸福大王"为发展定位，以生姜产业为核心，融合现代林果和生态园林，形成了多产业协同发展的格局。（2）规划布局，系统推进。通过"一核一带、三区多点"的规划布局，大王庄镇在生姜产业园核心的带动下，形成了集育种、种植、加工、销售等于一体的全产业链运营体系。同时，以生态文旅和宜居宜业为目标，推进产村融合，优化村庄和产业空间布局，做到每个村庄都有特色项目，实现了整体协调发展。（3）生态优先，绿色发展。在建设过程中，大王庄镇始终坚持生态优先，通过循环农业和绿色生产技术的应用，提升了农产品的绿色标准，改善了农村人居环境，增强了区域生态系统的可持续性。（4）文化传承，民生为本。注重乡村文化传承和创新，通过丰富多彩的文化活动和设施建设，增强了乡村的文化氛围。同时，始终坚持以人民为中心的发展思想，从农民需求出发，完善基础设施和公共服务，提升农民的生活质量和幸福感。

　　大王庄镇的发展模式为其他地区提供了以下经验启示：一是坚持农民主体。在乡村振兴中，只有充分调动农民的积极性、主动性和创造性，才能实现乡村振兴的目标。二是党建引领。通过党建引领，整合资源，明确思路，充分发挥党组织的主导作用和引路作用，为乡村振兴提供了强有力的政治保障和组织保障。三是服务思维。基层党委政府要从管理型向服务型转变，以满足群众需求为目标，做好服务工作。四是生态优先。可持续发展离不开生态环境的保护。通过坚持生态优先的发展理念，大王庄镇不仅提升了农产品的绿色标准，还改善了整体生态环境，实现了经济效益与生态效益的双赢。五是综合发展。乡村振兴需要综合考虑经济、社会、生态等多方面因素，通过系统规划和布局，实现全方位发展。

东营利津县：利用金融优势建设和美乡村

2021年10月20日至21日，习近平总书记亲临东营市视察，作出了"要扎实做好安居富民工作，统筹推进搬迁安置、产业就业、公共设施和社区服务体系建设，确保人民群众搬得出、稳得住、能发展、可致富"的重要指示。利津县深刻领会习近平总书记视察东营重要指示精神，围绕和美乡村建设作文章，积极发挥农发行政策性银行资金优势，以特色农业产业发展为抓手，整合黄河沿岸闲置土地资源，形成集中连片规模化种植区，引入专业经营机构，着力打造特色农产品品牌和良种培育高地。项目建设既破解了现金流难题，又充分吸收了当地剩余劳动力，有效增加了群众和集体的收入，让黄河沿岸百姓收获"工资""租金"两份实惠，让往日贫瘠的黄河滩区结出了"幸福果实"。

一、建设背景

2022年中央1号文件提出"扎实推进宜居宜业和美乡村建设"，要求扎实推进农村人居环境整治提升，培育壮大县域富民产业，促进农民就业增收。利津县"十四五"规划中突出宜居宜业和美乡村建设，坚定不移扬优势、夯基础、带全域，筑牢高质量发展支撑，将进一步突出沿黄优势产业特色放在了重要位置，将利津县陈庄镇全力打造成为强农富农新引擎、产业集聚新典范、乡村振兴新样板。

农业是利津县传统支柱产业，2022年利津实现地区生产总值302.7亿元，其中农林牧渔业总产值为84.57亿元。利津县13万公顷的土地中，农业用地占地9.2万公顷，全县从事农业生产的人员在50%以上，农民收入的

70%来自种植业。利津县先后被评为全省乡村振兴示范县、全省生态文明强县、全省畜牧业发展先行县。陈庄镇作为利津县传统农业强镇，素有"黄河尾闾　中枢重镇"的美称，以盛产无公害"临合蜜"甜瓜而闻名。今年陈庄镇成功获批创建全国农业产业强镇，陈庄临河乡村振兴示范片区也列入首批"乡村振兴齐鲁样板省级示范区"。"临合蜜"甜瓜种植于黄河滩区，滩区土壤沙黏相间，有机质含量高，矿物质含量大，非常适宜瓜果种植。优良的自然环境和生产条件赋予"临合蜜"甜瓜独特的口感和品质，赐予陈庄镇一个市场潜力大、区域特色明显、附加值高的主导产品和产业。自 2003 年开始推广种植大棚甜瓜以来，陈庄镇生产的甜瓜口感好、无污染、品质上乘，赢得了市场消费者的青睐，年销售量逐年升高，市场前景看好，一举成为陈庄镇农业产业结构调整的典范品牌。2006 年在国家商标局注册了"临合蜜"商标，2008 年通过了农业部农产品质量检测中心的甜瓜产地和产品无公害认定。

为实现陈庄镇 5.88 万农民增收致富，利津县立足沿黄资源优势，规划建设以"临合蜜"甜瓜种植为基础的陈庄临合现代农业产业园。作为利津县产业融合沿黄和美乡村建设重点项目，产业园采用"国有平台＋新型农村经营主体＋农民"的新模式，提升农产品附加值，解决农村难以形成规模生产的发展难题，带动农民增收，最终在黄河滩区形成 1.5 万亩生态瓜果种植区，成为黄河滩区上的一颗明珠。

二、基本概况

陈庄临河现代农业产业园是山东省乡村振兴重大项目，项目位于利津县陈庄镇黄河滩区、陈庄镇东郊临黄堤东侧，由临黄堤、锦河大道、临河路和索镇路围合而成，总占地面积 1.5 万亩，主要发展特色瓜果、有机蔬菜种植。项目总投资 2.03 亿元，获批农发行贷款 1.6 亿元。主要实施门户区景观工程、核心区生产设施及产业配套工程、产业大道及沿线环境治理工程，建设玻璃幕智能温控高温大棚 2 个、高温大棚 117 个、低温大棚 600 余个，配套水肥一体化设备，配套的瓜果采摘园、生态连廊、有机集市等占地 630 亩，配套生产道路 1270 米，衬砌排水沟 2600 米，建设桥涵 4 座，涵盖了农业生产、线上线下销售、农民培训等多项功能。

目前，园区"临合蜜"甜瓜种植面积达 5000 多亩，低温大棚 700 余个，种植品种也从最初单一的白沙蜜扩展到白沙蜜绿宝、羊角蜜、花蕾、博洋 61、博洋 9、天美 55 等七大品种。2022 年"临合蜜"年产量近 5000 万斤，产值突破 1.2 亿元，辐射带动周边 17 个村、800 余户、3000 余名群众，实现人均年收入 6 万元，探索出一条特色产业推动和美乡村建设的新路径。

三、主要做法

（一）发挥政策性金融优势

"十四五"期间利津县突出乡村振兴战略，坚定不移扬优势、夯基础、带全域，筑牢高质量发展支撑，全力打造沿黄乡村振兴齐鲁样板示范区。推动现代农业提质增效，夯实农业生产基础，提升产业层次，培育优质果蔬等特色优势产业，培育乡村发展新动能。作为我国唯一一家农业政策性银行，农发行利津县支行坚决履行政策性金融职能，积极参与当地经济发展，先后支持了当地和美乡村建设、基础设施提升、农村道路改造等一批省市重点项目。近年来，农发行利津县支行累计支持项目 17 个、金额 67.03 亿元，支持道路建设 12 条、农民集中式住房 81 座，累计发放贷款 30.02 亿元。

（二）提供优质化金融服务

农发行利津县支行将打造"农地银行"作为全力服务乡村振兴战略的重要抓手，主动分析研判标准化、智能化现代园区融资需求，最终达成国有企业作为承贷主体、集中流转土地建设现代园区、推动现代农业提质增效的融资方案，为临河现代农业产业园发展提供了坚实保障。为确保项目贷款快速落地，农发行成立了省市县三级联合办贷小组，加班加点补充完善贷款材料，将贷款材料和贷款流程以最快的速度上报，安排专人紧盯项目进展，及时与上级行沟通联系，保证了贷款顺利获批投放。

（三）探索"土地＋"新模式

陈庄镇综合考虑农民自身利益和产业园区建设后的运营情况，提出走共同富裕道路的项目运作模式，帮助农民增收增产。通过流转黄河滩区土地，农户不仅获得土地流转租金，还能通过种植务工获取报酬，农户利益得到了保障。同时，土地流转后规模化生产有效提升了农产品产量，形成了规模集聚效应，增强了产品市场竞争力。目前临河现代农业产业园年产值达 1.78 亿元，有效带动了周边 17 个村庄产业结构调整和集中抱团式发展，吸引了大批在外打工的农民回乡就业。

四、取得成效

临河现代农业产业园项目带动辐射生产基地 1.5 万余亩，增加年产值 7500 万元，带动就业人员 3000 余人，实现人均年收入 6 万元，年培训农民 1000 余人。甜瓜非种植期间，将生产大棚租借给当地农民进行时令性果蔬种植，在提高大棚利用效率的同时又促进了当地农民的进一步增收，实现了企业发展与农民增收的双赢。

（一）社会效益显著

项目的实施有效推进了陈庄镇甜瓜产业发展，带动周边农民就业。项目投入运营后，瓜果种植、水肥一体化技术推广等子项目均有助于生态保护和环境优化，对于改善周边环境、保持水土、优化资源配置有着积极的作用。一是本项目建设可以有效带动本区域及周边区域的蔬菜、水果生产技术水平，加快品种更新速度，并能够通过科技培训推进蔬菜、水果高效生产推进成为当地的重要产业，大大助力区域果蔬生产的技术创新。同时，本项目通过技术指导、市场引导，提高了农产品出产效率和质量。在内部分工、市场营销、标准化流程管控等方面建立一整套成熟、定型的运营模式，形成了集种植、销售、推广于一体的现代农产品特色产业链。二是本项目建成后直接吸纳劳动力 500 余人，间接带动区域 3000 余人参与蔬菜、水果产业环节生产，有效促进农民就业和产业增收。三是该项目保证了特色种植业产品的供应，满足了周边省市果蔬市场的需求。通过设施农业高效生产项目，缩减原来单一的果蔬作物生产模式，调整农业产业结构，增加土地单位面积产出率，实现农业设施标准化种植，提高土地利用价值，助力实现"藏粮于地"发展战略，为实现农民宜居宜业、打造利津县和美乡村建设注入了政策性金融活水。

（二）品牌效益显著

陈庄临河现代农业产业园农业大棚

自 2006 年创建"临合蜜"品牌以来，已从开始的单一品种发展到目前的 7 个品种。"临合蜜"品牌已被农业部农产品质量安全中心认定为"无公害产品"，被国家绿色食品发展中心认证为"绿色食品"，被东营市政府认定为"十佳无公害产品"，2022 年被列入全国名特优新农产品目录。项目建成后，当地以现代产业园为依托，打造陈庄临河幸福家园农旅红环线、沿黄生态廊道等主题线路，大力开展特色旅游和采摘观光活动，连续 10 年举办"临合蜜"采摘节，先后被《人民日报》、山东省电视台、东营市电视台等多家媒体报道，受到社会各界的广泛关注。生机盎然的特色产业园，已成为黄河生态经济带上的靓丽风景。

五、经验启示

临河现代农业产业园项目是利津县深入贯彻落实习近平总书记"藏粮于地"重要指示精神，积极落实和美乡村建设的重要成果。通过发挥农发行政策性银行优势，进一步探索出了一条政策性金融服务支持农业现代化发展的有效路径和方法，在解决好农民安居问题的基础上加快构建现代农业产业体系、生产体系、经营体系，实现了农产品的

陈庄临河现代农业产业园丰收景象

规模化生产、标准化管理和产业化经营，引领推动当地农产品向优质、专用、特色规模化生产经营转变，形成独特的市场优势和竞争力，走出了一条"安居乐业强村富民"的新路径。

（高智峰　陈俏俏　闫小杰）

> ## 点评

　　利津县发挥政策性银行优势，通过政策性金融支持，为和美乡村建设注入了资金活水；依托沿黄资源优势，重点发展特色农业产业，提升了农产品附加值和市场竞争力；注重生态环境保护和农业可持续发展，推广水肥一体化技术；通过土地流转和规模化生产，农民不仅获得了土地流转租金，还能通过参与农业生产和园区务工获取额外收入。此外，产业园区还兼顾了农业生产和乡村旅游的结合，促进了乡村的生态宜居和产业发展，走出了一条可持续发展的乡村振兴之路。

　　利津县在和美乡村建设中的成功经验，为其他地区的乡村振兴提供了有益的借鉴。（1）注重发挥政策性金融在乡村振兴中的重要作用。农发行的金融支持，有效解决了农村基础设施建设和农业现代化发展需要大量资金的问题，为乡村振兴提供了坚实的资金保障。（2）发展特色农业产业是实现乡村振兴的重要路径。利津县通过发展"临合蜜"甜瓜等特色农产品，打造品牌效应，提升农产品附加值，带动了乡村经济的发展，增加了农民收入。（3）乡村振兴不仅要注重经济发展，更要兼顾生态文明建设。利津县在项目实施中注重生态环境保护，通过现代农业技术的推广，实现了农业生产与生态保护的协调发展，推动了生态宜居乡村的建设。（4）农民的积极参与和利益共享至关重要。利津县通过土地流转、务工报酬等多种方式，保障了农民的利益，提高了他们的参与积极性，形成了良好的发展机制。（5）现代农业园区建设是实现农业现代化的重要途径。利津县的经验表明，通过国有企业、农村经营主体和农民的合作，能够有效提升农业生产的规模和效率，实现农产品的标准化、规模化生产，增强市场竞争力。

济南莱芜区：农文旅融合发展的"汶源模式"

一、项目规模

钢城区乡村振兴示范区位于汶源街道，由 19 个行政村组成，常住人口 11,503 人，面积约 46.03 平方千米。其中，核心区由 7 个行政村组成，包括龙巩峪村、长胜村、胡家桥村、霞峰村、杨家大峪村、南通香峪村和台子村，面积约 25.26 平方千米。

二、项目建设思路

（一）整体布局

示范区以一产林果农业为基础，以齐鲁文化为引领，以用地空间为载体，建设面向世界的未来乡村。依托山东齐鲁文旅集团强大的资源优势和丰富的乡村振兴建设经验，示范区通过深度挖掘本区域自然优势、在地文化，引入国内外高品质产业资源，以龙巩峪为中心，建设山东省首个未来乡村试点，构建农、旅、文、养、创多元产业发展平台，打造集文旅、特色农业、田园休闲、康养度假、文化创意于一体的国家乡村振兴示范区。

项目围绕产业建园区、园区变景区、景区融社区的"园区＋景区＋社区"三区融合发展模式，以"星级园区标准、A级景区理念、未来社区模式"引领园区规划建设，以产业风景道为串联，推动社区宜游宜居。聚焦主导产业，强化片区农业全产业链，以农旅融合共促近郊农创产业发展，以打造社区场景满足群众美好生活需求。在乡村振兴产业发展层面，项目以"都市农业＋N"为载体，推动城乡融合发展，强化片区三产融合发展体系。

（二）工作思路

按照分期发展的路径，项目分为三个阶段建设。第一阶段，高标准高起点打造共富示范核，即以龙巩峪村为核心，建设多功能游客中心、汶源宿集、星空露营地等集公共服务、旅游住宿、休闲娱乐于一体的乡村旅游目的地。同时以未来乡村建设为抓手，建设智慧治理、乡风文明、邻里服务、宜居空间、特色产业五大场景，打造齐鲁未来乡村示范基地。第二阶段在第一期发展的基础上，构建"一轴、六组团"。"一轴"即以现状路为基础，打造"共富风景线"，串联龙巩峪村、长胜村、胡家桥村、霞峰村、杨家大峪村、南通香峪村、台子村；"六组团"即以胡家桥、柿子峪为核心的齐鲁休闲组团，以东王家庄村、桑家庄村、北通香峪村为核心的齐鲁现代农业园组团，以霞峰村为核心的齐鲁民俗乡情组团，以南通香峪村、杨家大峪村为核心的齐鲁山乡风情组团，以台子村为核心的齐鲁康养度假组团，通过多片区联动发展，实现农业景区化、乡村产业化、溪谷景观化。第三阶段，全面实现齐鲁未来乡村样板示范区建设，输出成熟的建设经验及管理经验，并在全省乃至全国推广应用。

三、建设方案

（一）建设内容

以农业产业为基底，以旅游景区为核心，以乡村社区为承载，以庭院经济为特色，构建乡村未来社区模式。同时建设服务全域的基础配套，对需持续建设的基础设施项目持续推进、加快落地，对已建成的基础设施适时提档升级、定期维护。以强大的资源支撑，按照生活、生产、生态、治理方面的策略引导，因地制宜，应对未来趋势，构建不同功能特点的乡村社区生活圈，打造特色鲜明、丰富多彩的齐鲁源未来乡村。

1. 基于当地产业基础，将产业振兴作为乡村振兴第一抓手

聚焦农创展销、乡村度假、美学乡创三大功能，坚持以创新驱动、标准引领加速农业现代化进程，大力推进农业科技创新，激活乡村产业发展内生动力。农创展销中心以展示当地特色农业品牌为主，提供本地特色农产展示

与体验场所，拓展农创售卖等系列产业链延伸，主要包含农夫市集、农创展馆、电商中心等业态；艺术乡创结合当地特色产业与乡村发展方向，因地制宜发展乡村文创与艺术相结合产业链，使乡村资产增值，主要包含美育学堂、艺术家工坊、乡创中心、美学展馆等业态；乡村度假基于乡村生态基底及产业方向，发展原乡度假、田园休闲、生态体验等业态。

2. 创新城乡融合发展体制机制，提升乡村宜居水平

一是基础提升，在乡村基础设施改造提升中，因地制宜推进无障碍设施建设和改造、旅游公厕建设、智能公交等设施提升。二是风貌提升，结合乡村自然风貌环境，打造乡村慢行绿道、多功能运动场等田园日常休闲场所，丰富乡村生活体验。三是建设低碳乡村，鼓励进行新能源设施、智能污水处理系统、垃圾无害化处理等基础设施创新和政策试点，减少碳排放，提升乡村人居环境基础条件。

3. 深入推进共建共享，打造邻里服务场景

创新融合发展模式，统筹谋划、协同推进，完善共建共享，打造新型乡村生产生活共同体。为构建一个和谐友爱、邻里守望的村庄生活环境，着力推进各要素融合发展。一是在综合服务方面打造无差别综合服务窗口，提升汶源街道乡村政务服务能力和水平，实现乡村政务服务一窗式受理、一站式办结。二是在基础服务方面，以满足村民日常医疗、农技支持等基础需求为目的，成立村农业技术综合服务站、医务室等基础需求服务场所，提升村民幸福指数。三是在温度社区建设方面，打造关爱老人、孩子的生活和健康，融入养老、托幼服务，提供多样化的邻里共享及交流空间的有温度的乡村社区，促进原住村民之间、新老村民之间、村民与游客之间的交流互动。

4. 党建引领，唤醒文明新乡风

坚持党建引领，把夯实基层基础作为固本之策，建立健全党委领导、政府负责、社会协同、公众参与、法治保障的现代乡村治理体制，坚持自治、法治、德治相结合，打造充满活力、和谐有序的善治乡村。通过价值引领。围绕群众需求，厚植村民思想道德根基。广泛开展文明家庭、最美庭院、道德模范及"好邻居""好婆媳"等推荐评选活动，以文明家庭评选助力乡风文明建设。设立道德讲堂、党建网格点等公共服务设施，大力宣传展示科学理

论、党的政策、主流价值，宣传展示中华优秀传统美德、优良风俗民情，以生动形象、通俗易懂的形式营造乡风文明浓郁生活场景。加强农村文化阵地建设，推动基层综合文化服务中心、设施改造升级，搭建民俗活动展场、百姓戏台、红白事中心等场所，开展民俗展演、戏曲进乡村等群众性乡村文化活动，丰富农民精神文化生活，激发农民群众精神风貌。

此外，村集体还会联合外部资源，组织各类文化体育活动，如农村电影优化升级，实施"一村一年一场戏"免费送戏工程。对村（社区）综合性文化服务中心等现有站点进行信息化改造，通过网站、社交平台、新媒体平台等信息化手段，为农村居民提供公共文化服务，丰富村民精神文化生活。

（二）启动区项目总体规划

1. 规划结构

项目选取龙巩峪村、长胜村片区作为山东省首个未来乡村试点，规划"一轴两核五区"。"一轴"即未来乡村示范轴，"两核"即齐鲁未来乡村核、齐鲁休闲度假核，"五区"即作家村组团、未来乡村组团、森林涵养组团、桃园度假组团、休闲度假区组团。

2. 核心业态

启动区构建智慧治理、乡风文明、邻里服务、宜居空间、特色产业五大未来乡村场景，其中多功能游客中心、汶源宿集、星空露营地、百合特色种植产业园等项目为一期启动业态。

多功能服务中心，总规模约 3000 平方米，总投资约 2400 万元，位于汶源街道龙巩峪村，规划面积约 1.7 万平方米，是展示汶源街道乡村振兴示范样板蓝图、齐鲁文旅品牌文化的空间，用于承接乡村振兴成果展示、网络文学创作、青少年研学等活动。这里创新打造出新乡村旅游在线服务应用，同时以低碳绿色为建设理念，与自然融为一体，具备汶源特色的建筑风貌，体现绿水青山就是金山银山，为当地居民、游客提供一站式服务与旅游体验。

汶源宿集，总共有约 40 套民宿，总投资约 3300 万元，是齐鲁文化和特色地形相结合的文化旅游度假综合体。这是由国内外多名设计大师共同创作的酒店民宿集群，充分发掘汶源的资源价值、文化价值；其对景观和建筑的改造充分融入环境，重塑建筑的形态功能，形成多种不同类型的民宿产品，同时引入朴宿、花间堂、寒舍等多个民宿、客栈运营品牌经营。

百合特色种植园，总规模约 1000 亩，总投资约 1000 万元。携手国内百合种植龙头企业惠美农业，打造以百合规模种植、育种研发、产品加工、观赏旅游为核心的百合全生态产业链。引入以百合种植为主的花主题旅游路动线，串联霞峰水库、安置社区、星空露营地以及其他乡村文旅项目。通过土地整治、土壤修复形成规模化种植用地，种植 50 余个品种的百合，同时引进种植藜麦、美国红株、粉黛乱子草、啤酒花等花系，形成"万亩花海"；建设百合加工厂，配套建设百合干及百合粉生产线；承接省农科院、省药科院、省农大百合繁育课题研究，建设组培育种科研中心；结合启动区文旅项目中的餐饮、住宿、购物、体验、康养、游乐等业态，向第三产业延伸，全方位发展，打造百合一二三产融合示范区国家级区域性百合良种繁育基地。

乡村基础设施建设提升项目，总投资约 600 万元。聚焦农村人居环境整治，以改善村容村貌、树立文明新风为目标，建设农民培训中心、新能源充电桩等项目，持续改善村庄基础设施，打造内外兼修的美丽村庄，着力提升乡村颜值，描绘乡村振兴新画卷。

借助农产品电子商务等数字化平台，打造农民培训中心。对农民加强数字化科普、专门化教育培训和带头人示范，保证大多数农民能掌握现代信息化手段，提高应用数据要素的能力和水平。

四、项目带动村集体、村民致富模式

（一）齐鲁源项目建设"七大经验"

1. 多元化投资，同股不同权，带动村集体和村民增收，实现共同富裕。采取"工商资本＋资源变资本＋地方平台＋村集体＋合作社＋政策支持"的方式进行投资，分享收益。当地村民可以宅基地、资金、耕地作价入股成立合作社，获得本地就业、股权收益、资产流转（宅基地/土地）、自主经营等四笔以上的收入，放大集体资产价值。

2. 激活沉默资产。与温铁军老师共同设立专项课题，挖掘沉默资产价值，运用政府资金投入基础设施的资产变现、土地整理、高标准农田建设、生态修复等多重方式提升资产价值。

3. 围绕乡村振兴的二十字方针和"五大振兴"，共同打造未来乡村。

4. 三产带二产促一产，推动产业振兴，促进共同富裕，实现城乡融合。

5. 创新基层组织治理，实现有效治理。

6. 形成产业园区、生态景区、未来社区三区共建共享的汶源模式。

7. 形成产、景、村、镇融合的乡村振兴模式。

（二）探索搭建政府、企业、村集体合作模式，实现共同富裕

1. 运营类项目：钢城区乡村振兴片区运营围绕壮大集体经济，催生内生动力，多角度、多维度、全方位实施项目建设。通过"企业＋村集体＋村民"的方式成立运营平台公司，建立村集体与投资运营主体风险利益共担机制，实现土地流转、宅基地流转、项目运营过程中各方利益平衡。

2. 农业产业类项目：围绕钢城区汶源街道蜜桃产业，搭建"村集体党支部领办合作社（实施主体）＋乡镇管理联合社（管理主体）＋农业技术企业（服务主体）"的农业产业运作模式（二次入社），由服务主体向联合社提供种植技术、低成本农资农具，输出管理并提供稳定订单，管理主体向合作社统一分配农资、农具等，同时分配订单并可作为贷款担保主体，实施主体组织村民开展种植。通过"农业二次入社"模式，推动了区域农业产业适度规模经营，提高劳动生产率和土地产出率，实现土地经营收益最大化，为村集体和村民带来增收。

特色农业产业种植方面，搭建了"村民出地/房＋村集体主导＋企业出钱建设"的合作联建模式，由村民和村集体以土地或宅基地作价入股方式参与百合特色种植产业园项目，由专业企业投资建设，每年采取保底＋项目经营分红10％的方式。一方面实现了资源变资产，使村民和村集体闲置的土地、宅基地、建设用地等经营性资产使用权得到有效盘活，村集体和村民入股到经营主体，获得资产收益，可按股获得分红。另一方面实现了农民变股东，通过引导村民以资源、资产、资金、技术等入股到经营主体，成为股权投资人，参与分红，让村民成为文旅产业链、资金链、供应链和价值链的参与者和受益人。

3. 乡村文旅项目：围绕乡村文旅带动周边村庄发展，以多功能游客中心服务片区文旅，打造网红旅游打卡、特色文创、精品演艺等项目，开发出品质较高的"小而精"产品（星空露营地、儿童探索乐园），引爆和撬动当地旅游经济发展。通过发展村民自主经营的业态（民宿、农家乐、采摘园等），不仅让村民有了更好的生活环境，还让村民在家门口就把钱挣了。村集体和村民通过流转土地，推进集约化经营，土地、宅基地、农田等低效沉默资产流转给社会经营个体后，村民还可去"打工"，多重收益为农民提供了实打实的保障。

五、项目效益分析

齐鲁源汶源野奢营地项目于 2023 年 5 月 21 日开业，至今已接待游客数万人。集团联手山东综艺频道，该频道王牌节目《快乐向前冲》于 9 月 2 日在营地开录，活动当天，报名选手 550 余人，相关词条微博热搜前三，浏览量达 460 万，抖音直播观看量超 200 万，到场观众约 1.5 万人，"黄河大集"累计创收近 3.6 万元，进一步拉动汶源消费。

在乡村振兴运营方面，打造"山东有礼"品牌。2023 年 8 月 13 日，齐鲁文旅汶源野奢营地举办首场助农直播，对当地农产品进行品牌包装，与抖音达人联手，助力一二三产融合发展，提高农民收益。

六、存在问题

钢城区经济体量不大，综合实力不强，创新活力不足，整体竞争力较弱；产业结构不协调，工业"一钢独大"，服务业发展不充分，农业产业化水平不高；人才、资金、土地等要素制约依然突出，生态环保任务较为繁重；城市功能配套不完善，社会治理精细化水平不高；就业、教育、医疗、养老等方面保障能力不强。为补齐短板，需统筹规划，发挥资源优势，引进优质产业，提供精品服务，实现区域协调发展。

七、经验及启示

近年来，在高质量发展的新征程上，钢城区紧紧围绕乡村"五大振兴"的总体目标，全面落实三级书记抓乡村振兴责任制，建立健全上下联结、一抓到底的乡村振兴工作体系，把"三农"工作扛在肩上、抓在手上。在此基础上，汶源街道全力探索"三三一"乡村共富模式。

（一）三级书记抓振兴，奏响联动发力"凝心曲"

钢城区坚持三级书记抓乡村振兴，打造街道治理大比拼沉浸式工作机制，形成"区委统筹抓、街道直接抓、村居主动抓"的工作格局。

一是区级"一把手"高位推动。区委书记亲自谋划部署，以"一月一街一推进"为具体抓手，每月围绕不同主题，深入产业园区、项目现场、村社小区、田间地头等点位，逐个考察、逐项验收，倒逼街道、村级书记把抓发展、抓振兴作为"领办项目"，逐一落实，各个击破。

二是街道"主心骨"主动作为。街道党工委书记深度挖掘、积极谋划契合本地的项目和抓手，按照"成熟一批，比拼一批"的要求，累计谋划强村富民项目20余个，并在村级层面建立"领雁强基·亮剑比拼"擂台赛机制，每月组织一次擂台赛。着力营造干在平时、比在平时的"比学赶超"浓厚氛围。汶源街道把山区村分为"汶水源""桃花源""齐鲁源"三条线，每线六个村形成党建联盟，通过跨村联建方式抱团发展，做大做强优势产业，促进集体和农户"双增收"。

三是村级"领头雁"高效落地。村党支部书记主动发挥"领头雁"作用，积极组织动员村民农户，充分发挥基层土专家、田秀才和草根能手的带动作用。涌现出"龙头企业＋党组织领办合作社＋农户"的"齐鲁源模式"、"人地分离、土地入股"的"长胜模式"、"盘活闲置宅基地资源入股"的"霞峰模式"等10余种治村模式。

（二）三次产业大融合，探索乡村共富新路径

乡村要振兴，产业必振兴。产业振兴是乡村振兴的重中之重，要坚持精准发力，立足特色资源，关注市场需求，发展优势产业，促进一二三产业融

合发展，更多更好惠及农村农民。

第一，以形成新型工农城乡关系拓展乡村产业发展空间。习近平总书记强调："振兴乡村，不能就乡村论乡村，还是要强化以工补农、以城带乡，加快形成工农互促、城乡互补、协调发展、共同繁荣的新型工农城乡关系。"将这一重要论断落实到推动乡村产业振兴的工作中，就要在发展现代农业、推动农村一二三产业融合发展、构建乡村产业体系等方面切实发力，不断拓展乡村产业发展空间。

第二，以完善利益联结机制集聚乡村产业发展动能，以深化农村改革激发乡村产业发展活力。全面推进乡村振兴，必须用好改革这一法宝，加快推进农村重点领域和关键环节改革，激发农村资源要素活力。通过完善利益联结机制，通过"资源变资产、资金变股金、农民变股东"，尽可能让农民参与进来，进而形成企业和农户产业链上优势互补、分工合作的格局，让农民更多分享产业增值收益。通过提供培训等形式提高农民的市场意识及市场知识水平、技术水平，雇佣当地村民参与百合特色产业种植、星空露营地场地平整及建设等工作，把村民纳入百合产业、露营产业链条，让更多一二三产业经营收益留在农村、留给农民。

第三，以形成新型工农城乡关系，拓展乡村产业发展空间。聚集乡村振兴六大服务要素，以乡村资源优化配置、产业结构调整、人口结构升级和乡村可持续发展为目标，推动城乡要素的双向流动及公共资源的均衡配置，打破城乡资金、技术、人才等关键要素壁垒，搭建产业矩阵，与国内头部专业企业及顶级专家合作，高标准出具《齐鲁源规划设计方案》，引进头部农业企业惠美农业、头部露营运营企业有度国际，高标准打造百合特色种植区、星空露营项目。与山东省标准化研究院、数字科技企业合作，打造集展览展示、数字服务、数字治理于一体的数字展厅，推动汶源街道数字乡村建设；因地制宜搭建活动矩阵及品牌矩阵，挖掘乡村空间、文化习俗、产业等特色资源，通过高效率传播、高品质包装，保证区域品牌健康、可持续发展，助力乡村全面振兴。

（三）一个目标为根本，打造全域过硬新汶源

习近平总书记在济南市章丘区双山街道三涧溪村调研时强调："农业农村

工作，说一千、道一万，增加农民收入是关键。"让汶水源头美起来，让汶源人民富起来，这是汶源街道党工委的工作目标和努力方向。

一是突出"联"。创新改革思维，按照产业相似、地缘相近的特点，把 20 个农业村划分为"汶水源""桃花源""齐鲁源"三个组团，采取跨村联建、抱团取暖、错位发展、共同富裕的模式，激发你追我赶的发展热情。每月一观

齐鲁源汶源野奢营地亲水船帐

摩、一评比，给排名第一的村颁发流动红旗，并给予相应资金奖励。年底以组团为单位评定等次，实现强村对弱村的帮带。

二是突出"改"。村村成立党组织领办合作社，重点围绕合作社联农带农实体化运作出台相应政策，鼓励抱团发展帮农促富。依托村企合作、校企合作，举办系列主题采摘活动，推动草莓、樱桃等产业单价增长 40% 以上，为乡村增美增收。

百合特色种植园

三是突出"帮"。做优企地共建文章，从辖区内筛选 20 家重点企业到村流转土地，破解村级产业发展"第一桶金"的难题。积极招商引资，吸引龙头企业落户汶源。汶源野奢露营地是齐鲁源项目的首期工程，由山东齐鲁文旅集团出资，联合钢城区人民政府及汶源街道共同打造。项目从规划到落地仅用了 40 天的时间，标志着齐鲁源项目建设迈出了坚实的第一步。

（胡晓川 刘 增 云立新）

点评

　　钢城区的乡村振兴示范区以汶源街道为核心，通过独特的"汶源模式"实现了农文旅融合发展。该项目展示了一条乡村振兴发展的特色路径：通过创新的思路、扎实的措施和多方协同发展，将农业、文化、旅游三者有机结合，促进当地经济社会的全面发展，实现农民增收、农业增效、农村繁荣的目标。

　　"汶源模式"不仅为钢城区的乡村振兴提供了可借鉴的经验，也为全国其他地区的乡村振兴提供了有益的启示：一是政策引领与多方协同。通过建立三级书记抓乡村振兴机制，确保各级政府的高度重视和有效推动。同时，吸引齐鲁文旅集团等优质企业参与，实现政府、企业、村集体的多方协作，共同推动乡村振兴。二是产业联动与农民参与。乡村振兴离不开产业的支撑。项目通过发展特色农业和生态旅游，提升了乡村经济活力。同时，采取土地流转、农民合作社等方式，确保农民参与项目建设和收益分配，实现农民增收和集体经济发展。三是创新驱动与可持续发展。注重创新驱动，通过引进先进农业技术、推广数字化平台等手段，提升了农业生产效率和产品附加值。同时，注重生态保护和资源利用，推动乡村可持续发展。四是文化传承与社区建设。项目在推动经济发展的同时，注重文化传承和社区建设。通过开展丰富多彩的文化活动，提升了村民的精神文化生活水平，营造了和谐友爱的社区氛围。

济宁微山县：微山湖上富裕岛

近年来，微山岛镇紧紧抓住微山湖旅游区成功创建国家 AAAAA 级旅游景区这一历史性机遇，全力推动和美乡村片区建设，加强社区和景区联动、互动，因地制宜、因村制宜，通过政府资金扶持、市场资本参与等形式，不断丰富旅游业态，打造全域旅游，推进共同富裕。

一、发展背景

微山岛镇位于微山湖中，陆地面积约 12 平方千米，其中岛内陆地面积约 9.6 平方千米，水域面积广阔，文化旅游资源丰富，是国家 AAAAA 级旅游景区、重点红色旅游区，下辖 17 个村，人口约 1.7 万人，其中岛内 14 个村，人口约 1.5 万人，常住人口约 1.1 万人。2019 年初，微山岛整岛 14 个村被确定为市级乡村振兴片区，镇党委、政府确立了"红色渔乡、度假绿岛"发展定位和"政府服务引导、市场项目运作、群众全面参与"的发展模式，大力实施乡村振兴战略，秉承"以水为魂、全域旅游"的理念，壮大村集体经济，促进农民增收。

二、实践探索

微山岛镇秉承政府引领、集体运营、村民参与、共同富裕的发展建设理念，融入景区发展，利用景区带动和美乡村发展，出实招、用真心充分提高农民参与的积极性，在发动农民上下足功夫，积极挖掘全岛蕴含的财富和经济价值。通过大力发展乡村旅游和文化旅游，让享有盛名的微山岛不再只是农民日出而作、日落而息的生存空间和生活聚落，而是能够带来经济收入的商业平台。

一是真正让农民参与和美乡村建设。微山岛镇精心选择和美乡村建设的切入点，让农民真心愿意参与。如对村内可能影响旅游客源和收益的荒废庭院、废弃坑塘和残垣断壁等场所进行升级改造，将其打造成小桥流水、绿树环绕的优美景观，获得了村民快速热烈的响应。

二是在和美乡村建设中充分尊重农民意愿。微山岛镇在和美乡村建设关键事项的决策过程中，充分征求和听取村民建议，发挥村民的聪明才智，激发他们的创新创造热情。积极打造文化广场、骑行驿站、停车场乡村民宿和田园生活馆，提升鱼鹰表演、渔家婚礼、布老虎、陶艺等渔家特色文化体验项目品质，做到既"见物"又"见人"，促进乡村建设、乡村治理、乡风文明一体提升。

三是让农民在和美乡村建设中受益获利。首先，充分发挥镇党委政府在和美乡村建设涉及的岛内各类资源开发、优化调整产业结构和提质升级等方面的统筹作用。其次，重点发挥村基层党组织在提供资金互助、盘活闲置资源等基础综合服务方面的核心引领作用，通过依托各种合作社吸引村民将闲置的资金、资源等作价入股，优化公司、村集体、合作社、农户的利益分配机制，完善村民分红模式。

三、效果显著

（一）政府指导，打造特色产业发展链条

微山岛渔湖资源丰富，水生动植物种类繁多，素有"日出斗金"的美誉。微山岛镇积极构建特色产业加工全产业链。渔湖产品加工企业生产的荷叶茶、荷叶酥、藕粉、咸鸭蛋、风干鱼等，已形成具有代表性的地域特产。其中，荷先生食品加工厂按照前厅后厂的设计，建成一处综合性展厅，为游客提供更全面便捷的购物平台。微山湖百荷生态示范基地项目的建成，完善了荷花育种、繁育等功能，不断丰富荷制品和延伸荷制品产业链。现有农业产业化市级龙头企业1家，荷先生牌荷香酥饼入选山东预制菜千优产品名单。微山

岛吕蒙村"大渔家"文创品牌，现有渔家虎头服饰、杞柳编织、黑陶制作、麦秸画等产品，把平凡、平实、平常的渔家事务融入文创产品，呈现微山岛渔家独特的生活风格。其中，渔家虎头服饰坊被评为山东省首批"省级非遗工坊"。

（二）村庄环境"微换装"，群众收入"大提升"

一是充分发挥独特资源优势，突出因地制宜、农民主体的工作原则，统筹运用政府主导、市场运作、村集体实施、农民自主等多种方式，不断深化公共空间治理。二是深入挖掘各村文化资源，建成富有渔家特色、蕴含乡愁记忆的微景点；利用闲置宅基地和村边闲置地块，为游客休憩、停车提供便利服务；对村内废弃坑塘进行升级改造，建成小桥流水、绿树环绕的生态净化河景观。三是充分尊重群众意愿，听取群众建议，在保证群众权益和利益不受损失的前提下，满足群众生活生产需求，交由群众管护，提升群众主人翁意识。四是在村党支部的带领下，成立内置金融合作社，提供资金互助、盘活闲置资源等各方面的综合服务，依托合作社吸引村民将闲置的资金、荒芜庭院等作价入股，带动盘活闲散资源，提升群众收入。

全镇已建成文化广场 7 处、停车场 6 处、农家乐 9 家，增加停车位 100 余个、民宿 50 余间，打造精美"五园"（小菜园、果园、花园、游园、公园）212 个。2022 年，乡村旅游收入 750 余万元，3000 余人吃上了旅游饭，人均增收 3 万余元。

（三）支部领办运营，促进集体增收

一是充分发挥村党组织引领带动作用，实施"党建＋"发展模式，成立党组织领办合作社联盟，发展内置金融合作社、旅游合作社、股份经济合作社，助推资源变资产、资金变股金、村民变股民，结成利益共同体，以合作社作为经营主体，招引社会资金合作，抱团发展，实现村集体和村民"双增收"。二是准确定位镇域乡村的发展方向和旅游的发展主题，将全域旅游发展视为和美乡村建设的重要组成部分和强劲动能、先导产业。在实施乡村建设行动时，将全域旅游的发展有机融入镇域乡村建设行动全过程，使镇域乡村地区的旅游资源得以优化开发和发挥整体效能，促进乡村地区的产业结构优化调整、产业发展提质升级和社会事业长足进步。三是全面生动地形塑和展

现具有深厚地域文化底蕴的秀美乡景、悠淳乡风、浓郁乡情，以文化引领乡村旅游发展，以旅游发展引导美丽乡村建设、助力乡村振兴，实现让居民"望得见山，看得见水，记得住乡愁"的发展目标。

目前，微山岛镇以渔家文化、红色文化、田园生活为主线，建成渔家展馆、红色广场、杨村展馆、微子书屋等具有特色的游客打卡点，开展鱼鹰表演、渔家婚礼、布老虎、陶艺等具有渔家特色的文化体验项目。各村积极招引乡村振兴合伙人 6 人，合作资金 3000 余万元。村集体收入不断攀升，其中大官村村集体收入已突破 120 万元。

（四）村庄服务景区发展，让"流量"变"留量"

自微山湖旅游区成功创建国家 AAAAA 级旅游景区以来，其所受关注不断攀升，2023 年游客量较之前增长一倍。除景区自身的建设和配套外，微山岛当地居民也充分参与其中，从餐饮、住宿等方面做好服务，真正地把景区吸引的"流量"变为群众致富的"留量"。一是搭建平台，培育乡土人才。坚持"走出去、引进来、干中学"的培训形式，在开阔视野、提升素质上下功夫。先后赴先进地市考察学习电商、民宿等事项，培训干部 100 余人次。举办非遗项目技能培训班，开展手工绳编和渔家虎头服饰手工教学，共开展培训 3 批次，人数 150 余人，进一步规范并提升传统手工艺品制作水准。组织留守妇女学习工笔画，培育了 40 多名工笔画专业爱好者，画作达到 3000 幅。举办民宿管家培训班，采取集中授课、互动研讨、现场教学、案例分析等形式，培训学员 40 余人。二是品牌强农，拓宽增收致富路。以区域公共品牌为抓手，加强品牌赋能，推进微山岛镇高质量建设发展共同富裕示范区，积极推进乡村振兴。目前，微山岛镇已注册山东三贤农业综合开发有限公司，"微湖游礼"已完成商标注册。通过"微湖游礼"品牌，整合岛内农产品加工企业资源，同时将群众的手工艺品统购统销，依托线上平台和线下旅游销售等形式，推广销售微山岛、微山湖的优质农产品。同时，为全岛农产品提供统一的农产品追溯与监管平台，平台贯穿生产、加工、包装、储存、运输、销售全过程，统一追溯标签，实现每件农产品可追溯可召回。同时，完善分红模式，实现公司、村集体、企业、农户共同受益的利益分配机制。三是共享合作，提升景区接待能力。微山岛镇共有宾馆、民宿经营户 63 家，从业人员

210 余人，住宿房间 622 间，床位 1355 个，旅行社 6 家，从业人员 29 人，其中导游、讲解员 16 人，特产商超经营户 85 家，经营面积 6265 平方米，餐饮经营户 81 家，现有 76 家正常营业，从业人员 235 人，同时就餐最大承载量 8560 人。全镇共有五星级民宿 1 家、四星级民宿 11 家、三星级民宿 12 家。微山岛春天里度假民宿被省文化和旅游厅评为 2022 年"四星级旅游民宿"。截至目前，微山岛餐饮、民宿等经营收入已突破 1.5 亿元。

四、获得荣誉

近年来，微山岛镇先后获评山东省森林乡镇、省级创新型乡镇、省级文明镇、济宁市文化旅游特色小镇、山东省乡村振兴示范镇、省级创业型乡镇、济宁市乡村治理示范村镇、山东省华侨国际文化交流基地、济宁市乡村公共服务能力示范镇、山东省精品文旅名镇、文化生态名镇、全市乡镇法治建设先进典型、中国华侨国际文化交流基地等国家和省市级荣誉。

五、经验总结

一是搭建"共富平台"，实现共同富裕。微山岛镇按照政府引领、集体运营、群众参与、共同富裕的思路，构建了"1＋1＋12＋N"的共建共享"共富平台"，即镇级平台公司＋镇级合作社＋12 个村级合作社＋农户。"共富平台"任务明确，发展思路清晰。镇级平台公司发挥对接外部资源和资金的优势；镇级合作社主要作用是整合内部资源，建立科学有效的利益分配机制；村级合作社作为运营主体，将平台公司争取的资金和政策发挥出最大的运营效益；每个农户都可以通过产品加工、资金注入和参与就业等形式参与发展。通过平台搭建，整合涉农政策资金，吸收本土人才参与，有效弥补了单一经营主体在市场化运营中存在的资金短板不足，有效规避了农户或企业单打独斗市场风险，有力推动了乡村产业振兴。

二是切实激发广大农民的主动性和创造性。农民是和美乡村建设的主体，是乡村的主人和守护者，是和美乡村建设的推动者和生力军。这也是"坚持发展为了人民、发展依靠人民、发展成果由人民共享，才会有正确的发展观、现代化观"的根本体现。因此，充分调动农民群众参与和美乡村建设的热情，关键在于认可并激发农民作为和美乡村建设能动主体的积极性、主动性与创

微山岛镇全景

造性，并通过农民乐于接受和参与的多种建设方式，引导他们投身和美乡村建设，进而强化农民的主人翁意识，从而撬动和美乡村建设的内生动力，让农民不仅成为和美乡村建设的参与者、建设者，更是受益者和获利者。

微山岛镇特色产品加工坊

三是打造群策群力、共建共管、共富共享的农村现代化行动体系。将和美乡村建设描述为多元主体"联合、协作、并行、对等地创造新价值的过程"。基于此，首先，有效的利益动员机制设计，让和美乡村建设成为多元主体群策群力全面推进乡

村振兴、落实涵盖物质文明和精神文明各个领域的农业现代化实施方案的集体行动。其次，通过协调联动的机制设计，在尊重自然、生态规律和特色以及充分挖掘乡土文化资源的基础上，将乡情民俗、人文传统与基础设施建设、乡村产业发展相融合，让和美乡村建设成为多元主体统筹生态保护、经济产业发展和乡风文明塑造的运行系统。最后，通过连接分享机制设计，让和美乡村建设成为一个多元主体合力应对各类风险挑战，积极促进从形式普惠向实质公平转变，努力实现利益共享和共同富裕，不断增进农民获得感、幸福感和安全感的综合平台。

（董云芝　王久坤）

点评

　　微山岛镇全力推进和美乡村片区建设，通过政府引导、市场运作和群众参与，成功实现了共建共享、共同富裕的目标。其实践探索为其他地区提供了宝贵的经验：（1）创新发展模式，全面激发群众参与热情。采用"政府服务引导、市场项目运作、群众全面参与"的发展模式，充分调动了农民的积极性和创造性。选择切入点，如升级改造荒废庭院、废弃坑塘等，使村民真正参与到和美乡村建设中来。在关键事项的决策过程中尊重农民的意愿，激发了他们的创新创造热情，推动了乡村旅游和文化旅游的发展。（2）政府引导与市场运作结合，壮大特色产业链。积极构建渔湖产品加工全产业链，发展荷叶茶、荷叶酥、藕粉等具有地域特色的产品，形成了完整的产业链条。通过政府的统筹作用和市场资本的参与，镇上建设了综合性展厅和生态示范基地，提升了产品附加值，增加了农民收入。（3）注重文化挖掘与环境改造，提升乡村生活品质。注重挖掘各村的文化资源，建设文化广场、停车场、民宿等基础设施，并对村内环境进行改造，打造生态景观，提升了村民的生活品质。积极组织文化活动，提升村民的精神文化生活，增强了乡村的吸引力和凝聚力。（4）打造全域旅游，促进农民增收。将全域旅游作为推动乡村振兴的重要抓手，通过发展民宿、农家乐、渔家文化体验等项目，吸引了大量游客，增加了村民收入。通过培训乡土人才，提升农产品加工水平，打造区域公共品牌，拓宽了农民的增收渠道。（5）党建引领，推动共建共管共享。通过"党建＋"发展模式，成立党组织领办合作社联盟，推动资源变资产、资金变股金、村民变股民，形成了利益共同体。同时，微山岛镇通过有效的利益动员机制、协调联动机制和连接分享机制，打造了多元主体共建共管共享的农村现代化行动体系。

济南平阴县：打造"和美乡镇"

一、基本情况

孝直镇是平阴县"南大门"，地处平阴、肥城、东平三市（县）交界处，总面积 126 平方千米，有 6.2 万人。现有行政村 36 个，系 2021 年由 64 个自然村优化村级建制而来。孝直镇是"和圣"柳下惠故里、"和"文化发源地，曾荣获"全国农业产业强镇""全省农业产业强镇""全省医养结合示范镇""全省教育强基示范镇""全省脱贫攻坚先进集体""全省干事创业好班子"等荣誉。近年来，在市委、市政府的坚强领导下，在县委、县政府的正确带领下，孝直镇深入学习贯彻党的二十大精神，围绕县委、县政府"1＋676"工作体系，以建设"和谐秀美，现代孝直"为目标，自信自强、踔厉奋发，扎实推动乡村振兴同脱贫攻坚成果有效衔接。

二、主要做法

（一）党建引领、组织保障，夯实和美乡村之基

一是探索党建引领乡村治理"下功夫"。学习借鉴"依靠群众就地化解矛盾"的"枫桥经验"，实现"小事不出村、大事不出镇、矛盾不上交"；紧抓平阴县作为全市党建引领乡村治理试点的契机，形成党建联合体、人才集合体、阳光运行体"三体"建设经验，探索"三位一体合组织、四体联建促融合、五星达标抓管理、六联一体抓运营"的"3456"党建引领乡村治理模式；探索党组织领办红色物业和社区城管融合发展，中联村相关经验做法登上《济南日报》；成立"红石榴驿站"，塑造民族团结一家亲氛围；打造和圣故里

党旗红"和为贵"乡村治理平台，建成镇村两级"和为贵"社会治理服务中心；全镇 36 个行政村"积分超市"常态化运行，持续激励群众开展文明实践；一站式矛调中心常态化开放，实现一站式解决群众诉求、一揽子提供调解服务；加快"雪亮工程"建设步伐，新增人脸识别摄像头 72 个、高清摄像头 84 个；调整优化网格设置，在原有 64 个网格基础上新增 20 个网格，实现镇域网格化管理全覆盖。

二是强化党员日常教育管理"换形式"。以 64 个"微夜校"为实践着力点，探索人才联系、培育新机制，组建"微夜校青年联盟"，吸收回乡创业青年、返乡大学生、优秀青年 130 余人，带动超过 300 人与村"两委"干部共学习，进一步增强了青年与村居间的有意义联系，相关经验总结以《"微夜校"为党员充电赋能》为题被《中国组织人事报》刊发。此外，还通过推动乡村青年与党员干部一同借助导师授课、集中研讨等方式参加授课培训，开展点餐式、专题式、滴灌式培训 3200 余次，全面激发乡村青年活力，突出了孝直镇拴心育人的真诚开放姿态。此外，结合新时代文明实践活动、群众文化活动的开展，每周围绕党的建设、村庄发展、学习教育、为民服务等方面确定一个讨论主题，激发"头脑风暴"，鼓励献言献策，在邀请道德模范、行业精英、乡村好青年等从微观现身讲解的同时，邀请镇党委书记、镇长、青工委主任等从宏观上把关定向，提高理论学习质量，完善村干部"储备库"，储备村后备干部 128 名，力争破解村级治理后继乏人难题。

三是推进优化村级建制工作"闯难关"。聚焦部分村庄发展难、提升难问题，在全县率先开展优化村级建制工作，形成资源共享、强弱联合、产业聚集的新局面。充分利用村"两委"换届工作契机，按照"规划先行、搞好试点、分类推进、全面优化"四步走战略，将全镇 64 个行政村按照居住聚集型、地域相邻型、以强带弱型等类型统筹规划，成功整合优化为 36 个行政村。换届后"两委"班子平均年龄降低 3.39 岁，35 岁以下人员占比提升至 20％，文化程度较大幅度提高，有效减少行政成本及公共资源浪费，合出新气象、融出新动能、优出新成效。持续抓好村庄后续发展和管理，搭建"和为贵"乡村治理平台，创新实施一条线抓社会民生、一条线抓经济产业发展的"双线治理模式"，推动已整合的村庄快速融合，不断增强新村战斗力，以组织振兴加快实现乡村治理体系和治理能力现代化，相关经验做法被《济南日报》刊登。

（二）产业赋能、办好实事，谋划和美乡村之策

一是高标准打造生态农业。完成 6400 亩高标准农田建设项目，顺利通过市级验收；实施去冬今春农田水利基础设施建设工程，疏挖田间排水沟 55 千米；积极推广水肥一体化节水灌溉工程，覆盖 33 家农业经营主体、7658.12 亩；投资约 2000 万元，新建设 1200 余亩春暖式大拱棚、冬暖棚。围绕智慧节水农业试验区建设，推广以地埋式渗灌和液态地膜为核心的节水农业先进技术。投资 700 余万元，完成 6800 余亩水肥一体化喷、滴灌项目，实现马铃薯亩增产 1000 余斤，孝直马铃薯获评第二批全国名特优新农产品。机械化应用程度、大型农业机械保有量列全县首位，基本实现农业生产全过程机械化。锚准生态导向：率先在全市推广小麦、玉米秸秆全程机械化打捆离田技术，创新秸秆综合利用模式；发展蚯蚓生态养殖新模式，建成 10 个养殖大棚，养殖规模 300 余亩，培育"太平 2 号"品种蚯蚓 200 吨，年消纳秸秆、畜禽粪便、厨余垃圾等废弃物 9 万吨，生产有机肥和土地改良剂 6000 吨，有效解决面源污染和厨余垃圾问题。

二是严要求组建产业党委。聚焦发展壮大村集体经济，依托孝直镇"东菜中粮西药"产业布局，先后探索成立皇山社区联合党委、西部山区产业发展联合党委、和圣蔬菜产业党委，通过活动联办、资源联享、难题联解、发展联动，推动党组织力量从"单打一"向"组合拳"转变，产业发展由"单一型"向"多元型"延伸，结合"党支部＋357"领创合作社模式，在全市率先实现全镇全域规模经营。目前 16 个村集体经济收入超 50 万元，占 44％。依托西部山区产业发展联合党委打造产业运营中心，推动"孝直小农夫"品牌产品通过线上、线下渠道进济南社区，宣传提升了孝直农产品知名度，实现销售收入 150 万元。和圣蔬菜产业党委充分利用地埋渗灌和液体地膜等先进技术，高标准打造黄河流域智慧高效节水农业示范基地，发展订单农业和净菜加工配送，推动全镇 13 个村平均增收 16 万元；培育西部中草药产业发展基地，扩大中药种植面积 1000 余亩，预计增收 300 余万元。

三是全身心增进群众福祉。创新红黄绿"三色"预警工作法，全市防返

贫动态监测现场会选在孝直召开。完成 380 名城乡公益岗开发招录，银龄安康保险缴纳额超 29 万元，增幅居全县前列。新建村幸福院 3 处，发起"幸福家园"村社互助工程项目 10 个，完成临时大病救助及各级慈善救助 159 人，向重点群体拨付资金 51 万元。实施"111"强师工程及"教育联盟"计划，以孝直小学为试点，引领学校运用"和"文化实现内涵式发展。孝直中心卫生院医养项目顺利推进，荣获"全国乡镇卫生院 500 强"荣誉称号。创新"就近办"政务服务品牌，成立玫红驿站 5 处，打通政务服务"最后一米"。新增绿化苗木 3500 亩，清理修缮残垣断壁 227 处、废弃房屋 206 处。清除破损违规广告牌匾、条幅 170 余块，投资 50 余万元建设农田废弃物回收场所，废旧地膜回收工作成为济南市示范典型。开展大气污染防治夏季"百日攻坚"行动，加大洒水降尘力度；通过综合整治，汇河水质基本达到Ⅳ类；积极推行"鲁地云""空天地"一体化监测监管系统，用技术手段筑牢耕地保护红线。

（三）人才增色、文化提效，激活和美乡村之魂

一是完善制度搭舞台。活用各类人才引进相关政策，结合孝直镇实际，立足前期人才队伍建设摸排状况，镇党委、政府牵头成立乡村人才振兴工作专班，以主动、开放、实用、包容的人才引进政策导向，制定《孝直镇"筑巢引凤"抓党建促乡村振兴实施方案》《孝直镇"筑巢引凤"加快推进乡村人才振兴实施方案》，分领域细化了 13 类人才队伍建设意见，预建人才发展、生活保障、合理流动、职级晋升等具体制度 6 项，完善了孝直镇优秀人才、本土人才引进政策，进一步拓展了人才发展空间，以汇聚人才振兴合力，不断建立、建优、建强人才制度。

二是全面培养促成才。结合孝直镇党校实践教学点建设，建立付庄村"头雁实训基地"，聘用亓明轩、安保华等一批经验丰富的乡村振兴"头雁"导师；创建青年联盟，吸引创业青年人才，成立青年创业联盟党支部，推动郭晶、刘桂秀、韩敬武等乡村好青年及青年干部共 18 人加入，回引在外优秀人才 20 人，其中回村任职的有 4 人。今年以来，孝直镇借助"头雁实训基地""头雁论坛""85 青雁扬穗成荫工程""青春一刻钟——青年干部上讲台"等活动让干部"讲讲课、开开嗓、亮亮相"。通过对各村乡村治理、共同富裕、精神文明、文化宣传、民生保障等领域成效的考核，以及对机关干部日

常工作开展情况、履职尽责情况及攻坚克难情况的掌握，实现对 36 个行政村"两委"队伍、全镇机关干部的作风面貌进行逐一"画像"，根据"画像"结果，选拔任用优秀中青年干部到重要岗位接受实践锻炼，进一步实现乡村振兴干部队伍建设"质效"双提升。

三是和孝文化换新颜。近年来，孝直镇利用付庄村乡村振兴教学点、孝直村孝德文化教育、野场村平阴县抗日民主政府诞生地纪念馆、和圣苑村新村发展教学点等多个党校实体化教学基地，联合打造了一批"红色村庄""和孝村庄"；济南市孝直镇乡村振兴研讨会顺利举办，孝直镇乡村振兴经验在全市推广；与曲阜师范大学乡村儒学研究院签订合作协议，共建"孝直乡村儒学讲堂""和圣文化研究院"；孝德教育基地通过"省级研学基地"遴选；逐步盘活西部山区尤寨山、平安寨，以及和圣苑村、孙家楼等历史资源，用好乡忆民俗博物馆、中联村民俗馆、社员供销记忆馆、孝直文化广场等文化资源，推进儒家和孝文化与红色革命文化深度融合发展，成功举办"乡村好时节·LET'S 购"暨"和"文化民俗体验节，"和圣故里"文化品牌正逐步在孝直镇展现风采。

三、主要成效

（一）生态循环农业破题起势，宜业小镇建设稳步推进

2 万亩高标准农田提升项目初步完工。农产品数字交易平台搭建完成，全镇农产品电子化结算作用初步显现，交易额达 2092 万元。"牛粪＋秸秆＋蚯蚓＋肥料"的生态循环农业模式入选省委办公厅《每日信息》，受到市委副书记批示。与省农科院、山东农业大学、青岛科技大学建立战略合作关系。依托东润种业选育高产稳产多抗品种，打造 4 万亩小麦良种繁育基地，选育的小麦品种"清照 19"通过省作物品种审定，实现平阴县农作物育种零的突破，宜业示范镇核心竞争力进一步增强。

（二）优秀传统文化展现新活力，村民幸福感普遍增强

加古通入选全省乡村特色文化艺术典型案例。平阴县孝直镇耕读博物馆成功获批全县首家山东省非国有博物馆。首届"盛世和风"文化节、"和"文

化民俗体验节顺利举办。与山东爱乐民族乐团签署合作协议。新整理《千古传颂柳下惠》等 14 个山东渔鼓节目。县委党校完成《关于弘扬地域特色"和"文化的调研报告》，孝直"和"文化研究取得新成果，村民幸福感普遍增强。

（三）基础事业发展水平稳步提升，宜居乡村提档升级

在脱贫户动态监测领域创新实施红黄蓝"三色"预警帮扶工作法，及时分析研判预警对象 1083 人。高标准建设孝直村"如康家园"，提升失能、半失能老人生活保障水平。改造 28 家幸福院及 4 家日间照料中心服务设施，引进金龄健康有限公司，养老服务能力全面提升。孝直镇综治中心智慧化、标准化改造升级完成，"和为贵"治理品牌效应进一步发挥。政务服务"就近办"走向深入，村级"玫红驿站"增至 7 处，群众幸福感、获得感进一步增强。山东军博技工学校成功落地，招生业务正常开展，为增强镇域人气活力、带动社会消费带来积极意义。

（四）多途径培育人才，和美乡村底色进一步擦亮

"微夜校"等乡村振兴经验与做法得到央视、人民日报等央媒广泛传播，上稿超 15 篇。孝直镇作为 28 个乡镇代表之一，参加了央视《对话》节目录制。数字乡村智慧平台在 10 个试点村顺利运行，预计明年实现全镇覆盖。依托"微夜校"和乡村振兴青年创业联盟，新增村级后备人才 12 人，吸引 28 名优秀青年返乡创业。郭晶入选"第二届全国乡村振兴青年先锋"，张文波获评"2023 年度齐鲁乡村之星"。"跨村联建"工作成效明显，8 个联村党委高效运转，"双线"工作法被省、市新闻媒体关注报道。考直镇完成"千村提升、万人下乡"工程结对 16 对，良种繁育、玫瑰花加工等项目正在包装策划阶段。2023 年村集体收入超 50 万元的行政村 16 个，占比超 44%，位居全县前列。

四、启示

1. 以文化为内核铸魂。文化振兴是乡村振兴的精神基础，要把乡村文化振兴贯穿于乡村振兴全过程，凝聚思想合力。我们设计建设孝直镇方志馆及

"和""孝""廉"展厅，打造"和为贵"治理品牌，推进"和风里"养心田园项目，举办"盛世和风"文化节，与山东爱乐民族乐团合作编制和圣文化曲目，推介孝直"和""孝"文化；进一步开发山东乡忆民俗博物馆等文化场馆的藏品资源，平阴县孝直镇耕读博物馆成功获批山东省非国有博物馆，进一步展现沿黄流域乡村儒学讲堂印记；修缮提升平阴县抗日民主政府诞生地纪念馆，以省第三批红色文化特色村野场村为中心，整合八路军山东纵队第六支队抗战故事，一批红色讲解员"初出茅庐"，形成 5 个"红色村庄"，与孝直小学共建红色研学基地，校地合作新路径逐步清晰。

2. 以产业为载体富民。产业振兴是乡村振兴的关键和支撑。我们牢牢扛起农业大镇责任：做好产业基础设施建设，高效推进 2 万亩高标农田建设，争创高标准农田国家级示范区，全面推广喷灌、渗灌、滴灌等节水技术，努力打造高效节水农业新亮点；形成绿色生态循环农业底色，利用农业废弃秸秆、蔬菜垃圾、畜禽类粪便、厨余垃圾等有机废弃物养殖蚯蚓的"牛粪＋秸秆＋蚯蚓＋肥料"生态循环模式逐步成型；争创种子示范镇，开展高产稳产多抗品种选育，推广"育繁推"一体化发展模式，形成 4 万亩小麦良种繁育基地，选育小麦品种"清照 19"，实现平阴县农作物育种零的突破；实施数字农业提档升级工程，开展"5G＋"智慧互联网技术应用试点，蔬菜交易电子化结算实现全镇全域覆盖；进一步提升温室大棚装备水平，加快构建植物工厂、温室大棚与露地栽培结合的全年周期供应结构，积极对接物流企业、预制菜产业园项目，探索开展蔬菜反季节配送、预制菜加工，延长蔬菜产业链。

3. 以人才为抓手筑基。人才振兴是乡村振兴的动力和源泉。只有吸引来、培养好、运用好优秀人才，才能为乡村振兴提供不竭动力。我们分领域细化 13 类人才队伍建设意见，制定完善各类保障制度 6 项，建设孝直镇青年创业联盟党支部，回引在外务工经商人员、高校毕业生、乡贤等 20 人，回村任职 3 人，储备村后备干部 128 名；创新开展"微夜校"，实现 36 个行政村100％覆盖，围绕青年人才创新创业、素质提升等主题，累计开展点餐式、专题式、滴灌式培训 3200 余次，以"微夜校"为代表的"先锋 365"经验做法被省委党校列为教学案例；建设孝直镇人才数据库，重点培养专业技术拔尖人才 6 名、优秀青年干部 12 名、35 岁以下村党组织书记 5 人，初步破解了乡村振兴"后继乏人"难题。

孝直镇和美乡村现状

孝直镇马铃薯喜获丰收

（陈　铎）

> ❝ **点评**

平阴县孝直镇以"和谐秀美 现代孝直"为目标，在党建引领、产业振兴、群众参与、人才培养和文化振兴等方面积极探索，推动乡村振兴取得了显著成效。其显著发展特色是：生态循环农业逐渐起势，优秀传统文化展现新活力，社会事业水平稳步提升，乡村人才培养成效显著。孝直镇作为宜业宜居的和美乡村，为其他地区提供的可借鉴经验如下：（1）党建引领是关键。党建引领为乡村振兴提供了坚实的组织保障。孝直镇通过党建引领乡村治理，形成了有效的治理模式，增强了村级组织的凝聚力和战斗力。（2）产业振兴是支撑。孝直镇通过发展生态农业和现代农业，提升了农业生产效率和产品质量，实现了农民增收和村集体经济壮大。其他地区可以结合自身资源禀赋，因地制宜发展特色产业，推动乡村经济发展。（3）群众参与是基础。群众是乡村振兴的主体。孝直镇通过调动群众参与的积极性，激发了村民的主人翁意识，增强了乡村建设的内生动力。（4）人才培养是动力。人才是乡村振兴的重要动力。孝直镇通过建立完善的人才发展制度，吸引和培养了一批乡村振兴的优秀人才。（5）文化振兴是灵魂。文化振兴为乡村振兴注入了精神内涵。孝直镇通过弘扬和孝文化，提升了乡村文化内涵，增强了村民的文化自信。其他地区应注重乡村文化建设，弘扬中华优秀传统文化，提升乡村文化软实力。

❞

特别奉献单位篇

TEBIE FENGXIAN DANWEI PIAN

中国人保财险山东省分公司：
创新保险产品供给，服务乡村振兴

2023 年，中国人民财产保险股份有限公司滨州市分公司（以下简称"人保财险滨州市分公司"）深入贯彻落实乡村振兴战略，积极践行人民保险的政治性、人民性，创新构建"政府＋保险＋担保＋银行＋产业"五位一体金融全产业链服务模式（以下简称"五融模式"），全力发挥好保险保障职能和保险一体化贯通服务工作要求，加快农业保险高质量发展，在山东省滨州市阳信县打造了农业保险服务乡村振兴的"滨州样板"。

一、阳信县基本情况

阳信县地处鲁北平原黄河三角洲腹地，总面积 798.46 平方千米，下辖 2 个街道办事处、7 个镇、1 个乡，常住人口为 42 万人。滨州市阳信县是山东省少数民族工作重点县，其中回族 2 万余人，是鲁西北最大的回族聚居区。

阳信是中国优质麦生产基地县、中国畜牧百强县、中国不锈钢生产基地县。阳信畜牧业发达，是鲁北最大的牛、羊生产加工基地和集散地。

二、项目实施背景

近年来，阳信县不断推进肉牛特色产业规模化发展，形成了肉牛育肥、屠宰加工、冷链物流等产业链条。肉牛产业年产值 600 亿元，成为促进乡村振兴的主导特色产业。随着肉牛特色产业不断发展壮大，肉牛养殖面临的疫病、自然灾害、意外事故等风险也日益凸显，加之肉牛养殖属于重资产行业，养殖周期长、资金回流慢，缺乏贷款抵押物，"融资难、融资贵"成为制约肉牛产业健康发展的问题之一。

三、项目主要做法

针对肉牛特色产业发展过程中面临的突出问题，人保财险滨州市分公司积极践行金融央企政治责任，在阳信县委、县政府的大力支持下，在滨州市农业农村局、滨州市地方金融监督管理局等的具体指导下，围绕传统肉牛养殖保险的痛点，对阳信肉牛产业的保险需求进行了详尽调研，创新开发了阳信县能繁母牛和犊牛养殖条款两个创新保险产品，填补了阳信肉牛产业能繁母牛、犊牛保险产品空白，实现肉牛全生命周期保险保障闭环，提高了保险保障水平。在制定能繁母牛与犊牛保险产品要素时，公司根据肉牛品种进行保额确定，有效覆盖鲁蒙黑牛等高端品种，实现保额与实际价值的有效匹配；产品定价保持低费率，有效放大财政资金乘数效应，降低养殖户自缴保费压力，提升养殖户投保积极性；赔偿标准设置区间与肉牛生长期间价值更加匹配，确保无害化处理闭环管理，助力保障食品安全。

与此同时，人保财险滨州市分公司以服务产业高质量发展为出发点，加大与农担、银行的合作，创新推出了"五融模式"，在有效化解阳信肉牛产业各类风险的同时，还解决了"融资难、融资贵"的难题。政府对当地优势特色农业产业发展给予政策支持，通过采取政策引领、财政补贴、指导帮扶等措施打造可持续发展的平台；人保财险公司开发覆盖肉牛养殖全产业链条、全生长周期保险产品，提供风险保障服务并发挥保险增信功能；农担为贷款提供担保服务，为肉牛养殖主体提供担保；银行通过贷款融资的金融服务，为肉牛养殖主体提供银行贷款。

四、项目主要成效

"五融模式"的落地运行，为当地优势特色农业产业发展蹚出了新路子，为阳信开创新时代高质量肉牛产业发展贡献了力量。主要取得如下成效：

（一）有效化解肉牛产业各类风险，解决"融资难、融资贵"的难题

截至 2023 年 11 月，人保财险滨州市分公司已为阳信亿利源清真肉类有限公司、阳信华阳集团有限公司、阳信盈鑫畜牧养殖有限公司、阳信恒昌养殖合作社等多家肉牛养殖企业及合作社农户的 6000 余头牛办理了保险，提供风险保障 7000 余万元。2023 年全年肉牛及能繁母牛养殖保险保障 10,000 头，提供风险保障 2.6 亿元；犊牛养殖保险保障 1000 头，提供风险保障 500 万元；撬动银行融资近 3 亿元，带动肉牛产业产值增加近百亿元。

人保财险滨州市分公司工作人员正在进行能繁母牛承保验标工作

（二）"五融模式"得到充分肯定

2023 年 5 月 17 日，人保财险滨州市分公司在山东省共建农业政策性金融服务乡村振兴示范区（阳信县）现场推介会上作了《创新保险金融供给保障人民保险服务乡村振兴》主题报告，详细阐述了创新打造阳信肉牛全产业链金融供给的"五融模式"。会上，阳信县人民政府与人保财险滨州市分公司

共同签署了战略合作协议。

2023 年 7 月 21 日，在 2023 年全国农服进万家系列活动暨中国农业生产托管万里行进山东阳信会议上，人保财险滨州市分公司作了《创新保险产品供给保障、服务肉牛全产业链发展暨阳信县能繁母牛及犊牛创新产品推介》主旨报告，介绍了公司通过创新构建"五融模式"，打造乡村振兴农业保险"齐鲁样板"的做法和经验。阳信"五融模式"的开创，最终实现了对行业养殖风险和融资增信的保驾护航，提升了养殖规模和产品质量，助推了行业的高质量发展。

2023 年 11 月 11 日，由中国畜牧业协会、省畜牧兽医局、滨州市人民政府主办，滨州市农业农村局、阳信县人民政府协办的第十六届中国牛业发展大会，在阳信召开。人保财险在大会上作了题为《创新保险产品供给保障助力肉牛全产业链发展》的发言，向大会推介了阳信"五融模式"。

五、经验启示

阳信"五融模式"不仅是让"牛县更牛"的人保财险方案，更可以成为具备复制推广性质的阳信答案，成为乡村振兴工作的非常有益的探索。具体来说，人保财险滨州市分公司开创的"五融模式"，实现了保险服务肉牛全生命周期、全产业链、保险融资担保服务"三个闭环"。

闭环一：加强肉牛养殖保险产品供给，实现全生命周期风险保障服务闭环。在现有肉牛养殖保险的基础上，创新开发了能繁母牛条款、犊牛条款、牛肉产品质量安全条款，填补了行业空白，实现了肉牛"从出生到餐桌"的全生命周期风险保障服务闭环。

闭环二：加强肉牛产业保险产品供给，实现全产业链风险保障服务闭环。在覆盖肉牛养殖全生命周期基础上，创新开发肉牛医疗保险、饲料价格期货保险、肉牛价格指数保险、无害化处理补偿保险等险种，实现了肉牛"养殖—销售—屠宰—产品"全产业链条风险保障服务闭环。与此同时，把牲畜的检验检疫合格与无害化处理作为承保理赔的前置条件，确保惠农政策与依法合规养殖相融合，确保食品安全。

闭环三：增强农业保险保单增信作用，实现产业保险融资担保服务闭环。加强与银行、农担公司的合作，实现了"保险验标与银行风控融合、保险保额与贷款额度融合、行业生产数据与金融数据融合、保险投保与农担授信融合""四个融合"，有效整合金融服务促进肉牛产业高质量发展，实现产业保险融资担保服务闭环。

六、存在的困难和下一步工作

尽管"五融模式"已经取得了良好效果，但由于肉牛产业的特殊性，如养殖周期长、风险多样等，目前的保险产品供给仍显不足，未能更好地满足市场需求。同时，由于肉牛养殖周期长，资金回流慢，缺乏贷款抵押物，"融资难、融资贵"的情况依然存在。

下一步，人保财险滨州市分公司在各级政府的指导下，将进一步深化与农担、银行、涉农企业、养殖大户的沟通协调，充分发挥金融企业服务作用，助力地方乡村振兴。人保财险深刻理解把握金融工作的政治性、人民性，始终秉承服务人民的初心使命，胸怀国之大者，聚焦主责主业，回归保障本源，更加有力有效地发挥好经济"减震器"和社会"稳定器"作用，全力为助推实体经济高质量发展注入保险金融活水，为产业兴旺、乡村振兴贡献力量。

助力乡村振兴，中国人保财险一直在路上！

（陈　铎）

> **点评**
>
> 　　该案例展示了人保财险滨州市分公司通过政府、保险、担保、银行和产业有机结合的"五融模式"，成功助力阳信县肉牛产业发展的实践。该案例为开发农业保险产品、化解农业生产风险提供了新的路径。首先，通过整合政府、保险、担保、银行和产业等多方资源，形成了良性循环、协同发展、高效运转的发展共同体，确保了肉牛产业链的稳定运行。其次，创新农业生产保险产品，构建阳信县肉牛全产业链的闭环保障体系，为养殖户提供了全面的风险保障，充分发挥了保险在乡村产业振兴中的重要作用。最后，利用保险的增信功能撬动银行贷款，解决了肉牛业融资难、融资贵的问题。在政策支持下，银行能够安心向养殖户提供贷款，推动了肉牛产业的规模化发展。

国网山东省电力：将电力变成乡村振兴动力

2023 年以来，国网山东省电力公司深入学习习近平总书记关于"三农"工作的重要论述，坚决贯彻落实省委省政府乡村振兴工作部署，始终扛牢央企社会责任，深入开展电力赋能乡村振兴工作，全面助力乡村振兴"齐鲁样板"提档升级。

一、公司简介

国网山东省电力公司是国家电网公司的全资子公司。本部设 22 个部门，下辖 17 家地市级供电企业、17 家业务支撑单位和综合单位、3 家新兴产业单位及 98 家县供电公司，服务电力客户 5347 万户。2023 年前三季度，全省全社会用电量 5941.23 亿千瓦时，公司完成售电量 3917.50 亿千瓦时，同比增长 7.24％。山东电力通过六回 1000 千伏交流线路（泉城—海河双回、泉城—邢台双回、曹州—邢台双回）、两条 ±800 千伏直流线路（扎鲁特—广固、伊克昭—沂南）、一条 ±660 千伏直流线路（银川东—胶东）和四回 500 千伏线路（辛聊双线、黄滨双线），与华北、西北、东北电网联网，已成为特高压交直流混联大电网，接纳省外来电能力达到 3000 万千瓦以上，为全省经济社会发展和大气污染防治提供了坚强保障。多年来，山东电力走出一条创新发展之路，成为全国第一家"中国一流管理的省级电力公司"，先后荣获全国五一劳动奖状、全国文明单位、中国电力行业责任沟通创新卓越企业奖、首届山东工业突出贡献奖、山东十大责任企业等荣誉，对标、业绩连续多年居国家电网公司前列，连续三年获得全省脱贫攻坚"好"的评价，12 个集体、19 名个人荣获国家级、省部级脱贫攻坚先进表彰。

二、工作开展情况

（一）夯实发展基础，持续增强农村地区供电保障能力

一是供电能力持续优化。科学滚动修编"十四五"农村电网规划，持续完善网架结构，按照"一乡一策"差异化原则，打造坚强清晰的农村电网网架，推动农村电网与乡村建设同步发展。投产6579项配网工程，建设完成10千伏及以下线路7911千米，配变4912台，容量170万千伏安，农村10千伏线路联络率达到98.6%，户均容量3.02千伏安，较去年底增长3.5个百分点、0.08千伏安，有效提升了可转供水平和负荷接带能力。农网供电可靠率达99.971%，城乡配网差距逐步缩小，实现了农村从"用上电"向"用好电"转变。

二是支撑经济发展可靠用电。扎实推进配套电网建设，实施249项低压业扩接入配网升级改造工程，保障小微企业上电零投资，支撑农村生产加工、生态旅游等产业及时用电，助力打造农产品深加工、仓储、电商、物流一条龙产业链，服务各项产业快速发展。选取德州齐河9个村庄、21台公变，开展村级低压直流配电网示范工程建设，服务乡村新能源消纳。坚持"能带不停"，农村地区不停电作业4.31万次，为农村经济发展可靠用电保驾护航。

三是助力农民生活绿色发展。投资3.6亿元，完成2023年全部866个"煤改电"配套电网工程建设，为37万"煤改电"用户可靠用电做好保障。完成86项分布式光伏接网工程、57项电动汽车基础充电设施接网工程，实行先接入后改造，助力农村生产生活绿色发展。加大对省乡村振兴重点帮扶县、沂蒙革命老区、中原经济区等重点地区的资金倾斜力度，加大农村电网季节性低电压、频繁停电等问题治理，公司"千村改造"助力乡村振兴典型做法得到省领导批示肯定。

四是助力粮食安全生产。高效服务粮食稳产保供，依托供服系统，实时监测机井线路和台区运行情况，及时预警重过载、低电压等异常，确保运行状态可控在控。成立春耕春灌、"三夏"、秋收秋种保电服务队1600余支，实施队伍"包村"、队员"包点"，深入田间地头走访涉农用户15.6万余户，指

导排除客户侧用电安全隐患 8000 余处，助力全年粮食增产丰收。全面服务全省 7000 余万亩高标准农田灌排，保障约 2 万个电气化大棚电喷淋、电保温用电。春耕春灌用电服务保障特色做法在山东省委《今日信息》上被重点推介。

国网德州供电公司对"吨半粮"核心区的供电线路进行巡视检查

（二）主动探索实践，持续提升农村地区供电服务水平

一是服务群众绿色出行。加快推进充电基础设施建设，推进山东省政府与国家电网公司签订服务新能源汽车下乡和乡村振兴合作协议。促请出台居民充电桩分时电价政策，新增午间深谷时段，最低至 0.222 元/千瓦时，进一步降低电动汽车综合充电成本。主动参与《山东省服务新能源汽车三年行动计划（2023—2025 年）》制订，落实三年行动计划，制定服务新能源汽车下乡"十大服务举措"，争做新能源汽车发展的推动者、保障者、支持者。截至目前，累计建成充换电站 2354 座、充电桩 1.6 万余台，实现所有市县城区及主要高速公路服务区全覆盖，充电桩乡镇覆盖率提升至 71.3%，完成公司自营充换电量超 5.86 亿千瓦时，同比增长 50.3%，连续十三年位居国网首位。

二是推动基层网格融合。为适应农村社会发展新形势和客户用电新需求，将电力服务融入乡村治理体系，建立县（区）政府与区县供电公司、村组

（社区）与供电所、村组电力联络员与电力网格员三级联动工作机制，签订共建协议，打造"村网共建"电力便民服务新模式。借助乡村便民服务中心等综合服务场所，实施合署办公，定期对接会商，协同开展电力设施保护、涉电纠纷化解、窃电查处等。根据各乡镇多元化发展特点，开展实地走村入户，收集农户用电需求，差异化开展便民办电、科学用电服务，加快补齐乡村供电服务短板。截至目前，完成 168 个服务点建设，实现了供电服务与乡村政务服务共治共享。农业农村部和央视均报道了公司典型做法。

三是乡村电气化水平全面提升。结合省内平原、滩涂、海洋多样化的地域特点，打造了寿光智慧农业大棚、东营"黄三角"盐碱地、威海"海洋牧场"等具有代表性的乡村电气化样板工程，开展科技成果推广应用和乡村电气化试点建设，取得丰硕成果。先后研发"365 电管家"智慧用能服务平台、分布式光伏并网逆变、可充可供 V2G 双向充电桩等一系列先进技术，形成具有国网特色的科技成果创新体系。深入推进乡村电气化"一方一品"示范项目建设，加大电气化大棚、畜牧水产电气化养殖、电采暖等电气化应用推广力度。今年以来全省高质量建成电气化项目 201 个，推动地方政府出台电气化支持政策 32 个。全面总结各地市电气化示范项目建设经验，公司营销部荣获"三农"科技服务"金桥奖"集体奖一等奖，国网威海供电公司"海洋牧场多能互补智慧管控平台开发及应用"、国网潍坊供电公司"蔬菜大棚智慧能源平台研发与应用"分别荣获"三农"科技服务"金桥奖"项目奖一等奖和二等奖，发布蔬菜大棚、海洋牧场、盐碱地农业三个场景的乡村电气化建设团体标准，推动出台国内领先的电气化建设规范，引领全省乡村产业高质量发展。

四是便捷乡村用户报装。贯通营销 2.0 系统与工程建设项目审批系统、发改投资在线审批平台，提前了解村镇重点项目立项信息，将电网规划与乡村产业规划结合起来，主动对接预编供电方案，累计服务 864 家乡村企业快捷接电。巩固提升"三零"城乡一体化服务成效，对农村地区 160 千瓦及以下小微企业报装项目实行"三零"服务，采用低压方式接入电网并投资至客户电能表，全年累计接入乡村产业用户 1.39 万户、35.22 万千伏安，节省客户投资 2.15 亿元，真正为乡村产业发展纾困解难。推动"刷脸办电"

国网潍坊供电公司工作人员到蔬菜大棚里检查电气化设备

"线上办电"向农村地区延伸，在已完成宅基地确权的地区，试点线上获取房屋产权信息，实现低压业扩报装全环节"线上办"，切实提升客户办电便利度。

（三）发挥行业优势，持续擦亮电力赋能乡村振兴名片

一是脱贫攻坚成果持续巩固。选派173名精兵强将到148个村开展驻村帮扶工作，安排年度帮扶捐赠资金2273.99万元，用于定点帮扶村101个产业帮扶项目和29个电力爱心超市运营，联合山东省乡村振兴基金会开展历史帮扶捐赠项目后评估工作，确保捐赠项目能够持续产生效益。依托电力爱心超市，开展"安全生产月""中国农民丰收节"等主题活动，累计发放积分超84万分，群众利用积分兑换商品节约开支69万元，在促进乡风文明建设方面取得良好效果。加强光伏扶贫电站监控，截至11月底，结算光伏扶贫电站上网电量10.43亿千瓦时，上网电费4.1亿元。

二是深入推进消费帮扶。持续开展消费帮扶进食堂、进工会活动，依托食堂展柜、超市展销，积极参加"央企消费帮扶兴农周"等系列活动，号召

广大干部职工积极参加消费帮扶主题活动，形成消费帮扶"人人皆可为、人人皆愿为、人人皆能为"的参与格局。探索"帮扶单位＋驻村书记＋特色产品"模式，强化产销资源的平台搭建和有效衔接，提升完善"21°网上商城"线上服务平台，累计上新 80 余款帮扶农产品。通过平台"企业购"，支持线上展示、销售农产品，让企业采购渠道更加规范化、智能化、便捷化，同时为优质特色农产品"走出去"搭建"快车道"，形成"好机制、好平台、好产品、好渠道"的可持续消费帮扶模式，累计采购帮扶村特色农产品超 2960 万元，以实际行动促进帮扶地区特色产业发展。

三是深化开展示范创建。结合地方政府各项示范创建活动，组织帮扶村按照"一村一案"开展相关工作。组织驻村第一书记主动对接地方政府，统筹推进重点项目实施，梳理解决创建过程中存在的问题，确保示范村创建工作取得实效。创新数据赋能成效显著，积极对接农业农村部门，了解农业大数据需求，充分挖掘电力大数据实时客观价值，更新迭代产业兴旺、生态宜居、生活富裕"三位一体"乡村振兴电力指数，构建空心村电力指数和巩固脱贫防返贫电力指数，为科学度量山东乡村振兴纵向发展成效和横向差异评估提供新工具，供各级政府精准决策。

四是促进能源转型得到广泛认可。公司连续两届参加农村能源发展大会，成果参展数量、论坛交流数量均居国网系统前列，服务农村绿色转型、充电赋能乡村振兴等多项成果得到农业农村部及国家能源局领导的高度评价。创新黄三角盐碱地绿色生态电力系统助力乡村振兴模式，以推广盐碱地零碳技术为重心，开展"源网荷储数碳"关键技术研究，示范落地盐碱地特色"六大场景"，相关做法得到中国能源研究会理事长史玉波、江亿院士高度评价。在全国第二届电气化发展高端论坛上分享乡村电气化实践经验。在中电传媒组织的"电力赋能乡村振兴"交流会上，介绍服务乡村产业发展、驻村帮扶典型经验。积极服务沂蒙革命老区振兴发展，打造临沭县朱村等 6 个"红区＋绿电"低碳示范景区，典型做法被新华社等媒体刊发。

三、聚焦重点任务，持续助力乡村振兴齐鲁样板打造

下一步，公司将深入贯彻党的二十大和省委农村工作会议精神，坚决落

实省委省政府工作部署，勇于担当、积极作为，全力服务乡村"五大振兴"。

一是全力以赴做好农网巩固提升。以配网工程"四个施工转型"升级为抓手，完成农村电网巩固提升工程目标任务，服务农村居民美好生活用电需求。做好"煤改电"运维保障，完成"煤改电"用户供电设施打标，编制设备台账"一张表"，综合考虑取暖负荷特点、今冬天气、务工返乡等因素，做好设备状态排查及负荷预测，制定"先复电、后抢修"一台区一预案，做好全省居民取暖用电保障。针对农村地区电动汽车充电、新能源发电接网、电气化农业等配套电网工程，进行"打标管理"，持续提升配套电网工程建设效率。

二是全力以赴服务乡村绿色发展。深度挖掘电力数据潜在价值，针对不同生产规模下所需用电设备、用电容量等特征数据，设计不同种类"用电套餐"，指导用户合理报装，切实降低用户办电及用电成本。科学合理布局建设充电基础设施，主动对接充电设施建设需求，制定最优接入方案，支撑电动汽车下乡，保障农村居民绿色生产、出行，助力打造农村充电基础设施建设示范县、示范镇。依托乡镇供电所，加大电动汽车下乡政策推广、知识普及、安全宣传。加快乡村电气化项目实施，推进乡村电气化成果转化应用，力争取得更多的电气化奖项和专业成果。

三是全力以赴做好驻村帮扶工作。加快推进帮扶捐赠项目实施，确保早投产早收益。充分考虑当地特点、发展程度、实际需求，打造具备电网企业帮扶特色的助力乡村振兴示范村，争取入选"百县千乡万村"示范。按照各级党委政府工作部署，完善省派第一书记联络机制，做好跟踪服务。跟进落实省委农办组织召开的国有企业助力乡村振兴协调推进会精神，开展细致摸排调研，建立重点任务清单，积极与乡村振兴齐鲁样板示范区谋划"一对一"结对合作。

四是全力以赴做好示范样板打造。深入推进黄三角盐碱地种业、农机等六大典型场景下的"源网荷储数碳"关键技术研究，做好"云储能"、农机充换电等关键技术研发应用，完成杨庙社区"党建＋"、黄河口大闸蟹"劳模＋"、黄河口滩羊"共享＋"电力彩虹驿站示范功能提升，完成盐碱地农业、滩羊全产业链、大闸蟹全产业链等大数据平台开发应用，完成《电动农业机械充（换）电建设导则》等团体标准编制，联合中国电力出版社开展《黄三角盐碱地绿色生态电力系统建设与实践》编写，不断彰显公司服务乡村振兴和黄河重大国家战略的使命担当。

（尹明立　寇春雷　蔡明宪）

点评

　　该案例展示了国网山东省电力公司通过技术和服务创新，全面提升农村供电服务水平、助力乡村振兴的方式。该公司通过技术和服务创新，全面提升了农村供电服务水平，助力乡村振兴，取得了多方资源整合、绿色发展和高效服务的显著成果。该模式突出了差异化、高效化、绿色化、融合化、科技化、便利化、公益化等原则。该公司以"一村一策"差异化原则优化农村供电网络，打造坚强清晰的农村电网网架；以高效化原则服务农产品全产业链生产，保障农村地区不停电作业；以绿色化原则助力农村绿色能源发展，推动电动汽车基础充电设施建设；以融合化原则打造"村网"共建电力便民服务模式，推动供电服务与乡村政务服务融合；以科技化原则推动乡村电气化试点建设，推动地方政府出台电气化支持政策；以便利化原则简化乡村用户报装手续，真正为乡村产业发展纾困解难；以公益化原则发挥企业社会责任，持续巩固脱贫攻坚成果，深入推进农产品销售帮扶。

农发行东营市分行：创新探索盐碱科技
精准滴灌金融活水

2021 年 10 月 20 日至 21 日，习近平总书记亲临东营，来到黄河入海口，走进黄河三角洲农业高新技术产业示范区、杨庙社区⋯⋯总书记一路走、一路看、一路思考、一路指引，坚实足迹印在东营大地，深切关怀留在百姓心里。考察期间，习近平总书记强调："开展盐碱地综合利用对保障国家粮食安全、端牢中国饭碗具有重要战略意义。"农发行东营市分行深入领会习近平总书记视察东营重要指示精神，积极贯彻落实"藏粮于技"战略，坚决扛起政策性银行"头雁"政治担当，紧紧围绕盐碱地做文章，助力黄河三角洲农高区高质量发展。该行成功获批贷款 16 亿元并于 2023 年 12 月实现投放，用于支持国家盐碱地综合利用技术创新中心项目建设。该项目的落地实施，对加速全国盐碱地综合利用技术创新、保障国家粮食安全和推动黄河流域生态保护和高质量发展具有十分重要的意义，也是农发行山东省分行建行以来获批额度最大的一笔农业科技类贷款。

一、建设背景

东营市地处黄河三角洲核心，受河海交汇特殊地理位置影响，形成了大量典型的滨海盐碱地，现有盐碱地面积 341.8 万亩，是我国乃至世界上规模最大、利用难度最高的三角洲型盐碱地之一，其中盐碱耕地 196 万亩，占东营市耕地面积的 59%。如何落实好总书记重要指示精神，展现农业政策性银行使命担当，唤醒盐碱地这一"沉睡"资源，向盐碱地要效益，成为黄三角地区农业经济发展面临的重大课题。

为了更好地履行"在盐碱地综合治理、探索土地经营管理新机制、发展现代农业方面走在前列，在建立现代农业新型科研平台、促进国际科技交流与合作方面作出示范，努力成为促进农业科技进步和增强自主创新能力的重要载体"的职能定位和战略使命，深入贯彻落实习近平总书记视察东营重要指示精神，作为国务院批复设立的国内唯一一个以盐碱地综合利用为特色的国家级农高区——山东省黄河三角洲农业高新技术产业示范区，立足实际，提出建设国家盐碱地综合利用技术创新中心项目，旨在打造盐碱地技术创新国家战略科技力量，系统性突破盐碱地生态保护和综合利用的理论和技术模式，为我国乃至全球盐碱地生态保护和高效利用探索新路径、提供新技术、建立新样板。

2022 年 12 月，中华人民共和国科学技术部正式批复建设国家盐碱地综合利用技术创新中心。该创新中心为全国农业领域第五家国家技术创新中心，由中科院农业资源与农业区划研究所、山东省农业科学院和山东盐碱地现代农业有限责任公司牵头，联合 18 家国内优势高校、科研院所及企业联合共建，为我国盐碱地现代农业产业体系构建坚强的技术支撑，对于保障国家粮食安全、打造乡村振兴齐鲁样板具有重大的现实意义和深远的历史意义。

二、基本概况

（一）投资人情况

国家盐碱地综合利用技术创新中心由山东盐碱地现代农业有限责任公司负责运营。该公司成立于 2018 年 1 月，注册地址是黄河三角洲农业高新技术产业示范区智慧路 8 号，注册资本 70,000 万元，全部由黄三角农高区财政金融局出资。法定代表人李光辉，已被农发行总行纳入重点客户名单。公司主要负责承接盐碱地科研项目管理、国家创新中心建设、研究盐碱地综合利用、研发培育耐盐碱作物、盐碱地土壤治理、科学院所教授对接、农业管理、智能农机机械服务等业务，落实国家以及黄三角农高区对盐碱地战略的实施。

公司主营产品主要分为 6 个模块，分别为盐碱地改良和耐盐农作物的专利权、熊蜂、耐盐农作物种子和种苗、农田管理服务输出、农产品检测认证、智能农机和农具等。现已搜集保存耐盐碱粮油、牧草、中草药等种质资源 2 万余份，其中种质资源耐盐碱大豆、苜蓿等 12 种作物 1 万余份；筛选培育耐盐碱作物新品种，其中两个藜麦品系在盐碱地种植亩产超过 500 斤，8 个耐盐碱大豆品系进入国家和省级区域试验，1 个耐盐碱花生新品种申报植物新品种权保护，2 个田菁品种正在进行国家、省草品种审定。设立耐盐碱作物新品种鉴定区域试验和品种对比试验基地，汇集全国 236 个新品种进行鉴定区域试验，171 个新品种进行对比试验；承接实施国家、省各级耐盐碱农作物区域试验和新品种对比试验，与胜利油田、东营区、垦利区等签订合作协议，在区内外开展试验示范 6.1 万余亩，其中示范推广齐黄 34、菏豆 33 以及示范种植东航 D-95 等大豆品种（系）共计 2.3 万亩，其中大豆—玉米带状复合种植 1.2 万亩。

（二）项目建设内容及规模

项目位于黄三角农高区槐香路以东、紫薇路以西、智慧路以南、高新西路以北。本项目占地面积 237.4 亩，总建筑面积 210,000 平方米，主要建设盐碱地生物育种研究中心、盐碱地产能提升研究中心、盐碱地生态化利用研究中心、盐碱地农业大数据与智慧农业研究中心以及农业科技培训交流中心，并配套地下建筑、室外配套、仪器设备等。

（三）建设期限及投资情况

项目建设期限 3 年。项目总投资 20 亿元，其中项目资本金为 4 亿元，比例 20%，由盐碱地公司股东黄三角农高区管委会产业推进服务中心投入，申请农发行贷款 16 亿元，占比 80%。

三、主要做法

近年来，农发行东营市分行认真贯彻落实党中央、国务院决策部署，坚决扛起政策性银行"头雁"政治担当，紧紧围绕盐碱地做文章，特别对习近平总书记在东营视察的黄三角农高区进行了重点倾斜，聚力答好"盐碱地综合利用之题"，取得了显著成效。截至目前，全行各项贷款余额 194 亿元，较年初增加 39 亿元，累计投放 59 亿元，同比多投 24 亿元，其中农地类贷款余额 64 亿元，较年初增加 25 亿元，累计投放 30 亿元，同比翻倍，农地贷款投放和增量均居全省农发行系统第二位。

国创中心项目立项后，农发行各级行高度关注，始终坚持"政策有所指，服务有所向"，多措并举促成项目快速落地。

一是高层对接，开创新局面。农发行山东省分行高度关注信贷支持黄三角农高区高质量发展情况，省行领导带领省行主要业务处室处长及骨干人员先后 4 次到黄三角农高区就盐碱地综合利用、农业科技、乡村振兴等方面进行考察，与管委会领导进行座谈交流，并通过积极申报，成功将盐碱地公司纳入农发行总行第八批名单制管理重点客户，为该项目成功获批奠定坚实基础。

二是创新模式，增加新动能。农发行东营市分行围绕农高区业务发展现状，积极将最前沿的信贷政策向黄三角农高区进行宣传，为农高区量身定做融资方案，帮助农高区解决了长时间"想办而未办成的事"。2023 年 5 月，在农高区管委会组织的"干部大讲堂"活动中，农发行东营市分行党委书记、行长牟鹏同志围绕"发挥政策金融优势，全力服务乡村振兴"主题，对农发行的信贷政策进行了讲解，从理论和实操两个层面，结合金融服务案例，对农发行贷款情况、政策优势、信贷产品、融资模式等进行了详尽的宣讲，使农高区领导更加直观地了解农发行业务种类、贷款模式等，更加精准地了解农高区高质量发展与农发行信贷政策的契合点。

三是强化服务，展现新形象。农发行东营市分行得知国创中心项目有融资需求后，迅速展开行动，立即成立了由市行分管副行长任组长的农高区政策性金融服务小组，驻企培育策划，确定一名业务骨干驻点，负责日常业务沟通联络。根据农高区的项目规划和业务需要，组织业务骨干先期介入，驻企培育策划，积极向上级行在客户准入、信贷额度、贷款期限、资源安排等方面申请支持，并通过积极申报，成功将盐碱地公司纳入农发行总行名单制管理重点客户，最终获批贷款 16 亿元，并顺利实现首笔贷款投放。

四、工作成效

（一）社会效益

一是对当地社会带动效益显著。本项目建设对环渤海地区滨海盐碱地综合改良和可持续利用有重大推动作用，对盐碱地现代农业提质增效具有重要的战略意义。集成的农业技术将对同类地区农业生产具有较好的辐射带动作用，可节本增效，具有显著的社会带动效益。国创中心挂牌成立后，中央电视台、《人民日报》等多家国家级主流媒体先后予以报道，引起社会各界强烈反响。

二是培育人才效果显著。本项目的实施为国家提供长期性、系统性、原始性、连续性的农业科学基础数据，加强我国农业环境和土壤质量方面人才队伍建设，提高农民可持续发展意识，为政府科学决策提供技术支撑。

三是增加就业效益显著。本项目建成后直接吸纳劳动力 500 余人就业，间接带动区域 1500～2000 人参与种业日常种植养护环节生产，能够有效促进农民就业和产业增收。

（二）产业效益

一是成果转化效益显著。黄三角农高区历年来依托科研平台、人才团队，承担实施国家科学技术部重点研发计划以及中科院 STS 计划、战略先导专项等国家级省级重大科研项目 59 项，研发转化关键核心技术 23 项，取得各类科技成果 226 项，包括发明专利 45 项、软件著作权 43 项，制定国家及行业标准 12 项、盐碱地作物育种技术地方及企业标准 5 项，为盐碱地农业发展提供了有力科技支撑。本项目的实施可以实现从科学到技术转化，在盐碱地生物分子育种、耐盐碱作物育种、功能饲料等领域将不断产生科研成果，并促进技术成果产业化，为农业科技型中小企业孵化、培育、发展等提供全方位、多元化创新服务和系统化解决方案，大力提升我国盐碱地现代农业创新能力与核心竞争力，为盐碱地农业产业向中高端迈进、实现高质量发展提供技术支撑，发挥示范引领作用，为引领我国盐碱地现代农业创新驱动发展，探索新路径、提供新技术、建立示范样板。

二是科技产业带动效益显著。该项目作为重大农业科研类项目，已累计获批各级科技补贴资金约 2.4 亿元。随着科技资金补贴的陆续到位，黄三角农高区将支持更多的农业科技项目和农业科技类中小微企业的推进和发展，黄三角农高区的税收收入将不断增长，从而使黄三角农高区具备更多的资金反哺辖内的农业科技类项目和农业科技类中小微企业做大做强，形成良性循环。

五、经验启示

开展盐碱地综合利用，科技创新是武器。农发行东营市分行将解决实际问题作为出发点和落脚点，积极支持推进盐碱农业全产业链发展，打造"盐碱地＋"系列融资模式，支持建设旱碱麦等优质农产品育繁示范区，构建种子、种植、加工、销售一体化产业链。该项目通过支持引进并推广适应不同盐碱梯度的植物新品种、新技术、新工艺，提高农业标准化生产水平，推动现代农业产业体系发展；通过改造传统农业生产方式，引导农业增长方式由数量型向效益型转变，努力在盐碱地上种出"新粮仓""果蔬仓"；通过生态化利用和种业创新，赋能盐碱地"功能再造"，实现产量高、品种好的多种耐盐碱作物蝶变重生。该项目对加速全国盐碱地综合利用技术创新、保障国家粮食安全及推动黄河流域生态保护和高质量发展具有重大意义。

国家盐碱地综合利用技术创新中心项目效果图

（牟 鹏 陈 磊）

点评

　　该案例展示了农发行东营市分行在创新开展国家盐碱地综合利用技术创新项目方面所做的工作和取得的成效。该案例的特色体现在完备性、前瞻性、创新性和可持续性四个方面：首先，省行团队多次到现场实地调研和座谈交流，充分、扎实、完备的尽调为项目成功奠定了基础；其次，该项目为盐碱地开发利用量身定制信贷政策，充分展现了政策性金融机构的担当和前瞻性规划；再次，该项目推动了盐碱地综合利用的技术创新，对盐碱地现代农业提质增效具有辐射带动作用；最后，该项目注重盐碱地综合利用的社会效益，在挖掘数据、培养人才、增加就业和提高农民可持续发展意识方面发挥着重要作用。该案例不仅为解决盐碱地综合利用的技术难题提供了新思路，还提供了实现生态保护与经济发展良性循环的样板，为乡村振兴注入了技术活力，为乡村经济高质量发展提供了可持续发展新路径。

山东财金集团：
打造建筑垃圾资源化利用新范式

一、基本情况

为全面贯彻落实党中央、国务院关于实施乡村振兴战略的重大决策部署，2021年5月28日，山东省财金乡村振兴有限公司（以下简称"省财金乡村振兴公司"或"公司"）正式成立，注册资本金200亿元，是山东省财金投资集团有限公司（以下简称"山东财金集团"）全资直属公司，是当前省内成立的规模最大的乡村振兴产业投资公司。

（一）山东财金集团基本情况

山东财金集团前身是成立于1992年的山东省经济开发投资公司。2015年9月，省政府批复省经济开发投资公司转企改制方案，组建山东财金集团。2020年2月，省委、省政府印发《关于完善国有金融资本管理的实施意见》《关于加强省级国有金融资本管理的实施方案》，明确山东财金集团是由省财政厅根据省政府授权直接履行国有金融资本出资人职责的省属骨干金融企业、功能型国有资本投资运营公司，打造成财政金融政策联动的投资运营公司。目前，山东财金集团拥有19家全资、控股及相对控股公司，参股山东航空、华鲁集团、济南机场等近60家企业，是中国企业联合会、中国企业家协会副会长单位，山东省企业联合会、山东省企业家协会等"五会"副会长单位。

山东财金集团认真贯彻落实省委、省政府调控意图和决策部署，坚持政策性投资和市场化投资"双轮驱动"战略，不断壮大投资规模、提升投资质量，积极助力我省新旧动能转换和经济社会高质量发展。截至2022年底，资产总额3003亿元，净资产844亿元，境内主体评级为AAA级，国际评级为A＋（惠誉）和A2（穆迪），先后荣获中国企业管理榜"最佳管理企业""中国基金（行业）领军企业""中国金融服务创新年度领军企业""第二届中国股权投资金牛奖""山东省企业管理现代化创新成果一等奖""山东省'厚道鲁商'品牌（五星级）企业""中国产业发展十佳领军企业""山东名片品牌影响力 TOP 榜""山东社会责任企业""山东省五一劳动奖状"等荣誉称号。

（二）省财金乡村振兴公司基本情况

作为省级乡村振兴产业发展投资运营平台，省财金乡村振兴公司按照"一年打基础、两年上台阶、三年大发展"的发展思路，聚焦"农业产业化、农村基础设施、土地整理和矿山砂石治理"等业务主攻方向，坚决履行国有企业所担负的经济责任和社会责任，坚持以"三个遵循"作为谋划产业发展的依据与标准，即遵循总书记在 2018 年提出的"打造乡村振兴齐鲁样板"的重要指示，遵循省委省政府重要战略部署和服务我省经济社会发展大局，发挥好国有企业担当引领作用，以打造"示范性、引领性、标杆性"的"三性"项目为目标，按照"123"发展战略，以一二三产融合发展思路，探索搭建可复制可推广的标准化业务模式，积极打造服务山东乡村振兴的省属龙头企业。

二、业务开展情况

目前，省财金乡村振兴公司已决策通过项目 30 个，组建参控股项目公司 15 个，总出资金额 60.34 亿元，包括自有资金出资 20.92 亿元、撬动合作方和其他出资 24.77 亿元、金融机构出资 14.65 亿元。在"海蜇"领域，布局精深加工和大宗贸易，目前已开展海蜇贸易超过 2000 吨，高标准精深加工厂房正在施工建设，预计明年年初竣工运营；在"糯玉米"领域，在下游与宜瑞安、罗盖特、益海嘉里、中粮集团等国内外粮食加工巨头签订了长期合作订单并组建产业联盟，在上游为种植合作社和农户提供"产前—产中—产后"标准化、一站式、全过程的综合服务，已成功带动 2200 多家种植大户实现增收创效，服务种植面积超过 26 万亩；在"中草药"领域，立足中药的研发生产与加工增值，向前延伸发展规模化、标准化中药种植基地，向后延伸发展中医药相关产业，着力打造中药种植户、合作社为受益主体的产业链组织体系。通过特色产业链的持续打造，真正实现一二三产联动发展，形成"拿得住、管得好、说了算"的强势产业。

三、申报项目情况

（一）项目背景

由于我国城镇化建设的快速推进，每年生产的建筑垃圾大约在15亿至20亿吨。我国建筑垃圾长期以来的处理方式是堆放或简易填埋，积累的存量建筑垃圾根据公开数据显示已经高达200多亿吨。从增量上看，目前我国每年新增垃圾在20亿至35亿吨之间，主要来源于旧建筑的拆除、新建筑的施工及建筑装修，其中旧建筑拆除产生的建筑垃圾约占58%，新建筑施工产生的垃圾约占36%。

我国建筑业每年消耗大量水泥混凝土，2022年水泥产量为23.77亿吨，水泥行业碳排放占工业生产碳排放总量约20%。推动建筑垃圾绿色低碳资源化利用，将大大降低行业碳排放。同时，建筑垃圾也是城市"矿产"，开展建筑垃圾资源化利用可节约大量土地、天然原材料、煤炭等资源能源。有研究显示，每资源化利用1亿吨建筑垃圾，可节省堆放占地万余亩，减少取土或代替天然砂石千万立方米，节省标准煤500万吨；可减少污染，改善城市环境，降低可吸入颗粒物和细颗粒物指标；可新增就业岗位，带动装备制造业和服务业发展，创造巨大经济效益。作为一种可资源化利用的城市固体废弃物，若将其经过资源化处置，则95%以上可作为原材料回用到工程建设中去，形成良性循环。2015—2022年中国建筑垃圾回收处理行业市场规模呈逐年增长趋势，2023年中国建筑垃圾回收处理行业市场规模达705.7亿元。

（二）项目基本情况

2022年5月20日，省财金乡村振兴公司与梁邹城市发展集团有限公司（以下简称"城发集团"）在邹平市政务中心举行邹平市城乡环卫一体化提升改造项目签约仪式，滨州市城市管理局党组书记、局长王成，邹平市委副书记、市长张谦参加签约仪式。此次签约，为将项目打造成为建筑垃圾资源化利用示范项目奠定坚实基础，也为与邹平市的深度合作开启了良好开端。

2021 年 12 月，省财金乡村振兴公司与城发集团新设项目公司山东金邹环境工程有限公司（以下简称"金邹环境公司"）。作为邹平市城乡环卫一体化提升运营项目的建设运营主体，金邹环境公司注册资本 8400 万元，注册地山东省邹平市，是滨州市重点项目。

项目总投资 4.2 亿元，分两期推进。一期建设内容主要为建筑垃圾综合消纳厂建设，年产约 1.5 亿块，每年可消耗生活污泥 4 万吨、建筑渣土 12 万吨；二期工程为建筑垃圾综合利用，建成后可实现年处理建筑垃圾、生活污泥等 120 万吨，生产新型墙材 100 余万吨。一期项目总投资 1.7 亿元，2022 年 12 月开工，2023 年 7 月竣工运行；占地面积约 101,400 平方米（约 152.1 亩），建筑面积约为 62,432.29 平方米，包括烧结砖生产车间 17,384.63 平方米、料棚 3699.4 平方米等。建筑垃圾综合消纳厂内新设建筑垃圾固定破碎生产线 1 条、再生混凝土装饰砖生产线 1 条、预拌砂浆生产线 1 条、隧道窑烧结砖生产线 2 条、智慧监督管理平台 1 套等其他设施。一期项目投产后，生活污泥处理基本覆盖邹平全市，有效解决了过去生活污泥处理难、填埋污染土壤的问题。同时三年内可实现邹平市城区及全市 16 个乡镇街道的环卫一体化。项目聚力打造集源头收集、统一运输、集中处理于一体的绿色低碳循环产业链，并应用 5G 智能制造技术，从原料破碎、配料、陈化、挤出成型、编组、码坯到余热回收、烟气处理等工艺均实现高度智能化，着力打造全省一流的固体废弃物综合利用示范项目，探索绿色产业发展新模式。

目前，一期项目已全部竣工，二期项目待项目用地落实后将尽快投资建设。一期项目可带动地区内增加就业岗位 100 多个。

四、发展制约因素

（一）政策红利逐步消失，建筑总量下降

从城市建设的层面来看，棚户区改造 2018 年后已没有补助资金。城市建筑总量自 2020 年以来快速缩小，城市房地产存量过剩严重。国家政策红利逐步消失后，墙材应用市场急速下降，墙材行业面临市场大幅萎缩的严峻形势。国家统计局发布的 2023 年 1～11 月全国房地产市场数据显示，房地产开发企业房

屋施工面积为831,345万平方米，同比下降7.2％。其中，住宅施工面积为585,309万平方米，下降7.6％；房屋新开工面积为87,456万平方米，下降21.2％。

（二）新型墙材冲击

新型墙体材料的概念是相对于传统的墙体材料黏土实心砖而提出的。新型墙材具有复合建筑功能要求的技术性能，具有较好的经济效益和环境效益，主要为烧结多孔砖、烧结空心砖、烧结保温砖和保温砌块、复合保温砖和复合保温砌块、混凝土砌块、轻质板材、复合板材等产品。烧结砖的应用场景主要为低层（3层以下）楼房建筑、室内装修墙体隔断的搭建、车库建设、下水道井等，随着高层建筑的增多，烧结砖市场逐步缩减。

（三）专业人才缺乏

从事烧结砖的从业人员多为南方区域人员，烧结砖为"短腿"产品，受运输半径等因素的限制，产品销售多集中在200千米以内。虽然省内烧结砖行业市场保有量较大，但是专家队伍、专业人才的缺失对该行业在新技术研发应用、工艺改良等方面形成一定制约。

五、项目亮点

（一）紧跟国家政策要求，完善城市资源回收体系

《中华人民共和国国民经济和社会发展第十四个五年规划和2035年远景目标纲要》提出："全面推行循环经济理念，构建多层次资源高效循环利用体系。深入推进园区循环化改造，补齐和延伸产业链，推进能源资源梯级利用、废物循环利用和污染物集中处置。"随着我国资源的逐渐短缺，传统建筑材料成本慢慢抬升，以及社会各界对环保要求的提高，在国家政策的推动下，建筑垃圾处理行业发展空间巨大。与此同时，"低碳经济，绿色世界"的主题也成为时代的潮流。项目通过对建筑垃圾资源化利用，有利于构建废旧物资循环利用体系，推动固体废物减量化、无害化、资源化利用，有利于推进"无废城市"建设，推行生产企业"逆向回收"等模式，建立健全线上与线下融合、流向可控的资源回收体系，促进当地乃至全国建筑垃圾处理行业的快速发展，具有广阔的发展前景。同时，省财金乡村振兴公司将加大对烧结墙材

的应用与探究，打造适应市场需求的相关产品。

（二）满足城市发展的需要，加强建筑垃圾绿色低碳化利用

随着经济的不断发展、城镇化建设步伐的不断加快，生活垃圾、建筑垃圾和工业固体废弃物等排放量大幅度增长。其中，城市建筑垃圾主要包括城市建设部门建造新的建筑物所产生的开挖废料、拆除工程产生的废料、道路修建与养护过程产生的废料等。尽管大多数建筑垃圾无毒无害，但若简单填埋，不仅影响城市环境、浪费土地资源，还会造成巨大的能源和资源的浪费。同时，城镇化的推进，增加了包括垃圾处理在内的各项基础设施和城镇功能性设施的压力。该项目的建设满足区域环境卫生日常保洁要求，有利于提高其环境卫生水平，改善居民的生活环境。打造建筑垃圾综合处理试点项目，是贯彻实践"绿水青山就是金山银山"发展理念的要求，同时项目是城乡固体废弃物资源化利用项目，是邹平市鼓励推进发展的产业，已解决近百名人员的就业问题，带动当地装备制造业和服务业发展，具有良好的社会效益与经济效益。

（三）合力打造省试点项目，布局资源化利用行业

项目受到邹平市委市政府的高度重视，发改局、工信局、环保局等部门针对固废处置循环经济的突出特点，为金邹环境公司申报了滨州市重点项目、山东省服务业重点项目、山东省绿色低碳高质量发展重点项目、中央预算内资金投资贮备项目等，积极配合企业申请各级资金。滨州市重点项目已申报成功，为推进建筑垃圾无害化和资源化利用与区域环境治理进行了有效示范，是将来的绿色产业。项目将传统的"资源—产品—废弃物"的生产方式培育为"资源—产品—废弃物—再生资源"的绿色循环经济，助力地区可持续发展，推动资源节约型和环境友好型社会建立。省财金乡村振兴公司更可以深度介入建筑垃圾处理行业，发挥"国企信用＋金融资本＋市场运作"优势，为打造建筑垃

自动化烧结砖窑车

圾无害化处理综合试点，在全省布局废弃物资源化利用项目中开发可复制、可推广的业务模式奠定基础。

烧结砖生产车间

（尹　冉）

> **点评**
>
> 　　该案例展示了山东省财金乡村振兴有限公司致力于打造城市固体废物资源化利用业务模式、推动城市建设可持续发展的过程。案例聚焦城镇化建设中的建筑垃圾处理方式过于粗放的问题，在与邹平市政府的深度合作下，以绿色、低碳、循环发展理念为指引，致力于推动固体废物减量化、无害化、资源化利用，最终将该项目打造成为建筑垃圾资源化利用示范项目。该案例在项目打造、发展理念和产业带动方面展现了突出特色，带动了当地就业和装备制造业发展，为乡村振兴提供了发展动力和大力支持。该项目作为省级乡村振兴产业发展投资运营平台的示范项目，在产业布局和资源化利用方面具有代表性，值得其他地区学习和借鉴。

"莱西经验"再出发

一、背景动因

2013年11月，习近平总书记在视察山东时指出：发端于莱西的村级组织配套建设等，在全国起到很好的示范引领作用。希望山东增强进取意识，勇探新路。

发端于莱西大地的"莱西经验"，源自勇于直面家庭联产承包责任制后农村"包产到了户，还要不要党支部？"的时代叩问。20世纪80年代末，莱西市探索形成了以党支部建设为核心的农村基层组织建设"三配套"经验（即"莱西经验"：以党支部为核心，做好村级组织配套建设；以村民自治为基础，做好民主政治配套建设；以集体经济为依托，做好社会化服务配套建设）。1990年8月，中共中央组织部等五部委联合在莱西召开了全国村级组织建设工作座谈会（又称"莱西会议"），总结推广"莱西经验"，统一了全党在改革开放新形势下加强农村基层组织建设的思想认识，确立了党支部在农村组织建设中的领导核心地位，巩固了党在农村的执政基础。

"莱西经验"是以典型个案探索农村基层党建的"中国方案"。沿着"莱西会议"精神的足迹，"莱西经验"走出莱西、走向全国，为巩固农村基层党组织领导地位、改善农业农村面貌作出了莱西贡献。进入新时代，在工业化和城镇化浪潮的快速推动下，村庄空心化、人口老龄化、土地分散化、经济薄弱化等问题扼住了乡村"想发展却难发展"的咽喉。如何加强和完善基层组织建设，把基层党组织建设成为坚强的、充满活力的领导核心，走融合发展、共同富裕之路，成为摆在莱西面前的时代之问。

遵照习近平总书记对深化拓展"莱西经验"的重要指示要求，在山东省委、青岛市委的坚强领导下，莱西市委准确把握农村面临的新形势、新挑战、新要求，从深刻变动的农村经济结构、组织结构、社会结构出发，打破就农村抓农村、就村庄抓村庄的惯性思维，创新构建农村基层党组织统领发展融合、治理融合、服务融合的"一统领三融合"工作体系，坚持抓镇促村、整镇推进、全域提升。围绕"党建引领、平台聚合、共同富裕"发展目标，持续优化农村基层组织体系，以组织振兴统领乡村全面振兴，不断赋予"莱西经验"时代新内涵，努力打造乡村振兴的"齐鲁样板"。

二、主要做法

（一）重构基层组织的布局、结构和运行模式，形成"区域统筹"的乡村振兴格局

一是构建上下贯通、一抓到底的基层组织体系。打破就村抓村路径依赖，在山东省率先推进全域村庄建制调整，综合考虑户籍人口、地理位置、历史沿革、产业布局等多方面因素，按照原村干部和村民待遇、债权债务、资产资源资金"三个不变"的原则，以党组织融合推动全域村庄建制调整，全市861个行政村优化调整为111个新村；按照"边界清晰、全域覆盖、规模适度、功能完整"的原则，因地制宜设置产业、治理等专业型党支部、自然村党支部699个，精准确定党员中心户4200个，每个党员中心户联系30～50户群众，构建起"镇党委—新村党委—自然村党支部—网格党小组—党员中心户"的组织链条，实现镇党委对村级的扁平化管理，乡村治理、产业发展、社会服务直接到户，一抓到底。

二是健全规范有序、科学高效的新村运行机制。出台加强新村党委建设的意见，把加强党的领导有关要求写入村民自治组织、村级集体经济组织章程，强化新村党委对各类组织和农村工作的统一领导；健全新村党委领导的村级议事决策、发展融合、治理融合机制，创新党员议事代表制度，按照党员数20％～30％的比例选举产生4699名党员议事代表，参与新村事务决策、管理和监督；实施新村党委运行重点指标跟踪评估，在111个新村开展17项运行重点指标评估，推动党员议事代表制度、"双列席"制度、"五议一审两

公开""两清单一流程"等制度落地；实施村级党组织"分类推进、整体提升"三年行动计划，以"摘星夺旗"考评为抓手，建立 5 个"强基村"、54 个"创优村"、52 个"示范村"台账，分类精准发力，推动村党组织晋位提升。

三是加强结构合理、充满活力的农村头雁队伍建设。深入实施村级党组织带头人"头雁领航"工程，聚焦优选、精育、严管、厚爱四个方面，健全农村党组织书记全链条专业化管理机制，打造又红又专的新型村干部队伍；健全新村"两委"动态调整制度，按照"保障成员数量、提高成员质量、培育后备力量"总体要求，每年开展 1 次村"两委"成员"政治体检"，注重将优秀青年人才选拔进后备队伍，采取多场景实践锻炼，打造数量充足、结构合理、梯次接续、充满活力的乡村后备人才"蓄水池"；完善新村党委书记述职评议制度，每季度至少向镇党委、自然村党支部"双向"述职 1 次，评议结果纳入新村党委书记年终考核，作为待遇报酬、评先树优的重要依据；建立"事争一流、唯旗是夺"竞争平台，确立 890 个书记项目，开展擂台比武，通过年初立项、季度论坛、半年观摩、年终考评，推动村党组织书记以赛促学、以学促干，在实践中解决一批难点问题、培育一批党建品牌。

（二）集聚产业发展的资金、要素和有利条件，探索"抱团取暖"的集体经济之路

一是全面实施集体资产融合，畅通生产要素流动。市、镇、村三级同向发力，开展党建统领乡村公共资源共享行动，全面梳理集体公共资源，摸清底数，建立台账，为集体经济发展拓源赋能；全面推进新村集体资产融合，明确集中培训、资产评估、拟订方案、通过方案、执行方案、评估验收 6 个关键环节，鼓励农村集体经济组织通过市场化、专业化方式，采取改造、建设等方式整合集体资产资源，将产业链条向加工、销售环节延伸，促成大河头博雅花卉、双山无核葡萄等一批优质项目落地，推动一二三产融合发展；2022 年 6 月，承办青岛市党建统领新村集体资产融合专题培训暨工作推进会，推广直接合并、折股量化和存量挂账 3 种融合方式，持续放大集体经济融合发展实效；2023 年，莱西市在全省农村集体"三资"问题整治动员会上作典型发言。

二是加快现代农业提质增效，搭建抱团发展平台。坚持高质量推进党组

织领办合作社，在 111 个新村成立集体经济合作社，统筹科技、金融、市场、人才等多方资源，推进土地、劳动力、资本等生产要素转化为农业生产力，在全国会议上以《"六个一"规范农民合作社财务管理的经验做法》为题作典型发言；推行"党组织＋公司＋合作社、村集体、农户"模式，运用市场化手段，积极发展多种形式适度规模经营，链接北大荒、中国农垦等头部企业资源，全市土地规模化经营比重保持在 78％以上；夯实粮食安全根基，坚持藏粮于地、藏粮于技，累计建成高标准农田 111.18 万亩，主要农作物机械化率达到 92％以上，粮食生产持续稳产增收，是山东省首批"两全两高"农业机械化示范县；扎实推进农业全产业链发展，宜品乳业等 6 家企业入选青岛市首批农业产业链"链主"企业，凯盛浩丰智慧农业产业园获评全国蔬菜质量标准中心标准化基地，入围国家数字设施农业创新应用基地，九联、雀巢、万福入选中国农业企业 500 强，金妈妈种业入选山东省"十强"产业集群领军企业；建成全球规模最大的墨瑞鳕鱼种业繁育基地，其人工繁育及工业化高密度养殖技术在国际领先；"双创"示范基地建设获国务院办公厅督查激励。

三是加快组建强村共富公司，拓宽村强民富渠道。坚持"组织力＋市场力"，构建"3＋11"经营体系，即成立莱发、莱昌、莱富 3 家市级强村共富公司，赋能 11 个镇街发展，形成"乡村公共资源＋强村共富公司"促新型农村集体经济发展机制；将集体产业、特色农产品、乡村旅游等项目投入市场化运作，通过独资或合资形式组建强村共富公司，探索服务型、工程建设型、产业发展型等增收模式，紧密联结市场、村集体和村民，形成利益共享、优势互补的发展共同体，为共同富裕注入"造血"功能；培优扶强新型农业经营主体，发挥"小农户＋新型经营主体＋项目（强村共富公司）"模式联农带农作用，全市 80％以上的小农户从劳动力和初级产品供应者转变为全产业链的实践者和获益者；强化村党组织、村集体和农民的利益联结，实现农民和村集体"双增收"；在破解"谁来种地""谁来兴村"问题上精准发力，面向全国招募"乡村振兴红色合伙人"，促进人才、资本要素在农村融合发展。

（三）拓展党群服务的深度、广度和服务效能，打造"多网合一"的治理服务格局

一是延伸服务触角，建强党群阵地。实施新村党委与党群服务中心一体

化运行，新村书记兼任党群服务中心副主任，承担镇级管理职能，定期召开新村党委与党群服务中心联席会议，全面落实镇党委部署和新村党委决策，推动镇村联动、步调一致、融合发展；统筹镇级下放和新村自有服务事项，制订直办、代办事项清单，明确办理责任人，通过"三务"公开栏、微信群等广泛公示，打造一窗受理、一站服务品牌；科学选址、合理布局建设"全科"党群服务中心111个、自然村党群服务站861个，定期组织党员群众开展读书阅报、下棋写字、技能培训等活动，搭建"15分钟党群服务圈""15分钟党群责任区"，打通为民服务的"神经末梢"。在中共中央宣传部、农业农村部组织的2023"新时代乡村阅读季"之"我爱阅读100天"活动中，荣获"主题知识竞赛先进集体"称号。

二是配强人员力量，下沉服务事项。以镇为着力点，明确60项"属地管理"事项责任，将市直部门17项管理权限下放镇街，规范97项便民服务事项，持续为镇街赋权增能；建立市镇机关干部"下沉一线办实事"工作机制，构建跨层次联动、跨部门协同、跨事权集成，区域统筹、条块协同、上下联动、共建共享的服务体系，扎实开展"我为企业找订单、我为群众办实事、我为乡村谋产业"的"三为"系列活动，解决各类问题4600余个；常态化开展一线蹲点体悟，助力741个科室、3500多名党员干部直接下沉861个自然村，"群众吹哨、干部报到"工作机制不断完善；统筹全市编制资源，为12个镇街新增345个事业编制，全部充实到新村党群服务中心，每个新村专职工作人员不少于6人，全面提升服务水平。

三是赋能服务网格，推动治理融合。以网格化管理服务为抓手，成立市镇村三级网格化服务管理中心，实行"党员中心户＋微网格"工作机制，联合区域内群团组织力量，推动党建网格、治理网格和服务网格"三网融合"；选优配强微网格"红管家"，整合综治协管员、安监员等"十大员"岗位资源，组建矛盾调解、物业管理、信访稳控等网格员队伍，形成自治、法治、德治"多元共治"治理体系；融合智慧党建、数字政府等功能，建设市社会治理智能化平台，打造集议事协调、教育培训、文化活动、便民服务等多功能于一体的为民服务"移动大厅"，实现社会管理"网"内完善、公共服务"格"中见效、社会秩序"面"上稳定。

三、取得成效

近年来，莱西市先后入选国家城乡融合试验区、国家乡村振兴示范县、社会治理百强县、全国"绿水青山就是金山银山"实践创新基地、国家农业现代化示范区、山东省农产品加工业高质量发展先行县及畜牧业高质量发展先行县。2023年，莱西市入选县域高质量发展百强县榜单，上榜治理能力百强县，获评全省县域经济高质量发展进步县、全省共同富裕先行示范县、全国县域电商非凡奖、全省县域商业"领跑"县、全国绿色生态样板城市、全省生态文明强县。

2023年，全国现代设施农业建设推进会、全国农技推广体系建设工作研讨会等相继在莱西召开，莱西农业现代化面貌成为看得见的"莱西经验"。千亿级姜山新能源汽车特色小镇、百亿级店埠航空文化特色小镇、南墅石墨特色小镇的建设，加快了莱西乡村振兴步伐。村庄集体经济收入过百万的有近40个，莱西市的产芝湖新村1亩葡萄收入15万元，最高的一户10亩地卖了157万元，村民开上奥迪、买上新房。如今迈步在莱西村庄，处处都是繁荣景象，群众幸福指数、满意度不断提升。莱西市连续多年在青岛市民生工作评价中获得第一名。

（一）进一步夯实了基层党组织的战斗堡垒作用，推动"建制优化"走向"红利转化"

莱西市通过全域村庄建制调整，构建起上下贯通、条块融合的组织体系，全面提高了新时代党全面领导农村工作的能力和水平，把党管农村工作的政治优势进一步转化为推动乡村全面振兴的强大动力。2022年莱西疫情发生后，基层组织体系迅速转换为应急治理体系，3小时内市级指令精准传至广大群众，10小时内3200余名机关党员干部和1800余名退伍军人和志愿者有序进驻村庄，600余支党员突击队、预备队迅速参与疫情防控，市、镇、村三级组织链条更加严密，党组织的领导地位更加牢固。

莱西市建成启用青岛市首个市级党群服务中心，配套建设城乡产权综合交易中心和强村共富公司运营管理中心，加快建设全国党员干部教育培训基地；积极拓宽集体经济发展路径，深化"乡村公共资源＋强村共富公司"发展模式，招募"乡村振兴红色合伙人"430余名，帮助落户各类项目54个，高效推进城乡联建共建，带动集体增收1.1亿元、农民增收1.2亿元以上，入选全省共同富裕先行示范县。

（二）进一步明确了村集体经济增收的发展路径，推动"单打独斗"走向"抱团发展"

为破解村庄发展"根基弱""路子窄""力量单"等问题，莱西市坚持党建引领，推动各类要素科学配置、有机融合，搭建抱团发展平台，通过开展集体资产融合、实施农村公共资源共享行动、高质量推行党组织领办合作社、全方位组建强村共富公司等形式，村集体经济实现了从"保底型"向"发展型"转变。坚持"组织力＋市场力"双向发力，多渠道推进土地要素价值转化，探索推广"乡村公共资源＋共富公司"促新型农村集体经济发展机制，成立市、镇、村三级113家共富公司，推动地域相邻、人文相亲、产业相近的村庄通过抱团发展特色产业，开展劳务、物业、餐饮、租赁等服务，承接绿化等小型工程，带动集体增收。通过实施龙头带动战略，全市规模以上农产品加工企业达到109家。打造了2条百亿级畜禽、预制菜全产业链和2条十亿级蔬菜、果品加工产业链，建成全国最大单体羊奶粉加工基地宜品乳业。持续挖掘设施农业的技术潜力和产出效益，全市设施农业种植面积近30万亩，发展设施规模养殖场579家，青岛市级以上智慧农业应用基地32个，累计创建国家级无疫小区和净化场3个、省级动物疫病净化场42个，数量居全省县级市首位。全市村级集体经济收入50万元以上的新村达到109个，占98.2%，农民人均可支配收入25,875元，同比增长9.9%，走出了一条党建引领乡村振兴的现实路径。

莱西市特色产业发展迅速，全市肉蛋奶总产量45万吨以上，连续10年稳居全省县级市第一，是全国重要的奶源生产基地，也是国内最大的现代化肉鸡养殖基地、出口备案基地，胡萝卜、鸡肉、花生制品年出口额连续多年列全国县级市首位，连续两年承办全国花生产业高质量发展大会。承办的亚太地区秸秆综合利用试点项目成果被评为"联合国亚太经社会最佳创新实践奖"，秸秆综合利用"五化模式"在30多个国家地区进行推广。全市畜禽粪污和秸秆综合利用率分别达到95％、96％，获评全国绿色高质高效示范县和化肥减量增效示范县。

2023年，莱西加快数字经济与实体经济融合步伐，全市"上云用云"企业突破1400家，莱西经济开发区获评青岛首家省级绿色工业园区，"共富示范＋品牌引领＋物流共配"电商发展模式入围全国10强。莱西农村综合改革稳步推进，获评全国深化农村集体经营性建设用地使用权入市试点，承办全国首届现代设施农业建设推进会，农业农村部部长亲临莱西指导工作。

（三）进一步激发了群众参与乡村治理的内生动力，推动"分散单一"走向"集体联动"

莱西市坚持以人民为中心的发展思想，推动重心下移、力量下沉、权力下放，通过实施"党员中心户＋微网格"制度，搭建了群众参与乡村治理的平台，调动了群众参与村庄事务的积极性、主动性和创造性，推动了村民自治向"多元共治"转变，有效提升了乡村治理体系和治理能力现代化水平。自社会治理智能化平台建立以来，共流转办理各类事项6.7万余件，办结率达99.93％，极大地提升了基层治理的信息化、精准化水平。2019年，全省加强乡村治理体系建设工作会议在莱西市召开，传承和发扬"莱西经验"，推进打造乡村振兴齐鲁样板工作。2022年，青岛市乡村治理工作现场推进会在莱西召开。《"小积分"激发新活力》入选全国在乡村治理中推广运用积分制第二批典型案例。

莱西市社会事业蓬勃发展。其综合信用指数攀升至全国县级第7位；深化产教融合的做法获青岛市教育改革创新奖；通过国家卫生城市现场评估；培育"生态宜居 颐养莱西"服务品牌，获得青岛唯一的省级养老服务工作成效突出地区督查激励。

莱西市城乡面貌加速提升。入选青岛唯一推进以县城为重要载体的城镇化建设省级试点；入选全省"四好农村路"示范县；莱西市姜山镇入选2023镇域经济500强；莱西市店埠镇、沽河街道、日庄镇、院上镇被认定为山东省乡村振兴示范镇，店埠镇宋村、沽河街道后庄扶村、水集街道康平新村等20个村被认定为山东省乡村振兴示范村，累计打造青岛市级以上美丽乡村示范村93个；创新开展乡村振兴示范片区建设，集聚优势资源，打造了2个青岛市级、4 个莱西市级和 5 个同步推进的示范片区,产芝湖片区在青岛市级 10 个片区中获综合评价一等奖;莱西南部新区国际招商中心、人才公寓等配套加快建设,入选全省县域次中心试点。

莱西市社会安全更加稳固。社会治理智能化、数字化进程加快,空气质量优良率居青岛十区市首位,"多多莱"智能便民服务平台走进市民生活,"爱莱西"平台诉求解决办结率、满意率均达 99%。

四、经验启示

办好农村的事情,实现乡村振兴,关键在党。村级组织带领群众深化农村改革,发展经济,走共同富裕的道路,是"莱西会议"为村级组织确定的中心任务。

(一)强化政治引领,把牢发展方向,是实现乡村振兴的坚实基础

以党支部为核心,搞好村级组织配套建设,是"莱西经验"的最大贡献。进入新时代,要推动农村基层党建工作由单纯抓村级组织建设向全面统领区域内各类组织转变,把区域内人才、土地、资本、产业等各类资源要素整合起来,把区域内各类组织有机联结起来,着力解决党组织选人难、村级集体经济发展难、党员管理难等突出问题。

村党组织直接面对广大群众,如果政治上不过硬,宣传、引导、发动群众就会走偏。必须把党的政治建设摆在首要位置,在打造农村过硬支部上持续用力,不断强化村党组织的领导地位,加强对村民委员会、村务监督委员会、集体经济组织、农民合作组织的全面领导,切实把党的政治优势和组织优势转化为推动乡村振兴的行动优势。

(二)强化服务引领,凝聚群众力量,是实现乡村振兴的动力引擎

搞好社会化服务配套建设,是"莱西经验"的实践探索。当前,农村各类服务资源和力量相对分散,这与农民群众日益增长的多元化服务需求不相适应。莱西通过加强农村基层区域化党建,打破了小规模农户的生产经营方

式，推动了土地适度规模经营，更加有力地促进了一二三产业深度融合发展，实现区域发展由"各自为战"向"集群作战"的转变，重构了党组织与农民的利益联结，实现了村集体增收、村民致富。

党组织要提升凝聚力，必须先提升服务力，让群众在乡村振兴中得到实惠。农村基层党组织必须整合区域内各类服务资源和力量，构建"大服务"格局，推动乡村服务由"粗放供给"向"精准配置"转变。这需要坚持立足地域实际，因地制宜发展特色产业，全面提升党组织高质量领办合作社水平，培育壮大休闲农业、农产品深加工、冷链物流等特色优势产业，打造农业全产业链。以产业为纽带，以市场需求为导向，在扎实推进现代农业基础上，通过多村联建、强村独资、村企合作等模式整合资金资源，组建强村共富公司，通过市场化运营模式积极构建服务农业发展、壮大集体经济、带动农民增收的利益联结机制，全力激发强村富民的生机活力。

（三）强化能力引领，打造共治格局，是实现乡村振兴的长久之策

以村民自治为基础，搞好民主政治配套建设，是"莱西经验"的重要创新。进入新时代，农村不同群体的价值观念和利益诉求日益多元，单纯依靠村民自治已经难以适应乡村治理的现实需要。农村基层党组织必须强化政治引领、组织引领、机制引领，有效整合各方治理力量，健全党组织领导的自治法治德治相结合的乡村治理体系，形成乡村治理共同体，提升乡村治理体系和治理能力现代化水平，推动乡村治理由"村民自治"为主向"多元共治"转变。

实现乡村有效治理，自治是基础，法治是保障，德治是灵魂，必须紧扣"多元共治"提升能力水平，打造共建共治共享的乡村善治格局。这需要全面加强村党组织书记专业化管理，推动专业化向新村党委成员、自然村党支部书记延伸，健全权、责、利匹配的管理机制，不断强化"头雁引领"作用，全面夯实基层治理基础。做强"新村党委—自然村党支部—网格党小组—党员中心户"组织链条，把党的建设、综合治理、重点人员管控、应急管理、社会保障等各项工作统筹纳入网格化管理，推动基层治理一抓到底、久久为功。

落户于莱西市姜山镇的北京汽车制造厂

亚洲单体规模最大的玻璃日光温室——莱西市凯盛浩丰智慧农业产业园

（程　强）

> **点评**

    该案例展示了莱西市创新构建农村基层党组织统领发展融合、治理融合、服务融合的"一统领三融合"工作体系，以组织振兴统领乡村全面振兴，并打造乡村组织振兴"齐鲁样板"的生动实践。该案例的创新之处体现在三个方面：首先，通过重组基层组织体系，推动治理融合。在全域村庄建制调整的基础上，打破就村抓村路径依赖，构建党建引领下的基层社会治理共同体，形成了"上下贯通、区域统筹"的乡村振兴格局，显著提升了基层治理水平。其次，通过强化基层党建，推动发展融合。开展党建统领乡村公共资源共享行动，推动集体资产融合，成立新村集体经济合作社以及三级共富公司，促进人才、资本要素在农村融合发力。最后，通过完善基层服务网络，实现服务融合。发挥党群服务中心的作用，构建高效服务体系，赋能服务网格，实现集体联动、抱团发展和红利转化。

莘县检察院："电商＋检察"数字化

一、建设背景

山东省莘县地处黄河下游冲积平原，总人口 114 万人，是全国重要的粮食生产大县、蔬菜生产大县，瓜菜菌播种面积达 100 万亩，2012 年被评为"中国蔬菜第一县"，2016 年创建国家农业科技园区，2022 年成功创建国家级农业现代化示范区、省级农业高新技术产业开发区，被评为山东省首批现代农业强县。

全面推进乡村振兴，是推动经济社会平稳健康发展、加快实现农业农村现代化的必然要求。近年来，随着数字经济与农业农村经济的不断融合发展，莘县农村电商规模日益加大，不少农村企业正在形成"农产品＋电商＋服务"的新型农产品销售模式。莘县鲁强石磨农副产品有限公司（以下简称"鲁强石磨公司"）拥有 6800 亩种植基地，主要从事本地瓜果蔬菜、五谷杂粮粉、无抗鸡蛋、蔬菜面条等农副产品的生产供应，是当地具有代表性的农村电商企业。该企业创新建立了"公司＋合作社＋农户"的生产模式和"网店＋直播＋服务"的销售模式，通过互联网将农产品销售至全国各地，在当地形成了"一人带动一片，一片带动一产业"的良性发展新格局。莘县检察院把握中国式现代化对检察工作的新要求，立足莘县农业主导产业实际，强化检察履职与服务社会发展大局相融合，为企业寻求政策支持、提供法律咨询，积极融入数字农业发展大局，助力"乡村振兴"及农业产业"数字化"升级，为农村电商企业发展贡献检察力量。

二、主要做法

（一）牵头搭"线"寻"破"

通过互联网平台发展数字农业，不仅拓宽了农产品的销售渠道，同时互联网创业也带来更多的就业机会，为农村地区的经济发展注入新的活力。为依法保障和促进电子商务产业健康发展，莘县检察院主动接轨互联网经济发展新趋势，定期走访农村电商企业，支持农民电商创业、脱贫致富。

一是主动靠前为企业寻求政策支持。电商等线上营销方式初兴，鲁强石磨公司在市场探索阶段因品牌知名度低，投入大、收益慢，公司资金流日渐紧张，企业发展受困。莘县检察院在走访中了解到相关情况后，积极对接党委政府，在与镇党委的共同努力下，促成鲁强石磨公司与多家银行建立长期合作关系，协助企业将香瓜、小米、绿豆等各种当地农产品入驻银行网上商城，以电子商务订单的形式向全国各地销售，迅速打开了农产品销售渠道。2022年，鲁强石磨公司销售总额达4000余万元，同比增长25%，帮助当地群众销售各种农产品260余万斤，亩均收入增加200～300元。

二是加强沟通协调，画好服务"同心圆"。全面推进乡村振兴，是推动经济社会平稳健康发展、加快实现农业农村现代化的必然要求。2022年5月，聊城市人民检察院创新打造检民联络新模式，在全市建立了乡村振兴检察联络员制度。自该项制度推开以来，莘县检察院积极贯彻落实党委部署和上级检察机关要求，邀请村党支部书记、农民企业家及回乡创业代表等27人担任乡村振兴检察联络员，并多次深入乡村振兴检察联络员所在村庄、相关涉农企业进行走访，第一时间将联络员提出的意见建议、案件线索移交相关部门办理。

2022年，根据乡村振兴检察联络员在工作开展中收集到的鲁强石磨公司关于"从田间地头到厨房餐桌"的农副产品直营直购渠道缺乏问题，莘县检察院建议企业借力电子商务开拓新市场，帮助企业将销售渠道从乡村田间延伸到城市社区。目前鲁强石磨公司生鲜蔬菜、五谷杂粮已成功入驻聊城大学及莘县各小区"智能无人生鲜柜"，24小时为群众提供新鲜农副产品，成功实现农产品"从田间到餐桌"的链条拉伸。

(二)"掌"上服务护"立"

为乘势在电商东风中站稳脚步,鲁强石磨公司投资 500 余万元建成占地 2115 平方米的电商直播基地,组建网络直播团队,实行"电商理论＋实操实训＋实地就业"一体化管理模式,推动企业线上与线下全面发展。

在电商行业发展迅猛的同时,售后服务矛盾、知识产权纠纷等法律问题也随之浮现,从而对数字经济发展产生不利影响。为切实做好平等保护、护航企业发展,促进电商行业健康合规发展,莘县检察院聚焦网络安全、知识产权等领域为企业提供法律咨询服务,同时联合莘县县委政法委、莘县法学会创新推进法律咨询和助农服务双向融合,依托"莘县数村"微信小程序和"莘县法律助农"服务板块,面向农民群众提供农业方面法律咨询等服务。群众线上点单连线即可"一对一"了解法律相关事项,法律咨询实现了"线上办""网上办""掌上办",有效防范化解法律风险。

(三)"数"智赋能谋"强"

深入实施乡村振兴战略,推动农业农村现代化建设至关重要。莘县检察院自觉提高政治站位,找准新时代乡村振兴法治需求,摒弃就案办案,把政治效果、社会效果、法律效果的有机统一作为执法办案的最高境界。

一是探索建设知识产权保护、农产品质量安全等数字监督模式。以知识产权保护大数据法律监督工作模式为依托,扩展知产类案件的数据来源,不断拓宽加深"数据池",将可能涉及直播营销、网红带货的数据要素规范化提取,实现海量数据的筛选、归集、碰撞,及时发现、有效惩治侵害企业合法权益的违法犯罪行为。对于筛查出的线索,及时移送并做好沟通协调工作,推进线索有效成案,同时持续加强数字检察理论研究和实践探索,以数字检察实践应用助推检察机关依法能动履职,严厉打击侵犯农产品质量犯罪,提升保护农产品质量安全工作水平。

二是全面延伸公益诉讼检察履职触角,切实做好服务保障农产品安全生产。莘县检察院紧盯群众"舌尖上的安全",在全市建成首个公益诉讼快检室,依托现代化手段,在完成办案线索搜集、调查取证等工作之余,延伸提供优化农作物种植的水土、空气等环境数据分析服务。公益诉讼快检室配备

"莘县数村"微信小程序中的"莘县法律助农"服务板块截图

有涡旋振荡器、便携式多参数水质测定仪、样品浓缩仪等20余项检测设备和检测卡，可以通过现场取样、现场检测等方式对农作物种植水土等环境因素进行检测、分析，快速判断样本指标。立足此项工作，该院针对瓜果蔬菜农药残留、非法添加剂等初级农产品及加工后食品安全情况不定期开展抽样检测，以强有力的法律监督确保老百姓买得安心、吃得放心，推动包括鲁强石磨公司产品在内的莘县农副产品形成绿色品牌优势，在市场竞争中完成正向评价累积，持续做大做强。

（四）筑"网"聚力做"优"

鲁强石磨公司位于乡镇，由于地理位置受到制约，网络信号不稳定时有发生。莘县检察院坚持以"红"带"绿"、以"蓝"护"绿"，全心全意服务保障企业健康发展。

一是以"党建红"引领协调建好"硬件网"，让绿色经营"信号满格"。

向鲁强石磨公司推介在党建工作中有突出成果的中国移动聊城分公司，并积极搭建沟通交流平台，为鲁强农副产品公司打造农业全流程管理；促成千兆宽带接入企业和5G网络技术支撑，成功实现直播基地5G信号全覆盖，为电商直播提供稳定、流畅的网络环境；协助建立"数智系统"，打造"智慧农业＋电商直播"产业园，为农产品提供全流程优质的数字化管理，形成农业产业园信息化一站式服务，让大数据、物联网、人工智能等新一代信息技术在鲁强石磨公司得到广泛应用。

二是以"检察蓝"兜底持续筑牢"保护网"，让绿色发展"电力充沛"。面对电商经济蓬勃发展的强劲势头及与之伴随的各种风险挑战，莘县检察院突出互联网领域生态治理，敏锐把握和积极回应电商经济发展新动向，助力电商经济循法而治。在线下强化电诈、帮信等涉网犯罪预防法律知识宣讲：一方面定期邀请全省十佳检察文化品牌"克克聊民法"进企开展"法治体检"，引导企业及其职工学法遵法守法用法，提高法治意识，保障企业合法权益不受侵害；另一方面与电商行业主管部门保持密切联络，掌握本地电商群体的最新动态和风险点，有的放矢为电商群体量身定制"检察服务套餐"，开展"加强商标保护""如何认定虚开增值税专用发票"等普法活动，引导企业守法合规经营，同时加强"直播带货"相关法律问题的研究，加大对"互联网＋法律"人才的培养力度，通过理论研究与司法实务的整合互补，探索切实可行的监督途径，打造服务保障电商发展的专业化团队和品牌。

三、建设成效

（一）网络升级，"新农具"让农产品增产提质

数字化农村产业经济的发展，必须以现代信息网络为重要载体，以现代信息技术为重要推动力。莘县检察院为鲁强石磨公司积极搭建沟通平台，全力助推智慧农业在企业落地开花。

一是电商直播效率显著提升。5G网络环境下的长视频可以增进用户对产品的了解，同时利用5G、大数据、人工智能等先进的数字技术，可实现精准营销，帮助鲁强直播找到潜在客户，提升产品销售数量。目前，鲁强石磨公

司已在抖音、快手短视频平台开设直播间 8 个，每日直播 3 场次，日订单量 2000 单左右，直播带货年销售额 1000 余万元。

二是智能化操作节约人力成本。智慧农业涵盖大棚智能化远程控制系统、实时视频监控系统等多项功能。改造后的种植新棚全部配备有自动卷帘机、自动化滴灌机、棚内轨道车等多项先进农业设施，便于小型机械操作，同时在开启远程智能化操控系统后，管理人员只需在 App 上提前设定好参数，智慧农业系统即可根据参数实施自动浇水、施肥等系列栽培技术管理，并可实时查看育苗温室和种植温室内农作物生长情况，在降低人工作业强度的同时，管理效率、土地使用效率和大棚使用年限，以及种植瓜果的产量和质量都将得到大幅度提升。目前，基地正在全面改造中，改造完成后预计每亩年增收 1 万余元。

（二）能动履职，"新模式"消除农产品生产安全隐患

莘县检察院秉持"公益诉讼守护美好生活"理念，深耕传统法定领域，积极拓展法定新领域，以智慧检务建设为抓手，充分运用无人机航拍、快速检测等现代技术手段强化公益诉讼检察办案能力，推动公益诉讼检察实现创新发展。"智慧检务开启公益诉讼办案新模式"被评为全市检察机关工作创新项目二等奖，相关工作经验先后被《检察日报》《山东法制报》刊发。2023 年全国两会期间，最高人民检察院创作了"两会看检察"系列漫画，其中"《流浪地球 2》里的黑科技在检察院里是什么样子"以莘县检察院公益诉讼工作为题材，向全国代表委员们展示了检察科技力量。

一是以检察科技装备创新增强调查取证能力。以技术办案和信息化创新为两翼，积极借助无人机、卫星遥感等各类高科技手段不断强化线索初查和证据搜集能力，在实践中逐步探索出"现场勘查＋无人机"技术支持办案模式。二是以快速检测技术应用提升监督办案主动性。公益诉讼快速检测实验室将检测设备移动式、便携式前移，对常见的生态环境、食品安全案件线索进行初筛、查证，借助快速检测技术优势实现了公益诉讼检察工作由等待举报"被动式"司法向利用技术手段发现线索、深挖案源的"主动式"办案模式的转变。三是以"大数据＋快检"开展公益诉讼跨区域协同办案。积极尝试发挥大数据的优势助力拓展公益诉讼案件来源，在充分挖掘自身业务办案

"内生数据"基础上，通过对接网上信访平台等方式获取数据资源，实时监测、发现、分析研判公益诉讼案件线索。四是以技术协助推进公益诉讼一体化联动办案。深入践行双赢、多赢、共赢、监督理念，以信息互通、资源共享、技术协助等为抓手不断加强外部协作联动。与莘县农业农村局、县卫生健康局、县市场监督管理局等联合出台《莘县食用农产品"治违禁 控残药 促提升"三年行动方案》，聚力解决禁限用药物违法使用、常规农兽药残留超标等问题。

在与鲁强石磨公司的对接中，聚焦直播平台、"网红带货"这一监管重点，莘县检察院积极开展农产品质量安全诉源治理工作，从农产品生产、运输到准入、销售再到废弃物处置等开展全链条法律监督。一方面为企业在农作物种植过程中优化农药使用、改善种植环境等方面提供数据参考；另一方面对检测出不符合食品安全标准的，通过制发行政公益诉讼诉前检察建议等方式督促相关行政机关依法履职，规范初级农产品种植及加工行为；同时加强对食用农产品生产经营过程中污染环境、侵害消费者合法权益等损害社会公共利益行为的监督，督促有关行政机关依法履行职责。

（三）人才培育，"新农活"助力农民就业增收

从先期不断摸索到市场政策引导，直播电商如今已成为鲁强企业增收促收的重要抓手。企业打破了传统的生产经营方式，通过数据新农资成功实现传统产业转型升级，将网络流量转化为致富增量，为当地群众持续增收致富注入了源源不断的动力。一是系统培育。顺应新媒体电商发展趋势，鲁强企业定期邀请快手平台网红主播进行线上销售，提升品牌影响力。同时，着力孵化本土的"网红"达人和实用型农村信息技术人才。每年拿出30％的利润开展"益网情莘——科技助农"公益电商培训项目，实行"电商理论＋实操实训＋实地就业"一体化操作模式，以残疾人、农村妇女为主要服务对象，通过邀请专业老师授课，培训直播带货运营攻略、网上开店、短视频拍摄等内容，让学员掌握电商直播知识，提升直播带货实操能力。电商直播基地自投入运营以来，累计培训学员1000余人次，培育出"网红"8人，解决周边群众就业352人，其中安置检察机关司法救助对象、残疾人等就业15人，人均月工资5000元以上。不仅当地群众受益，近年来基地也为济阳、禹城等外

企业电商主播带领学员进行线上直播带货演练

地学员免费提供直播带货培训，带动周边农村地区开启新业态、发展新经济。二是效益转换。本着"顾客至上、品质第一"的理念，鲁强企业不断提升产品和服务质量，公司负责人苏义强系统学习营养学知识，自主改造了电动石磨、电动石碾等加工设备，其将传统工艺与现代技术结合后的石碾小米制作技艺在中国（聊城）农民丰收节被评为"聊城市网红产品"；企业打造的"农民变主播 日子更红火"项目在"青创齐鲁"第十二届山东青年创新创业大赛中获得乡村振兴专项银奖。近年来该企业先后荣获"全国3.15诚信企业""中邮惠农企业（全国级）""聊城市放心消费单位""聊城市爱心单位"。2023年10月，该企业被共青团山东省委评定为"山东省乡村好青年实训基地"。

四、经验启示

（一）主动作为，法治保障有广度

检察机关作为政治性极强的业务机关，与大局同频共振、服务乡村振兴是应尽职责。莘县检察院积极探索检察职能同农村电商建设的结合点，努力打造检察服务农业发展的莘县品牌。一是充分发挥四大检察职能作用，抽调各业务部门精干力量组成"青蓝"办案团队，将刑事、民事、行政和公益诉讼职能统一整合，全力做好服务保障各项工作；二是开通服务民营企业绿色通道，准确把握农村电商企业的司法需求，为民营企业提供精准法律服务，帮助企业提高抵御风险能力；三是不断加强非公经济犯罪打击力度，严惩破坏市场秩序、侵犯非公企业产权和合法权益的经济犯罪，特别是网络违法犯罪，保障市场诚信有序。

（二）夯实基底，示范引领有准度

作为莘县农村电商的"带头人"，鲁强企业负责人、山东省省级好青年苏义强带领团队走出了一条新型农产品销售路子。近年来企业发挥电商带动引领作用，以销促产、靠商增收，有效助推乡村振兴。与涉农企业、农业专业合作社、家庭农场等开展合作，实现化肥、农药等农资的网上订购和配送，借助智能化实现农活轻松干；帮助周边四个村庄集中下载山东农信手机银行"智e通"，通过线上平台帮助农户协调贷款2800多万，建成蔬菜大棚200余座；帮助当地群众在线上销售各种农产品260多万斤，亩均收入增加200～300元。在带动乡亲致富的同时，鲁强企业始终将公益事业摆在重要位置，积极投身脱贫攻坚，连续5年为113户贫困家庭送爱心，定期为7名残疾人提供米面油，参加慈善捐赠137次。

（三）检企共建，"电"力发展有温度

直播电商作为一种新的销售形式迅猛发展，改变了传统电商的发展模式。立足农业大县实际，以司法办案为中心，莘县检察院多次开展电商企业需求摸底调查，及时发现农业生产经营过程中出现的新问题、新风险，同时结合电商企业在涉法涉诉、合法权益保护等方面的法律需求，建立电商产业检察常态化保护机制，更好地发挥检察机关履职服务数字经济的积极作用，让农村企业家专心创业、安心经营。企业方面则充分发挥社会资源力量以及管理规范、凝聚力强的优势，协同检察机关开展造血式帮扶。2023年8月，鲁强企业和莘县检察院共同成立未成年人观护帮教基地，将罪错未成年人观护帮教工作与企业紧密融合，在教未成年人一技之长的同时，提高帮教对象适应社会的能力，为其今后就业、创业、顺利回归社会打下良好基础；免费为司

法救助申请人提供就业帮扶，相关事例被最高人民检察院、省委政法委转发报道。

（窦　锐　苏义强）

> **点评**
>
> 　　该案例展示了山东省莘县检察院和鲁强企业通过"检企共建"模式推动乡村振兴的成功经验，具有重要的示范意义。首先，莘县检察院创新实施"电商＋检察"助农模式，为农村电商企业发展搭建平台，组建名为"青蓝"的专业办案队伍，为农村电商企业提供精准法律服务，帮助电商企业克服发展障碍，有效拓宽了农产品的销售渠道。其次，检察院通过智慧、高效和协同办案，聚焦直播平台这一监管重点，积极开展农产品质量安全溯源治理工作，加强对电商企业全产业链条的法律监督，对不符合相关标准的督促行政机关依法履职。最后，鲁强企业通过定期培训的方式培育农村电商人才，带动周边农村发展新业态、新经济。莘县检察院通过数字化、法治化手段为农村电商企业提供精准法律服务，从而带动当地农业现代化发展，为乡村振兴提供了新的思路和手段。

邮储银行济宁市分行：
立足特色农业 创新产品服务

一、背景

产业兴旺是乡村振兴的重点。济宁市是农业大市，市委、市政府高度重视农业产业发展，围绕建设现代农业强市任务目标，强化政策创新，加大要素投入，打造了一批农业特色产业。金乡大蒜、微山虾蟹、梁山肉牛、鱼台木耳等农产品享誉全国，但是"融资难、融资贵"问题一直困扰着农业产业的发展。邮储银行济宁市分行坚持"服务'三农'"的发展定位，以支撑服务乡村振兴战略为己任，认真研究分析区域产业发展规划，充分了解、掌握农民的融资需求及困难，多措并举拓展融资渠道，提升信贷服务效率。通过信贷投放助推了金乡大蒜、梁山肉牛、鱼台木耳等 30 多个特色产业的发展，方便了当地涉农产业获得便捷的信贷支持。

二、具体做法

（一）加强组织领导，推进金融服务乡村振兴政策落地

市行成立由党委书记任组长、分管"三农"金融业务的党委委员任副组长、其他党委委员任成员的支持乡村振兴领导小组，领导全行金融支持乡村振兴工作。领导小组下设办公室，由"三农"金融事业部牵头推进落实。作为支持乡村振兴的"一线总指挥"，各支行行长抓好各项政策的落实。在年度经营管理绩效考核中单列乡村振兴指标，通过考核引领加快推进乡村振兴工作，通过多种形式对支行相关人员进行政策解读培训，使各级人员能够准确掌握政策，为金融助力乡村振兴奠定了基础。

（二）搭建政府平台，加大对新型农业经营主体的信贷支持

针对济宁现代农业发展迅猛，龙头企业、农民合作社、家庭农场等新型农业经营主体量多质优的特点，2022年邮储银行济宁市分行与市农业农村局签订战略合作协议，建立长效合作机制，协同开展对新型农业经营主体的贷款服务。2023年，双方又联合开展了"春耕备播，邮储帮忙"活动、"农民丰收，有你邮我"活动，加强在金融助力乡村振兴领域的合作。通过深化与农业农村局、省农担公司的合作，加强信息共享，优化合作流程，邮储银行农担业务在全市各家金融机构名列前三，有力地支持了新型农业经营主体的发展壮大。

（三）创新服务模式，加强农村信用体系建设

除农业产业化龙头企业外，家庭农场、专业大户、农民专业合作社等大多数新型农业主体都存在管理松散、运作不规范的现象。管理的缺失使得农业主体生产经营规模偏小，专业化程度较低，相关章程、财务制度不健全，对银行授信业务操作造成一定影响。银行在开展业务的过程中难以直接获取可以采信的信息，需要通过侧面了解、交叉验证调查农业经营主体的详细信息，这对信贷从业人员的业务能力提出了更高的要求。针对此问题，该行积极开展农村信用体系建设工作，通过加强信用村建设做好对农业新型经营主体的集群服务；对辖内村庄、市场进行充分摸排筛选，加快整体授信，对于成熟的信用村、市场，要求客户经理驻点工作，真正沉下身子、融入市场。同时，上级行充分利用大数据风控模型，上线了线上信用户贷款和农户普遍授信贷款产品用于整村授信，以满足农村从事生产经营的客户需求及普通农户的消费需求。

（四）一县一业，加大产业扶持，支持县域特色经济发展

根据济宁县域经济特点，邮储银行济宁市分行紧紧围绕"一县一业、一村一品"及"了解市场、了解同业、了解自己"的原则，深入调研对接专业市场和特色行业，开展各支行行业大讲堂，利用产品优势增强客户体验，在同业竞争中抢占市场。结合济宁东部山区、西部平原、南部湖区、北部黄河滩区的实际，通过市县联动对各县区市特色行业进行摸排梳理，共选定了邹城粮食收购、金乡大蒜、鱼台木耳、梁山肉牛、微山虾蟹等26个特色行业和

16 个专业市场为重点开发对象。通过持之以恒深耕，该行服务渗透率在 30%以上的重点特色行业达 11 个。

（五）用好产品和流程优势，加快产品创新

近年来，邮储银行总行相继推出极速贷、产业贷、线上信用户贷款、主动授信白名单等具有显著竞争优势的产品，并对部分产品的流程和要素进行了优化，提升了产品与客户需求的契合度。2023 年省行"三农"贷款审查审批集中上收带来作业效率提升，有力支撑了客户便捷用款需求，提升了客户体验度。同时该行通过深入调研金乡大蒜、梁山肉牛养殖等特色行业客户的用款需求，对比同业产品要素，上报了产品创新方案，成功开办金乡大蒜、辣椒动产质押和梁山金牛贷业务，有力地推动了产业服务水平。

（六）打造县域特色金融服务

济宁邮储共有网点 228 处，其中农村网点 169 处，占比 74.12%，全行95% 的网点分布在县域及以下地区。济宁邮储服务城乡居民 630 万户，占全市居民总数的 75.38%。建成"便民金融服务站"1700 余处，市内行政村金融服务覆盖面达 100%，积极打通金融服务"最后一公里"，为居民提供小额现金提取、转账、反假币、反诈骗知识宣传等金融服务。济宁邮储认真落实银保监会、人民银行《关于加强新市民金融服务工作的通知》要求，推出新市民客户专属借记卡"U＋卡"，并以"U＋卡"为纽带，为新市民客户提供免跨行转账手续费、账户余额变动通知短信服务费、工本费、年费、小额账户管理费、境内跨行 ATM 取现手续费等各项优惠政策，打造高质量的综合金融服务方案，陪伴新市民客户善用金融、畅享美好生活，支持新城镇建设。

三、服务案例

（一）开展产业研究，细化服务方案，助力大蒜产业发展

金乡是全国著名的大蒜之乡，常年种植大蒜 70 万亩，带动周边种植 200余万亩，大蒜年均产量 80 余万吨，出口 168 个国家和地区，出口创汇居全国县（市、区）首位。"农民因蒜而富，企业因蒜而兴，县域经济因蒜而强。"金乡大蒜产业的发展影响着金乡当地的方方面面，大蒜产业已成为金乡兴农

富民强县的主导产业。

大蒜的经营模式灵活多样，从大蒜种植、收购到成品、深加工产品出运国内外市场，形成了较为完善的产业链条。为摸清大蒜行业发展及运行规律，更加科学合理地服务大蒜经济，邮储银行济宁市分行刘欣行长带队对金乡山禄国际大蒜交易市场、金乡凯盛农贸市场及大蒜收购商进行现场走访调研。针对大蒜行业用款短、频、急，无标准抵押物等问题，借鉴同业先进做法，搭建合作平台，开展产品及服务模式创新，以信贷投放为抓手制定综合服务方案。

1. 搭建平台，拓宽服务渠道。一是建立银政长效合作机制。行领导积极对接金乡县委县政府主要领导、分管领导，农业农村局、财政局等涉农主管部门，介绍邮储银行服务乡村振兴举措，建立互动沟通机制，了解政府政策，得到了当地政府的充分肯定。二是大力推进银担合作机制。定期开展农担办事处的面对面交流，及时解决在合作助力大蒜产业发展中遇到的问题，提高服务质量，重点解决了大中型大蒜收购商的融资需求。三是深化与就业办的合作关系，持续推进创业贷款，通过财政贴息解决小型大蒜商贩的融资需求，降低其融资成本。

2. 创新产品，提升服务能力。2018年，邮储银行济宁市分行创新大蒜、辣椒行业流水贷，有效解决了行业客户账户资金流量大，但无抵押物、无担保人无法有效获取贷款资金的问题。截至2023年11月末，该项贷款余额近亿元，产品被纳入当地特色创新金融产品名录。针对流水贷无法满足多数客户需求的问题，在深入调研的基础上，联合省农担济宁管理中心，大力发展鲁担惠农贷业务，借力担保公司开发市场。截至2023年11月末，该项贷款在金乡大蒜产业的余额超3亿元。同时，该行借鉴同业大蒜履约贷、蒜监贷、农产品仓储配资贷等同业产品，积极创新准入当地第三方监管机构开展大蒜动产质押监管贷款。2022年该项创新获总行审批，截至2023年11月末，该项贷款余额2.4亿元。

3. 集群开发，提高服务效率。结合大蒜产业发展特点，与大蒜流动集散地市场管理方主动对接，积极联系市场及协会关键人，收集市场、协会优质客户信息开展针对性集群服务，对关键人提供利率优惠支持，充分发挥关键人宣传引导作用，以点带面提升服务覆盖率。

通过扎实有效的特色产业服务，截至 2023 年 11 月末，邮储银行在金乡大蒜产业贷款投放余额达到 8.6 亿元，通过涉蒜贷款投放，带动近百家公司开户、开展结售汇、代发工资等业务。存量客户中，手机银行覆盖率已达95％，提高了金融服务的便捷性。

（二）开展整村授信，将金融活水注入特色产业

在农村，邮储银行济宁市分行持续推进信用村建设。县支行领导带队走访镇街党委政府主要领导，召集镇街村支两委成员、涉农经营主体召开金融产品推介会，与管区书记初选经济活跃村，由网点负责人牵头对接村委，积极宣传，开展整村授信，推动信用村建设。同时，加强与邮政公司的协同联动，协同惠农，真正沉下身子、融入市场。截至 2023 年 11 月末，该行已累计建设信用村 2799 个，通过送贷上门提升乡村振兴的"温度"，通过优质透明的服务持续擦亮乡村振兴的"名片"。

案例一

木耳产业大发展，空心村变实心村

一直以来鱼台于梅村较为贫穷落后，全村近三分之二人口外出打工挣钱，村里多是留守儿童和老人。没有产业，没有劳动力，于梅村成为远近闻名的空心村。

进入 2000 年后，村里开始有人种植木耳，但是木耳投资大，村民种植规模都很小，收入基本上只能补贴家用，远不足以发家致富。2010 年，邮储银行对梅村木耳种植产业进行调研后，加大对木耳产业的金融支持，通过对接于梅村委上门集中办理贷款，为广大村民送去第一桶金。通过持续的资金注入，于梅村木耳种植规模由每户 1 个棚发展到 3 个棚、5 个棚，由种植 3 万袋发展到 10 万袋、20 万袋，村里大棚开始遍地开花，越来越多的村民返乡种植木耳。

目前全村 291 户村民中有 200 余户种植木耳，于梅村彻底摘掉"空心村"帽子，发展成为鱼台县最大的毛木耳村，木耳种植规模已达 2500 万袋，实现年利润近 5000 万元。

邮储银行是于梅村走向致富的直接参与者，于梅村也是邮储银行支持毛

木耳产业的一个缩影。经过近 10 年的发展，鱼台县已经有 22 个村庄成为毛木耳种植基地，邮储银行木耳行业客户 500 余户，贷款余额近 1 亿元。鱼台县毛木耳也因此成为国家地理标志产品，鱼台县成为中国"毛木耳之乡"。木耳产业的发展带来了更多的创业机会，越来越多的老百姓返乡创业，为鱼台县经济发展注入强大的力量。

案例二

整村授信＋线上服务，破解湖区渔民融资难

微山县高楼乡是著名的虾蟹养殖基地，湖区水域广阔，航线错综复杂，渔民申请贷款非常不方便。多年来，中国邮政储蓄银行微山县支行坚持深耕县域农村市场，不断推进完善信用村体系建设。该行围绕湖区养殖等特色行业，依托科技赋能，加快产品创新，优化金融服务，强化队伍素质和综合能力提升，着力为湖区养殖群众提供更加优质、便捷的综合金融服务。

由于地处湖区，银行客户经理乘坐快船调查完一家再到另一家，一天下来也就能调查六七家，如果赶在用款旺季，在申请客户较多的情况下，仅仅调查客户经理就会耗费很多天的时间。针对此问题，邮储银行微山县支行不断推进信用村建设：一方面，该行要求客户经理驻点工作，真正沉下身子、融入市场；另一方面，加快全流程数字化服务，坚持让客户多走网路，少走马路。该行累计投入移动展业 16 台，借助科技手段全面开展信用户、信用村信息采集和主动评级授信，实现了线上信息采集，系统自动评分、分级和预授信等功能，持续开展农业农村大数据平台建设，扩大农村信用体系建设覆盖面。其中被评定的信用户可在额度、利率等方面享受更加便捷、优惠的政策。申请线上贷款的信用户，无须抵押、担保，线上审批、线上支用、随支随用，灵活便捷。

位于微山县高楼乡的渭河村是邮储银行微山县支行建设的第一批信用村。"现在我们村 176 户养殖户都是邮储银行的受益者。每年到了用款季，邮储银行的工作人员都是上门来帮我们办理贷款，现在更方便了，邮储银行把我们村建成了信用村。我们作为信用户，用款的时候只需要在手机银行上申请操作就能实现放款，并且可以根据我们用款金额分开支用，不用的时候随时都可以还款。"提到邮储银行在渭河村开展的整村授信，该村养殖户孙余福充满

了对邮储银行的感激。2023 年以来，邮储银行微山县支行已为该村 176 户养殖户提供了 4000 余万元贷款。

四、取得的成效

在各级政府和监管部门的正确领导和大力支持下，邮储银行济宁市分行服务乡村振兴的能力不断提升。截至 2023 年 11 月末，该行涉农贷款余额达到 188.43 亿元，列该系统全省第 2 位，新增 42.75 亿元，列全省第 2 位；普惠涉农贷款余额达到 77.05 亿元，列本系统全省第 2 位，新增 25.43 亿元，列全省第 1 位。历经十余载砥砺奋进，该行已向各类农户、小微民营企业发放"三农"贷款 543 亿元，其中围绕现代农业发展需求，面向农业龙头企业、家庭农场、专业大户、农民专业合作社等新型农业经营主体发放贷款结余 21 亿元，有力支持了农业产业升级。下一步，邮储银行济宁市分行将不断创新金融支持"三农"发展的新模式，丰富各项优惠政策，持续加大对乡村振兴的支持力度。

邮储银行济宁市分行与金乡县政府签署战略合作协议，共同助力乡村振兴。

邮储银行金乡县支行客户经理调查农户

（张艳玲　戴义林　王　磊）

> **点评**
>
> 　　该案例展示了邮储银行济宁市分行通过创新金融服务模式助力乡村振兴的有效路径。在组织引领上，将乡村振兴工作纳入绩效考核。在合作模式上，与市农业农村局建立长效合作模式，协同开展针对特定群体的贷款服务。在服务模式上，创新开展信用村整村授信模式，改善农村授信管理混乱的问题。在服务对象选择上，通过市县合作加强特色产业摸排，选定一批特色产业作为重点开发对象。在产品选择上，支撑客户便捷用款需求，提升产品与客户需求的契合度。在推进城乡融合上，为新市民提供高质量金融服务，助力新市民融入城市。该行通过政策引导、金融创新和产业支持，推动了地方特色经济发展，还通过创新金融产品支持，增强了农业产业链的稳定性和可持续性。

临沂沂南县：打造"强、富、和、美"新乡村

一、申报单位基本情况

山东土地集团临沂有限公司（以下简称"临沂公司"）是山东省土地发展集团有限公司在临沂市设立的区域性子公司，于 2018 年 9 月 25 日正式注册成立，注册资本金 2.5 亿元。临沂公司自成立以来，在省集团和临沂市委市政府的正确领导下，秉承省集团"服从服务于省委省政府重大决策部署，服从服务于地方经济社会高质量发展"两大宗旨，践行服务地方"六大发展路径"，牢记国企担当，立足临沂实际，在临沂市 9 个县区开展乡村振兴类项目 41 个，累计投资 14 亿元，缴纳税款 1.77 亿元，自产和调剂各类土地指标 3 万余亩，为服务临沂经济社会高质量发展提供了有力的保障。

二、项目背景

党的十八大以来，以习近平同志为核心的党中央坚持把解决好"三农"问题作为全党工作的重中之重，以全面打赢脱贫攻坚战，启动实施乡村振兴战略，推动农业农村取得历史性成就、发生历史性变革。2018 年 3 月 8 日，习近平总书记在参加十三届全国人大一次会议山东代表团审议时强调，要推动乡村产业振兴、人才振兴、文化振兴、生态振兴和组织振兴，推动乡村振兴健康有序进行。总书记为山东实施乡村振兴战略、打造齐鲁样板提供了总攻方向和实践路径。党的二十大报告提出，全面推进乡村振兴，要坚持农业农村优先发展，坚持城乡融合发展，畅通城乡要素流动，扎实推动乡村产业、人才、文化、生态、组织振兴。

山东土地集团自成立以来深耕全省乡村振兴事业，高高举起、牢牢扛起乡村振兴大旗，经过长期的实践探索和理论创新，总结、归纳、形成、发布了乡村振兴"五化"标准体系——产业振兴三产融合化、人才振兴专业职业化、文化振兴创新创造化、生态振兴绿水青山化和组织振兴战斗堡垒化，为乡村振兴齐鲁样板实践提供了系统化的企业标准。山东土地集团旗下权属公司按照乡村振兴"五化"标准，在全省范围内布局选点，打造可复制、可借鉴、可推广的乡村振兴样板项目。

沂南县是智圣故里、红嫂家乡，也是沂蒙精神的重要发源地之一，在革命战争年代作出过巨大贡献。山东省委组织部十一年如一日，连续派出五批第一书记工作组，帮扶沂南革命老区脱贫攻坚，推动乡村振兴。省委组织部派驻沂南县依汶镇第一书记经过深入走访调研和广泛征求意见，针对依汶镇农村普遍存在的人居环境差、基础设施和基本公共服务落后、产业基础薄弱等问题，立足村庄当前发展实际和长远发展趋势，选择了发展需求最迫切、社情民意最稳定，也是最具代表性的村庄余粮村，探索打造乡村振兴样板项目。余粮村打造乡村振兴样板的需求和山东土地集团打造乡村振兴样板的理念高度契合。山东土地集团、沂南县政府和余粮村第一书记共同决定在余粮村打造样板项目，实践乡村振兴"五化"标准，争创全国农村综合改革标准化试点。

三、项目概况

沂南县依汶镇余粮村乡村振兴样板项目位于沂南县依汶镇余粮村，是由临沂公司投资建设的乡村振兴样板项目，总投资 6535 万元。项目涉及东官庄、西官庄 2 个自然村，新建社区规划占地 81 亩，总建筑面积约 2.77 万平方米，建设安置房 197 栋 214 户，包括 153 平方米的二层青年房 120 栋、65 平方米的单层老年房 60 栋、217 平方米的"和谐三代" 17 栋，另建 1600 平方米的社区综合服务中心、136 平方米的日间照料中心、沿街商业等公共设施，燃气、供暖、污水处理等基础设施配套齐全。

项目践行了习近平总书记在党的二十大报告中强调的"建设宜居宜业和

美乡村"的乡村振兴战略精神,按照"产业兴旺、生态宜居、乡风文明、治理有效、生活富裕"总要求,统筹衔接乡村振兴集中推进区建设,全面改善农村人居环境,提升基础设施和公共服务水平,因地制宜导入多元化产业,配套建设266亩高效蔬菜种植园区,带动集体增收、农民致富。该项目于2022年12月30日被列为第五批全国农村综合改革标准化试点,并于2023年11月23日顺利通过验收。

四、主要做法

(一)科学选点村庄,重视前期工作

科学选点是成功打造乡村振兴样板的第一步。实践证明,不是所有村庄都适合打造样板,也不存在放之四海而皆准的套路模板。在选点打造样板时,我们充分考虑老百姓是否具有改善生活的现实需要和迫切愿望,当前村庄所处发展阶段和未来发展趋势是否适合打造样板,当地是否具备符合老百姓生产生活习惯的产业基础或者是否具备培育相关产业的经验,村庄是否有一个过硬的党支部,等等。

在选点考察余粮村时,我们首先会同第一书记深入开展走访调研和群众工作,摸清村情民意。其次,邀请农业农村领域的专家,对村庄把脉问诊,分析研判村庄未来最适合的发展方向,并对当地的产业情况开展广泛调研。最后,与村支部和村干部开展交流座谈,沟通村庄当前存在的困难需求和对未来发展的设想。科学的选点方法和扎实的前期工作,是余粮村项目接地气、得民心的关键。我们新建的社区和导入的产业,也因此得到了村民的高度认可和大力支持。

(二)坚持农民全过程参与,充分发挥农民主体作用

自项目谋划之初,我们在工作中就十分注重发挥农民的主体作用,引导农民全过程参与项目。在项目论证、规划、设计、建设等每个环节都邀请村干部和村民代表参与,听取他们的建议,接受他们的监督。拆迁安置补偿方案六易其稿,设计方案经过20多轮的推敲,为的就是尊重村民的真实意愿,照顾村民的合理需求,从而找到最大公约数,画出最大同心圆。正是因为有

了老百姓的全过程参与，我们才赢得了民心，圆满完成了安置区的腾空拆迁工作。

（三）借力标准化试点建设，探索农村综合改革新经验

项目是第五批全国农村综合改革标准化试点。在试点建设过程中，我们将山东土地集团乡村振兴"五化"标准融入乡村建设之中，建立结构合理、层次分明的标准体系，将社区建设、产业导入、人才培养、生态改善、文化创新、组织振兴有机结合，打造农业强、农村美、农民富，看得见山、望得见水、留得住乡愁的乡村振兴样板项目。

项目以国家标准化试点建设为契机，全面梳理了农村综合改革的全套工作流程。结合临沂公司乡村振兴建设经验及余粮村综合改革标准化建设的具体内容、基本流程、运行逻辑等实际情况，以《农业综合标准化工作指南》系列国家标准为依据，制定一系列农村综合改革标准体系，包括余粮村的乡村文化建设标准体系以及种植标准体系，余粮村社区建设施工标准体系、项目质量控制标准体系以及项目综合实施管理标准体系等，为试点建设的顺利运行实施提供标准体系支持。试点建设共计采用国家标准97项、行业标准71项、地方标准2项，制定内部标准119项。

（四）融入全域乡村振兴，打造"强、富、和、美"新画卷

在依汶镇，我们以镇为单元进行整体谋划，在镇域乡村振兴规划的基础上，勾勒出依汶镇未来"一核十心，一带双屏，两区六组团"的空间架构。我们按照"全域统筹树样板、一点突破创精品"的思路，把余粮村项目作为依汶镇全域乡村振兴的先手棋和引爆点。一是通过"三生空间"（生产空间、生活空间、生态空间）的优化、文化的传承、乡愁记忆点的打造，让余粮村强起来。二是通过建设现代化蔬菜大棚园区、农产品加工坊、农文旅融合的帅李采摘园和利用村庄废弃矿坑打造户外营地，导入多元化产业，让余粮村富起来。三是通过打造孝文化广场、社区服务中心、老年活动中心、村史馆、乡村振兴展览馆，建设和谐乡村，密切党群关系，让余粮村"和"起来。四是通过高标准农田的整治、壮美田园风光的塑造、原山道生态彩带的营造和品质社区旖旎小镇的打造，让余粮村美起来。

五、取得成效

（一）突出党建引领，建立健全农村综合改革长效机制

项目充分发挥"第一书记"制度优势，整合乡村振兴力量，一是建立了"因地制宜定目标、政府部门把方向、多方力量全投入"的工作机制，开展政策融合、资源整合的协同推进工作。二是建立健全了农村综合改革长效机制，建立党委领导、政府主导、农民主体、企业参与、市场化运作的一整套运作体系，为样板经验的区域性推广做支持。三是探索符合村庄实际的合作模式，实施村党支部为主导，领创办合作社为运营主体，与省级、市级国有企业以及民营种植企业合伙经营，打造余粮村多方联动、互利共赢、持续获利的乡村振兴"合伙人"新模式。

（二）形成标准体系，打造可复制推广的乡村振兴样板经验

项目围绕农村综合改革实施各个阶段的规范操作，明确建设流程及重点，确保项目建设的科学性、规范性。围绕乡村建设，根据国土空间规划和村庄规划，结合余粮村所处发展阶段和实际需求，建设能够提高农民生活水平、提高土地使用效率、优化"三生空间"的新型农村社区，形成社区建设、公共服务基础设施建设为主要内容的乡村建设标准体系。围绕村级集体经济发展，按照产业振兴三产融合化的要求，依托"衔接乡村振兴集中推进区"政策，因地制宜导入蔬菜大棚种植产业，同时引入全链条托管服务模式，导入"5G＋物联网"智慧管理技术。通过建立政策性资金引导、社会资本推动、农民与合作社参与的合作经营标准体系，形成集蔬菜标准化种植、多业态发展、多渠道销售于一体的产业发展标准体系。

（三）农民满意度提升，产生良好的社会效益

一是布局产业提升农民收入。项目始终坚持同步配套好促进村民致富和集体增收的乡村产业，放大当地蔬菜种植产业规模优势，积极争取各类资金2200万元，在余粮村新社区南侧建设了266亩蔬菜大棚种植园区，建设高标准蔬菜大棚43栋，其中薄膜联栋温室1栋、日光温室19栋、棉被拱棚23栋。同时，按照沂南县"党建引领、城乡融合、工农互促、共同富裕"的乡

村振兴合伙人理念，探索符合村庄实际的合作模式，以村支部为主导，以领创办合作社为主体，由临沂公司搭建平台，积极引进山东种业集团旗下的山东中常保农林科技有限公司进行园区运营，发挥国有企业和龙头企业的兜底保障、园区管理、技术指导和渠道共享等优势，同时积极助力引进省农科院先进的技术和寿光丰富的种植经验，搭建起多方合作、互利共赢、持续获利的乡村振兴新模式。通过项目创新的新农村农民富裕模式，实现村民入股分红拿"股金"、土地流转收"租金"、在园区本地务工领"薪金"模式，预计每年至少可为村集体增收近 100 万元，参与种植农户平均每户每年实现收入15 万元。

二是农村面貌得到改变。目前，余粮村新社区建设已经竣工，并完成分房。新社区的建成从根本上改变了余粮村原来破旧房屋林立、道路狭窄不平、环境脏乱不堪的旧面貌，人居环境、住房质量、基础设施和公共服务水平得到了质的飞跃。余粮新村俨然已经成为依汶镇乃至沂南县乡村振兴事业的一张新名片。

三是文明程度得到提升。农村生活环境的改善、生活方式的改变，深刻影响着老百姓的思想观念，农民更加注重文明意识的培养，促进了一代人甚至几代人的改变。这种改变是历史性的，余粮村迈出了乡村文明与城市文明融合发展的关键一步。

（四）算好平衡大账，实现项目模式可复制、可借鉴、可推广

在全域规划的基础上，经过充分的调研摸底，依托依汶镇本地资源，按照先易后难、长短结合、量入为出、大账平衡的原则，项目论证筛选出包括生态修复、矿产开发、410 亩土地整治和涉及 16 个村 1750 亩面积的增减挂钩试点项目在内的 18 个相对成熟的子项目，制定了合理的开发时序安排和项目搭配方案，计划在未来 3～5 年内分期分批实施。通过项目的捆绑搭配，可快速实现项目的自我平衡和大账平衡，并实现资金的良性运转。

六、存在问题和困难

主要是转变群众思想观念难。产业导入板块蔬菜大棚种植园区建成之初，

我们引入了专业的农业科技公司运营管理，引导老百姓种植经济价值更高、销路更稳定的农产品，采取更省时省力的标准化种植方式，但老百姓对新理念、新事物接受度不高，担心收入问题，更愿意相信自己的老经验老办法。为此，我们为老百姓量身定制了三种参与方式，既可以独立承包，按自己的意愿种植，也可以跟着农业科技公司进行标准化种植，还可以只打工不经营。在销售环节，进行标准化种植的农户采取订单销售，独立承包的农户由本地的农业国企统一采购，让老百姓只管安心种植，无后顾之忧。经过近半年的经营比对，大部分独立承包的农户已经自发转变思想观念，主动加入标准化种植。

七、下一步工作打算

下一步，我们将以余粮村村民完成乔迁和标准化试点顺利验收为契机，做好项目建设和试点建设收官工作，开展项目复盘和经验总结，借力标准化试点建设，将项目中一些好的做法和成熟经验运用标准化手段固化下来，为探索打造乡村振兴齐鲁样板提供余粮方案。

余粮村高效蔬菜产业园区导入项目

余粮村片区远景规划设计图

（朱孝建　李　瑞　郝　德）

点评

　　该案例展现了沂南县依汶镇余粮村乡村振兴样板项目通过引入标准化管理，探索农村综合改革的新路径，以及推动乡村振兴的过程和成效。这种标准化的做法，不仅提升了项目建设的科学性和规范性，也促使农民采取更省时省力的标准化种植模式。项目突出党建引领，尝试与国有企业合伙经营，探索出乡村振兴合伙人模式，建立了农村综合改革长效机制，为其他地区乡村振兴提供有力的参考和借鉴。通过全域乡村振兴规划，实现了余粮村的整体优化，让农民享受到了现代化的新生活。项目在实施过程中，注重科学选点和农民全过程参与，确保了项目的实施符合村庄实际需求。余粮新村的基础设施和公共服务水平实现了质的飞跃，产生了良好的社会效益。在山东土地集团临沂分公司的支持下，该项目通过精准规划和捆绑搭配，实现了自我平衡和大账平衡，实现了资金的良性运转。

青岛平度市："送你一首诗"

一、推动乡村阅读的背景和需求

推广乡村阅读，建设书香乡村，对于培育文明乡风、助推乡村振兴意义重大。山东省平度市位于胶东半岛西部，面积3176平方千米，是山东省面积最大的县级市，有298个新行政村（合村并居前为1785个），全市119万人中农村人口达67万，占总数的56％。近年来，经过多方努力，平度市实现了所有行政村农家书屋全覆盖，但普遍存在场地狭小、图书流失、开放时间受限、村干部兼职管理员等问题，导致部分农家书屋"只挂牌、常关门"，无法满足村民特别是乡村儿童阅读需求。

中国是诗歌的国度，青岛平度市是"中国诗歌之乡"。1984年10月，春泥诗社在平度市东北乡桃花涧成立。作为20世纪80年代初期青岛最具影响力的文学创作团体之一，春泥诗社被称为"全国第一个农民诗社"。时任国务院副总理万里在全国文化工作会议上对春泥诗社予以表扬并亲笔致信春泥诗社。

2013年，在"诗人文化局长"刘成爱的推动下，春泥诗社复社并正式注册为青岛市文联主管的民办非企业单位。2014年，在国家商标局注册登记"春泥诗社"品牌。诗社先后与《诗刊》联合举办"春天送你一首诗"活动，与中央电视台、人民日报社联合举办"我诗读我心"大型诗歌朗诵会，与《诗探索》编辑部连续举办"中国春泥诗歌奖"5届，承办青岛市农民诗歌节2届，成功举办诗人眼中的"莱西经验"全国诗歌大奖赛，在全国率先提出了"乡村诗歌"概念。

诗与远方，一定可以同阅读紧密相连。2017年以来，平度市探索实施了富有诗意的"行走的书箱"乡村阅读推广项目。为了孩子的未来，按照"让书箱走得更远，让乡村流溢书香"的思路，平度市通过政府、社会组织和专家团队三方合作，设计学校、村庄两条行走路线，培养一支领读人队伍，有效激发乡村阅读热情，打通乡村阅读"最后一公里"。

可是刚开始推广"行走的书箱"时，阻力很大，不少群众认为这是搞形式，不会有什么实质性的改变，消极对待甚至是抵触。经平度市文广新局主要领导邀请，平度诗人、时任平度市宣传部外宣中心副主任的孙京信，第一时间深入到旧店镇乡村、学校，详细采访报道这一新生事物。相关文章先后在《青岛日报》《经济日报》《光明日报》《人民日报》等媒体刊出，引起了当地党委政府的重视。

孙京信在 2013 年 4 月正式加入春泥诗社，并于当年 11 月 16 日在《人民日报》副刊发表诗歌《玉米熟了》。2014 年、2017 年，孙京信连续出版了《信念的力量》《新闻的力量》两本饱蘸真情且有地方特色的书籍，在当地有一定的影响力。持续发挥效应的"行走的书箱"，也被平度市财政局纳入民生实事。财政部门连续 6 年投入资金 1140 余万元，配足书箱，补充及更新农家书屋图书，并在全市 17 个镇（街道）建立图书馆分馆，为"行走的书箱"有效行走备足"粮食"。

在做好"行走的书箱"宣传报道的基础上，为更好地与家长、儿童面对面，提高阅读的积极性和时效性，2021 年开始，由民建平度支部副主委、平度市乡村振兴局政策法规组负责人孙京信牵头，春泥诗社、民建平度支部、平度市图书馆等积极参与，搞起了"送你一首诗"乡村儿童阅读推广公益活动，在乡村掀起了乡村读书热。《大众日报》、大众网、鲁网、青岛新闻网等媒体大力推介。该案例于 2023 年 6 月获评全省优秀案例。

二、案例主要内容及实施要点

"送你一首诗"乡村阅读推广活动，通过与村民面对面交流阅读的好处、个人成长的历程，播放名家朗诵的诗歌，并赠送诗人们自己撰写的图书以及社会相关单位捐赠的图书，让村民有获得感、参与感，提高其阅读的兴趣和积极性。尤其值得一提的是，"送你一首诗"阅读推广活动之后，还组建了乡村阅读群，提供有针对性的阅读指导和跟踪推进。

（一）展示一个具体案例

2023年3月25日上午，由"送你一首诗"乡村阅读发起人孙京信牵头、民建平度支部会员参与的公益活动，在平度市东阁街道黄山东头村举行。活动时间安排在上午9点半，还不到9点，附近的村民就陆续来到村委会，把会议室坐得满满当当。领到书籍的村民迫不及待地开始翻阅，互相交流，激动之情溢于言表。

活动发起人孙京信和大家积极交流《信念的力量》的成书过程，包括书中采访的平度名人及他们的奋斗历程和经验；之后还分享了一首发表在《人民日报》上的诗《玉米熟了》。这首诗带有浓厚的乡土气息，引起了现场的强烈共鸣和阵阵掌声。村民们也踊跃发言，纷纷分享读书心得。大家表示，活动不仅增长了见识，陶冶了情操，更让邻里之间形成了一种健康文明、奋发向上的良好氛围。

"90后"民建会员、青岛润隆新材料科技有限公司总经理曹安德对记者表示："引导村民参与阅读，让大家充分享受阅读的乐趣，营造了浓厚的读书氛围，增强了村民的获得感和幸福感，活动非常有意义。"

乡村阅读发起人孙京信告诉记者："乡村振兴，既要塑形，也要铸魂，乡村振兴离不开文化振兴。大家在读书过程中提升文化修养，坚定理想信念，培养积极向上的生活态度。我们应让阅读点亮生活，让文化赋能振兴。"

当日活动结束后，孙京信一行又马不停蹄地赶往桃花涧村继续参加公益活动。本次活动赠送了孙京信撰写的《新闻的力量》《信念的力量》两本书共100本，平席市政协副主席、民建平度支部主委李春亮和平度市文化和旅游局图书馆捐赠图书300余本。

承文化之韵，享阅读之乐。此次活动，让大家在阅读中领会到中华优秀传统文化的重要性，更号召了广大村民要做中华优秀传统文化的继承者、传播者，做全民阅读的实践者、推广者，用琅琅书声、清新书香扎实推进全民阅读事业的蓬勃发展。

（二）案例实施要点

1. 确定主讲人。活动第一主讲人是孙京信，第二主讲人是刘成爱，第三主讲人是第五届春泥奖获得者金小杰。目前，春泥诗社本部在平度，总部设在青岛恒星科技学院，下设西海岸、莱西、市北、市南等23个分社，拥有社员2000余人，每年举办各类采风活动150余次。2022年，春泥诗社还成功举办了首届诗人眼中的"莱西经验"全国诗歌大奖赛，出版《勇探新路》一书。2023年春泥诗社提出，要以乡村诗歌活动为载体，大力推广乡村阅读与诗歌写作，做大做强春泥品牌和诗歌产业，赋能乡村振兴。作为春泥诗社发展的见证者，刘成爱的诗歌口述史《泡泡春泥》在《诗选刊》上大篇幅发表，详细阐述了春泥诗社近40年的历史轨迹和辉煌成就。

2. 准备好对农民群众有用的捐赠图书。一是个人的著作，二是其他人或单位捐助的图书。

3. 选择活动场所，并由中小学、村庄或社区组织有需求的儿童及其家长参加。

4. 准备播放音视频的设备。

5. 依托专业公司分享《十月少年文学》的美文，向孩子们推介《十月少年文学》推出的精品佳作，提升孩子们的阅读兴趣，增加刊物的订阅量，形成产业发展的闭环。

6. 悬挂通用的横幅，适当宣传推广和总结。

（三）项目资金来源

1. 春泥诗社文化交流中心或春泥诗社爱心会员提供，占比30%。

2. 民建平度支部会员企业以及平度市委统战部提供一部分书籍印刷费等，约占50%。

3. 平度市图书馆捐赠一部分图书，约占20%。

（四）项目制约因素

一是主讲人的知识面和责任心。项目的主讲人不仅要有广阔的阅读面，还要有培育下一代阅读习惯、提高中华民族整体素质的责任心。也就是说，主讲人要在短短一个半小时左右的时间里，走进受众内心，达到乡村阅读推广的目的。二是受众的科学组织。现在的乡村，年轻人不多，组织活动要选择周六或者周日，也就是孩子们休息的时间。这样，学生和家长一起参加，更有针对性，也能获得实效。三是资金支持的限制。每次推广，需要赠送图书，这需要资金的支持或者打通捐书的渠道。

三、成效与影响

2023 年以来，"送你一首诗"乡村阅读活动先后被《人民日报》《农民日报》《大众日报》《青岛晚报》《青岛早报》等 20 余家媒体推介，好评如潮。

2023 年 6 月 19 日，由山东省科学技术协会主办，山东省图书馆学会、山东省图书馆、山东省保健科技协会承办的第 434 期泰山科技论坛——"山东省阅读推广人论坛"在济南成功举办。在本次论坛上，平度市"送你一首诗"乡村儿童阅读项目获得全省优秀案例，孙京信获得山东省"乡村儿童阅读推广人"称号。

平度的阅读推广典型，先后荣获第三批全国农村公共服务典型案例、山东省打造乡村振兴齐鲁样板典型案例、山东省"四个一百"文化志愿服务项目、山东省第五届全民阅读优秀项目、全国图书馆文化扶贫乡村振兴案例三等奖等。平度市 3020 个"行走的书箱"已相继走进云山、田庄、同和、南村等镇街的 260 个村庄、30 所学校，举办"领读人"培训班 80 多期，培训领读人 1800 多人，图书累计借阅量超 50 万册，其中儿童借阅量达 30 万册，为乡村振兴注入"文化动能"。

四、项目亮点和启示

（一）诗歌与阅读的完美结合

春泥诗社的诗人们经常举行采风活动，并到社区、街道、学校举办诗歌朗诵分享会，让平度这座城市增添更多的诗意。他们还邀请青岛海洋大学教授、签约诗人、岛城作家开展系列"诗歌讲坛"，向爱诗的市民传授诗歌创作、诗歌欣赏、诗歌朗诵的知识。2023 年，春泥诗社与《十月少年文学》探讨在青岛恒星科技学院设立《十月少年文学》阅读推广中心，依托春泥诗社遍布青岛十个区市的分社体系，进行阅读推广活动，这就让诗歌和阅读推广有了完美的结合，为乡村文化振兴注入"文化动能"。

（二）有人干事和有钱干事的结合

回顾春泥诗社近 40 年的光华岁月，不难发现春泥诗社为青岛乃至全国输送了一大批像徐俊国、陈亮、孙方杰那样热爱并长期坚持创作的诗人。这些诗人，在不同的岗位，正以自己的才华为春泥增添光芒。特别是围绕乡村振兴这篇大文章，春泥诗社成员深入学习习近平总书记关于文艺和文化工作的重要论述，把习近平文化思想融会贯通于诗歌创作中，他们都有用文化反哺乡村的想法和行动。青岛市文联、市作协也一如既往地关心春泥诗社，支持春泥诗社，努力把春泥诗社培养成为从青岛出发走向全国的文学生力军，持续扩大春泥诗社的影响力。例如，支持春泥诗社举办常态化诗歌奖项：每两年举办一届中国春泥诗歌奖和青岛市农民诗歌节，每年举办一届诗人眼中的"莱西经验"全国诗歌大奖赛和全国城市诗歌大奖赛，不定期、不定范围、不拘形式地举办各种诗歌赛事活动。同时，开辟文学新高地，加大与《诗探索》《山东文学》《青岛文学》等的合作力度，每两个月向国家正式文学期刊推荐一组春泥诗社社员作品；开展诗歌主题活动，鼓励社员积极参加全国各种文学奖项评选活动，并做好社员发展工作。有人干事，是基础。要干成事，必须要有资金保障。平度市图书馆把上千本图书无偿地贡献出来。民建支部也发动会员企业，募资印刷相关书籍，为活动提供物质保障。

（三）阶段性目标和长期目标的有机结合

阅读推广是一项长期工程，需要久久为功。历时 40 年的春泥诗社已经制定了阶段性目标和长远目标。在"送你一首诗"乡村阅读推广活动中，每一个阶段或者每一个时期都设立一个短期目标，目的是在阶段性目标的引导下更好地迈向长期目标。春泥诗社年初确定了今后一个时期重点做好的"十件实事"。如，打造诗歌产业，注册成立青岛春泥诗社文化传播有限公司，实行企业化经营、市场化运作，努力探讨以文养文、以诗养诗的可持续发展模式；开办春泥大讲堂，采取线上线下相结合的方式，定期举办小说、诗歌、散文培训班，邀请谢颐城、刘涛、娄光文学名师"每周一讲"，不断提高社员创作水平，引导社员创作更多的精品力作。再如，成立春泥书画院和读书会，用好网络平台和新媒体，办好网络文学社，启用抖音、微信视频号，拍摄诗歌电影，建立制度化、常态化、动态化的公众号发布机制，加强队伍建设。阶段性目标和长期目标的有机结合，正是为了进一步增强春泥影响力，做大做强乡村诗歌，推动乡村阅读。一代代春泥人将携手努力，砥砺前行，持续为乡村文化振兴赋能，助推乡村脑袋和口袋都富起来。

（孙京信）

点评

　　青岛平度的"送你一首诗"乡村阅读推广项目通过开展乡村阅读和诗歌朗诵活动，提高了村民参与阅读活动的兴趣和积极性。该项目以"春泥诗社"品牌为依托，通过与政府、社会组织和专家团队等的合作，借助全市的农家书屋和图书馆分馆，设计了让诗歌走进学校和村庄的阅读路线，通过主讲人导读、捐赠图书等多种形式，吸引农村儿童和家长参与项目活动，打通了阅读推广的"最后一公里"。此外，"送你一首诗"活动，通过与村民面对面交流，组建了乡村阅读群，促进了乡风文明。项目的特色在于以诗歌为载体，通过春泥诗社的参与和推动，将诗歌与阅读推广有机结合，为乡村建设注入了文化动能，丰富了乡村文化生活。通过广泛的媒体宣传和政府资金支持，项目得到了持续推进和发展。

泰安市泰山区：产业融合共富路

近年来，泰安市泰山区深入学习贯彻习近平总书记关于"三农"工作的重要论述和对山东省工作的重要指示要求，以实施乡村振兴战略为抓手，以发展现代化农业为方向，突出拓宽增收致富渠道，扎实推进产业提质增效、城乡融合发展、农村面貌提升、乡村全面振兴，努力让农民的"钱袋子"鼓起来，绘就"共同富裕"新篇章。

一、创建优势

泰山区省庄镇北部山区乡村振兴示范片区位于泰山东麓、泰城东部，包含小津口、亓家滩、安家庄、大河峪等 10 个行政村，总面积 20 余平方千米，共 2460 户、6857 人。示范片区围绕乡村振兴工作总体布局，立足资源禀赋和生态优势，坚持"四联、四统、四共"发展思路，通过党建引领、环境提升、产业带动、改革创新，打造以安家庄、大河峪村为中心的共同富裕先行区。2022 年示范区内村集体收入全部达到 50 万元以上，农村居民人均可支配收入均超 3 万元。

2023 年，省庄镇人民政府委托专业规划设计院对省庄镇全镇域进行了统一的发展规划，并对示范区内 10 个村先后进行了多规合一的乡村振兴规划，同时加大力度对示范区内的基础设施及产业项目进行了投资建设，为促进示范区经济社会的可持续发展、建设齐鲁样板示范区提供了先决条件。

目前，示范区泰山茶种植面积达 1.28 万亩。多年以来，该地区聚焦聚力泰山茶区域品牌质量管理，建立茶叶茶地分级评价和管理机制，对茶叶核心种植区实施最严格的生态保护，促进茶园管理水平整体提升；着力抓好泰山茶品牌宣传推介、市场营销，积极参与泰山茶年会、大型直采、高端论坛等各类专题活动，扩大泰山茶品牌知名度和影响力，举办并参与全国各地各类炒茶大赛，通过炒茶、制茶、讲茶、评茶比赛，打造泰山极品茶；争创市级以上知名农产品品牌 2 个。

示范区是目前中国纬度最高的集中茶产区，与山东农业大学、山东省林科院等单位建立了长期合作关系，并利用其科技优势，开发了泰山绿茶、红茶、白茶等泰山茶系列产品。镇域内现有津口女儿茶、华毅茗茶、大自然手工女儿茶、君思饮女儿茶、碧霞湖女儿茶等茶叶加工厂 20 余家，注册"五岳真形图""津口女儿茶""那一叶""泰山明堂泉"等商标 17 个。

示范区旅游资源丰富，紧邻泰山。泰山为五岳之首，景色秀丽，自然景观与人文景观融为一体，是世界首例自然与文化双遗产、国家 AAAAA 级风景区、世界地质公园、全国文明风景旅游区。辖区内有泰安方特欢乐世界、叶家庄生态休闲景区等。

示范区聚焦农村一二三产融合发展，加快产业链、价值链整合共生，推动产业发展，实现全环节升级、全链条增值；确立农民在示范区创建中的主体地位，带动农民就业增收、增产增收和增效增收，让农民充分分享示范区发展成果，促进产业融合发展，壮大农村集体经济，并建立产业扶贫的长效机制，确保示范区农民可支配收入持续稳定高于 3 万元。

示范区探索建立产业链、创新链、组织链、资金链、安全链一体化的经营主体融合发展新机制。引导农户自愿以土地经营权等入股龙头企业和农民合作社，或通过资金、技术、土地经营权、集体经营性资产、农机具以及农业设施作价入股的方式，建立股份制或股份合作制的经营实体，推动形成农户以资本、财产股份合作为主的多主体融合经营机制，让农户分享加工、销售环节收益。探索开展股权量化试点，结合财政支农，将"三农"建设项目或奖补等财政资金量化分发到村民委员会或农户，后者再将资金入股企业或合作社，企业或合作社按股分红给农户，引导企业与农户实现股份合作。

支持农业龙头企业建设稳定的原料生产基地，引导企业与示范区及周边农户、家庭农场、农民合作社签订农产品购销合同，形成稳定购销关系。支持农业龙头企业为农户、家庭农场、农民合作社提供贷款担保，资助订单农户参加农业保险。鼓励农产品产销合作，建立技术开发、生产标准和质量追溯体系，设立共同营销基金，打造联合品牌，实现利益共享。

引导示范区内龙头企业、科研机构、合作组织成立各类农工商产业联盟，建立企业、村集体及农民多方利益联结新模式，推动集体资源变股权、农民变股东、资本变股金。将财政资金投入示范区形成的经营性资产折股量化分发到村到户，使之成为村集体或农户持有的股权。鼓励示范区内集体经济组织与入驻示范区企业开展合作，整合集体土地等资源性资产和闲置农房等，发展民宿经济等新型商业模式，积极探索盘活农村资产资源的方式方法。

在开展农村土地和集体资产股份制改革基础上，推动农村集体建设用地、承包地和集体资产确权分股到户。引导示范区龙头企业和农民合作社通过双向入股方式实现利益联结，鼓励专业合作社、家庭农场、种养大户和普通农户以土地、劳务、资金等入股企业，支持企业以资金、技术、品牌等入股领办专业合作社。在示范区探索建立以示范区为统筹、以农业企业为龙头、以家庭农场为基础、以家庭农场联盟或农民专业合作社为纽带，基于股份制和专业化分工的现代农业产业联合体，推广"保底收益＋按股分红"的分配方式，明确资本参与利润分配比例上限，维护农民利益。

推进完善企业与农户以品牌合作为纽带、以线上或线下交易为途径，支持示范区农产品产销双向合作互动，鼓励特色农产品批发商、零售商与示范区农民合作组织共建规模化、标准化的品牌农产品基地，扶持示范区农民成立农产品流通合作组织，并以加盟或入股形式成为大型连锁超市会员，强化"农超对接"利益联结。及时探索并推广新业态利益联结模式，鼓励农户和消费者围绕农产品和土地，按照农业众筹方式形成产销利益共同体，探索休闲农业股权众筹等新型利益联结机制。

聘请山东农业大学教授、山东省果树研究所教授为常年技术顾问，定期指导茶产业发展。成立党支部领办合作社服务中心，为示范区提供专业技术人才，培育新型职业农民。推进农业科技成果孵化、转化，吸引农业高精尖人才向示范区设施农业集中。

立足示范区的主导产业原料基地资源优势，加强与各类农业大专院校、科研机构合作，建设一批成果试验示范基地，打造各级农业科研、推广、教育部门科技实验示范的场所和基地，确保各种先进适用科技成果普遍得到运用。

加强区、镇、村三级农业综合服务体系建设，提高农业综合服务功能。推动示范区所在地形成以区为依托、以乡镇为纽带、以村为基础的全方位、多功能服务体系；示范区所在农技、农机、水利等部门成为农业综合服务的骨干；示范区所在村创建的综合服务实体是为农服务最为直接有力的基层组织。通过统一服务，解决一家一户分散、兼业经营中办不了、办不好的事，增强集体统筹的功能，加快先进适用技术向现实生产力的转化。通过有效合作，一批科技成果得以转化应用，加快了主导产业转型升级的步伐。示范区通过"联企业、联基地、联大户"，推进农业龙头企业开展农业新技术、新品种研发攻关，促进农业新技术、新成果的推广转化。农作物新品种更新换代步伐加快，主导产业良种覆盖率达到100%。

以齐鲁乡村之星、新时代泰山挑山工、安家庄支部书记吴曰胜、亓家滩支部书记李丰等为旗帜，搭建农村创业平台，吸引本村能人回乡创业；积极与在外能人联系，春节期间开展本村在外人士座谈交流会，鼓励在外能人携资金、技术、项目回村创业。

二、发展成果

一是抓实"四联"，打破村域壁垒。（1）组织联建。成立先行区联合党委，由镇党委书记兼任先行区党委书记，将镇分工领导、村党支部书记纳入其中，充实管理力量；定期召开联席会议，开展党员培训、参观学习等活动。（2）发展联促。鼓励党支部领办合作社联合发展、抱团发展。成立茶叶协会、猕猴桃协会、大樱桃协会等产业协会，将32个党支部领办的合作社以主产业分类，同类型合作社强化技术交流、互通客户资源、促进联合发展，持续提高猕猴桃、大樱桃、女儿茶等特色产业产品质量及品牌影响力。（3）服务联管。在为民服务上，机关干部等资源力量下沉区域化党群服务中心，一站式集中办公，打通服务群众"最后一纳米"。（4）治理联抓。发挥先行区党委龙头作用，突出抓党建、抓治理重要职能，联合开展社会治理、提升片区网格化管理水平，构建大安全、大治理新格局。建设户外党性教育基地，建设区域化党群服务中心，组建志愿服务队伍，规范划分 25 个网格，梳理并提供 154 项服务项目清单。

二是坚持"四统"，促进整体融合。(1) 统一规划。聘请山东大学专家团队，依托国家现代农业产业园和北部山区旅游观光路，根据各村特色，规划打造茶企联建叶家庄、花果田园大河峪、养心福地安家庄、不老乡村亓家滩、泰山茶乡小津口等特色乡村。建设乡村记忆馆 2 处、乡贤馆 3 处，整理出版《泰山茶文化》，新扩建文化活动场所 1.5 万平方米。(2) 统一政策。针对产业扶持、空间规划、土地利用等重点领域制定政策清单，提供要素保障。(3) 统一招商。强化先行区联合党委作用，流转盘活北部山区闲置土地、闲置厂房，实现先行区统一招商，发展优势产业。瞄准康养等新兴产业，以村集体土地入股，引入社会资本，联合北京 301 医院建成高端颐养基地。(4) 统一经营。以党支部领办合作社孵化中心为依托，充分发挥孵化中心电商功能室作用，对女儿茶、大樱桃、猕猴桃、板栗等特色农产品进行统一宣传、统一经营，组织各村"拼单"出售，满足大客户订单需求，叫响先行区特色农产品品牌。坚持品牌打造，大力发展泰山茶、休闲采摘等优势产业。目前，女儿茶已远销北京、上海等一线城市。

三是落实"四共"，推进共同富裕。(1) 共商。以安家庄村为引领，带动周边亓家滩村、大河峪村、贝家庄村等省级贫困村，和小津口村、刘家庄村等特色产业村协同发展，聚焦共同富裕。对于片区内资源整合、权益分配、民生保障等重大事项，各村群策群力、共商共治。(2) 共建。整体规划先行区基础设施建设。在横向上，投资 3.5 亿元建成 35.8 千米旅游观光路，实现北部山区 10 个行政村串点成线；在纵向上，投资 2.97 亿元实施城区道路北延工程，在泰山北部形成纵横相连的道路网络。依托村级发展特色，逐村打造主题广场，丰富群众文化生活。畅通山区进出动脉，实现北部山区 10 个行政村串点成线。配套完善公共设施，开通 35 路、37 路、1 路等公交车，推动山村、城区紧紧相连；投资 700 万元实施电力改造项目，让小山村也有了充电桩。(3) 共享。让先行区群众共享发展成果。投资 7.5 亿元实施芝田河生态修复工程，投资 570 万元实施青山水库加固、河道整治工程，生态环境实现整体提升。（4）共赢。通过抓实产业特色、打造共同品牌，实现"支部有作为、党员有作用、集体有增收、群众有实惠"。

目前先行区有农产品商标注册 33 个、休闲农业示范点 7 个、精品民宿 4 处、市级产业园 3 个、市级农业公园 1 个。泰山茶成功被列入国家首批农业品牌目录，品牌价值达 37.52 亿元；猕猴桃采摘节成为泰城东部旅游采摘响亮品牌。农户依托女儿茶品牌效应和采摘节活动，亩产收入实现大幅提高。先行区人居环境得到大力改善，大河峪村、小津口村成功争创省级美丽乡村；安家庄村成功创建省级美丽村居，先后荣获"省干事创业好班子""省旅游特色村""省生态文明村"等荣誉称号；省庄镇荣获"省乡村振兴示范镇"；小津口村、岳庄村分别被评为"全国乡村特色产业亿元村""全国少数民族特色村寨"；安家庄村、亓家滩村等 4 个村荣获"省乡村振兴示范村"等称号。

三、制约因素

一是基层人才带动作用发挥不充分。对村级"两委"班子中年轻干部带动作用的支持政策的研究不够深入，致富能人在带动群众发展产业、带动集体创业增收方面的作用没有得到充分发挥，在个人致富与群众共富、个体富裕与集体富裕中还没有找到很好的结合路径。

二是品牌影响力有待提升。除了津口、那一叶、沁园春等茶叶品牌外，其他品牌市场的知名度和认可度不高。在品牌建设上，大多数泰山茶企业存在新产品研发能力不足、运作能力弱、资金投入不够、营销手段单调等问题。

三是文旅融合发展有待提升。文旅发展仍需联动统筹，全域旅游产业规划顶层设计依然不足，在吃、住、游、养、娱方面的延伸不足，尚未形成乡村旅游的完整产业链。特色文创产品开发不够，缺乏整体联动，缺乏统一策划、统一包装、统一营销。经营发展超前意识不强，同质化、低质化的经营设施较多，精品化、特色化的民宿缺乏，不能满足游客享受旅游生活需要，很难使游客长期驻足。市场营销手段单一，包装宣传不够，流量密码没有充分释放。

四、取得成效

一是党建引领基础好。积极推动了基层党建与乡村振兴深度融合，切实将党建引领力转化为乡村振兴源动力。比如，示范区探索实施组织统筹、人才统管、资源统整、产业统培、服务统一的"五统"工作法，统筹力量服务群众，聚合资源抱团发展，形成"以先进带后进、用强村帮弱村"的良好局面。

二是产业融合业态新。依托地域、资源优势，培育壮大泰山茶优势主导产业。近年来重点规划建设茶园和茶文旅融合示范区，建设沁园春、安家庄、大河峪等茶叶加工车间，坚持农文旅融合发展，以旅游观光路为主轴，策划"访茶、寻茶、问茶之旅"等精品路线。

三是集体经济发展快。探索新型农村集体经济发展模式，成立强村公司。安家庄村探索成立——安家庄兴盛乡村旅游有限公司，聚力发展以休闲体验为基础的生态农业、以党性教育为主题的红色旅游业、以医疗康养为核心的现代服务业，统筹形成休闲、游玩、餐饮、民宿一体化产业链条。

示范区内猕猴桃丰收

示范区内"泰山茶"标准化种植基地

（吕振征　赵　瑞）

点评

　　泰安市泰山区省庄镇北部山区乡村振兴示范片区以"四联、四统、四共"的发展思路打造共同富裕先行区，实现了农业、文化、生态、旅游等多产业融合发展，绘就了共同富裕新篇章。该项目聚焦泰山茶品牌开发，充分利用示范区内旅游资源，探索经营主体融合发展新机制，建立多方受益的利益联结模式，提升了片区经济水平和农民收入，形成了可持续发展的现代农业产业体系。示范区注重党建引领，建立了有效的组织联建、发展联促、服务联管、治理联抓机制，提升了基层治理水平和公共服务能力。通过统一规划、统一政策、统一招商、统一经营，整合资源，促进了城乡融合发展。此外，示范区通过创新经营机制，探索股份合作、利益共享的新模式，增强了农民的参与感和获得感，促进了共同富裕。